도형심리학으로
대화하기

COMMUNICATING BEYOND OUR DIFFERENCES
- Introducing the Psycho-Geometrics System

도형심리학으로
대화하기

사람을 얻는 대화의 기술

수잔 델린저 지음 | 김세정 옮김

W미디어

차이를 이해하면 인간관계가 보인다

나는 지난 12년 동안 10만 명 이상의 사람들에게 도형심리학을 적용하고 분석하여 그 결과를 공개했다. 포춘 500대 기업에 속한 제너럴 텔레폰 일렉트로닉스 사의 경영진 교육자였던 나는 회사의 중역들을 관리하는 프로그램에서 대화의 물꼬를 트는 방법으로 도형심리학을 이용하기 시작했다. 다른 교육자들도 이 방법을 이용하여 현재는 교육 프로그램에서 공식적으로 사용하고 있다.

교육 프로그램 참여자들은 사소한 '대화의 물꼬트기 게임'에 굉장한 흥미를 느꼈고, 상사나 부하직원 모두 서로를 이해하는데 좋은 방법임을 알게 되었다. 나는 참여자들을 대신해서 이 게임을 연구하기 시작했다. 이 게임은 어디에서 출발하였는가? 사람들 사이에서 인기있는 이유는 무엇일까?

안타깝게도 연구 결과는 제로였다. 나는 이론을 더 발전시켜 도형이 사람의 사고방식과 행동에 미치는 중요한 지표에 대해 연구하기 시작했다. 칼 융의 전통 있는 성격이론에서 흥미로운 사실을 많이 발견했다. 마이어스-브릭스형(MBTI) 심리검사 도구가 유용하긴 하지만, 분석하기에 복잡하고 시간이 오래 걸렸다. 이와 달리 도형을 이용한 심리 검사는 훨씬 빠르고 정확했다. 그래서 원래 교육과정에 있던 '대화의 물꼬트기 게임'에 다섯 번째 유형을 포함시켜서 '도형심리검사'라는 이름을 붙였다.

그러고 나서 도형심리검사를 정리하여 실제로 적용해 보았다. 지난 5년 동안 공개 세미나 '효과적인 의사소통 기술(Power Communication Skills)'의 필수 구성요소로 도형심리검사 방법을 제안하였다. 도형심리검사는 콜로라도 볼더에 있는 커리어트랙 사를 통해 미국 전역에 소개되었으며, 공개 순회 세미나를 통해 세계 25개국에 소개되었다. 모든 세미나에서 참석자들은 연단에 올라와 "도형심리학에 대해 더 배울 수 있는 곳이 어디죠?"라는 질문을 많이 하였다. 하지만 불행히도 필자는 그런 곳은 없다고 말할 수밖에 없었다. 그래서 지금 이 책을 쓰고 있으며, 도형심리검사에 도움이 될 만한 여러 요소를 정리하고 있다.

이제부터 여러분은 선물을 하나씩 받게 될 것이다. 이 선물을 통해 여러분은 자신을 더 잘 알게 되고, 사적이든 공적이든 살아가면서 만나는 여러 유형의 사람들을 이해하는데 많은 도움을 얻을 수 있을 것이다. 이 새로운 이론은 아주 간단하고 실용적이다.

앞으로 여러분은 한 번도 접해보지 못한 '도형심리학'이라는 새로운 유형의 성격 분석을 경험하게 될 것이다. 도형심리학은 사람마다 얼마나 다르며, 왜 다른지에 대해 설명하는 독특한 수단이다.

사람마다 모두 독특한 개성이 있으며, 자신만의 개성으로 살아가는 것 또한 삶의 즐거움이다. 하지만 사람들이 모두 똑같다면 얼마나 지루하겠는가! 이 말에 여러분도 동의할 것이다. 그러나 반대로 같은 유형의 사람들끼리 만난다면 의사소통하기가 훨씬 더 쉬울 거라고 말하는 사람도 있다.

"일할 때 왜 그런 돌출 행동을 하죠?"

"당신 배우자는 어쩜 그렇게 무신경하죠?"

"오늘 아이에게 또 무슨 일이 있었죠?"

도형심리학을 알면 이와 같은 질문들에 대한 해답을 얻을 수 있으며, 주변 사람들이 왜 그렇게 행동하는지 그 이유 또한 설명해줄 수 있을 것이다. 따라서 도형심리학은 인간관계를 개선하고 향상시키는 데 도움을 주는 선물임에 틀림없다.

> 도형심리학의 활용법

1. 당신이 어떤 사람에게 호감을 줄 수 있는지 알 수 있다.

2. 당신과 맞지 않는 사람이 있는 반면 어떤 사람과는 만나자마자 공감대가 형성되는데, 그 이유를 알게 된다.

3. 당신이 사회생활에서 만나는 사람들 가운데 대화가 힘든 경우, 그 이유를 알게 된다.

4. 동일한 상황에서도 사람마다 세상을 바라보는 시선이 다른 원인

을 명확하게 설명해준다.

5. 가정교육, 성격, 두뇌 작용에 따라 사람들의 사고가 다른 이유를 설명한다.

6. 직장 상사와 동료, 배우자, 자녀들을 쉽게 이해할 수 있게 된다.

7. 어느 순간 주위 사람들과의 소통이 수월해진다. 또한 다른 시각으로 세상을 바라보게 된다.

8. 사람들과의 의사소통 능력이 향상되는 동시에 자각 능력도 높아진다. 또한 자신의 생각과 행동을 이해하게 된다.

9. 자신감이 높아지게 되고, 새로운 활력을 찾게 될 것이다. 이제 독특한 개성을 지닌 사람들을 만날 준비가 되어있는 자신을 발견하게 된다. 또한 주변의 소중한 사람들에게 애정을 느끼고 감사하는 마음을 갖게 된다.

10. 당신은 지금 당장 나가서 도형심리학을 적용하고 싶은 의욕이 생길 것이다. 도형에 따라 사람의 성격을 파악할 수 있으며 성격이 그대로 적용된다는 사실도 알게 된다.

⟩ 이 책의 구성

1장 '도형심리학의 유형'에서는 도형심리학을 적용하는 방법을 소개한다. 자신을 분석하고 행동 원인을 파악한다. 도형심리학을 처음 접한다면 먼저 1장을 읽고 이해한 후에 지금 가장 가까이 있는 사람에게 적용해보라. 도형심리학의 진가를 바로 알게 될 것이다.

주의 ➜ 도형심리학은 오랫동안 공부해야 할 만큼 심오한 학문적 지식이 아니기에 지금 바로 쉽게 적용이 가능하다.

1장을 읽고 나면 다음 내용이 궁금할 것이다. 제1부에서 제5부까지는 유형별 성격에 대한 전반적인 정보를 제공한다. 제1부는 박스형, 제2부는 삼각형, 제3부는 직사각형, 제4부는 원형, 제5부는 지그재그형에 속하는 사람들의 특성에 대해 각각 서술하고 있다. 각 부의 유형별 특징은 4개 장에 걸쳐 서술하였다. 원한다면 당신이 속하는 유형을 먼저 읽고, 나머지는 나중에 읽어도 된다.

22장은 유형의 전환과 진화에 관한 내용으로 아주 중요한 부분이다. 당신과 다른 유형의 사람과 의사소통을 할 때 상대방에 맞춰 당신의 성격을 조절하는 방법, 즉 성격을 전환하는 방법에 대해 알려준다. 이것이 바로 당신이 생활에서 유용하게 이용할 수 있는 방법으로, '유형의 전환'에서 탁월한 방식을 제시한다. 한편 '유형의 진화'에서는 사람들이 나이가 들어가면서 변하는 이유를 설득력 있게 전개한다. 젊었을 때 소중했던 것들이 나이가 들면서 동일한 가치를 지니지 못하기도 하는데, 이 변화의 이유는 바로 삶의 단계 때문이다. 사람은 청소년기, 결혼, 중년의 위기 등 오랜 기간의 삶의 단계를 거치면서 변화하기 마련이다. 도형심리학을 통해 삶의 단계를 이해하면 타인에게 많은 도움을 주며, 자신에 대한 이해도 높아진다.

차 례 ···

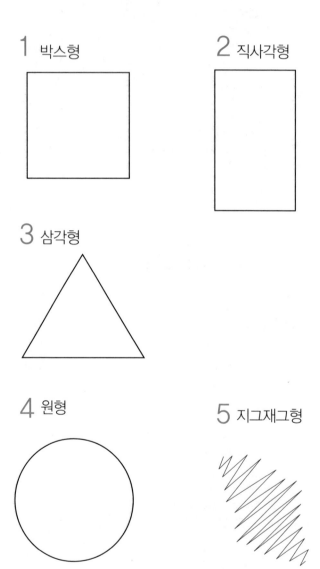

01

도형심리학의 유형

□△⊓○〰

도형심리학은 일종의 게임이다. 이 게임을 통해 여러분 자신은 물론 일상에서 만나는 사람들에 대해서도 잘 알게 될 것이다. 게임 규칙은 다음과 같이 간단하다.

먼저 앞쪽에 나와 있는 5개의 도형을 보자. 그 가운데 나와 가장 비슷하다고 생각되는 도형 하나를 선택한다. 고르기 힘들면 첫눈에 끌리는 도형을 선택해도 된다. 그리고 아래 빈칸에 1번부터 선호하는 순서대로 도형 이름을 적어 넣고, 5번에는 자신과 가장 다르다고 생각하는 도형을 적는다.

선호하는 도형 순서

1 _____   2 _____   3 _____

4 _____   5 _____

반드시 선호하는 순서대로 적도록 하자. 그래야 나중에 어떤 도형이 자신을 가장 잘 나타내주는지 확실히 알 수 있다.

결과 분석

앞쪽의 1번에 적어 넣은 도형이 자신을 대표하는 도형이다. 첫 번째로 선택한 이 도형은 개인의 특성과 행동 방식의 이유를 밝혀주는 중요한 역할을 한다.

⟩ 도형심리학이란

도형심리학은 각자의 성격, 태도, 교육, 경험 및 두뇌 작용 방식에 따라 주변의 특정 모양과 형태에 끌리는 성향이 있다는 개념에 기초하고 있다.

먼저 두뇌 작용부터 알아보자. 사람들은 흔히 좌뇌를 이용하거나 우뇌를 이용하여 정보에 접근한다. 우리 몸에서 '컴퓨터' 격인 뇌에서 정보를 처리하는 방식은 세상에 반응하는 방식을 결정한다.

그렇다면 여러분이 선택한 첫 번째 도형은 무엇인가?

박스형이나 삼각형, 직사각형은 선형 도형에 속하는데, 이 유형에 속하는 사람들은 주로 좌뇌형으로, 논리적이고 체계적인 사고방식의 소유자이다.

원형이나 지그재그형을 고른 사람은 우뇌형이다. 이 유형에 속하는 사람들은 선형적이기보다는 모자이크 식으로 정보를 처리하며, 개별 부분보다는 전체에 흥미를 느낀다. 우뇌형은 논리와 체계를 별로 중요하게 여기지 않으며, 창조적이고 직관이 강한 편이다.

좌우 어느 쪽 뇌를 주로 사용하느냐에 따라 사고방식이 달라진다. 예를 들어 좌뇌형은 a, b, c, d, e …처럼 순차적으로 정보를 처리하는 반면에 우뇌형은 a … f 식으로 중간 과정을 생략한다. 이러한 사고방식의 차이로 인해 좌뇌형과 우뇌형은 서로 이해하는데 어려움을 겪곤 한다.

예를 들어 전형적인 좌뇌형은 회계사일 가능성이 높다. 우뇌형은 회계사가 내세우는 수많은 규칙과 규정에 정신이 하나도 없겠지만, 회계사 역시 영수증을 가득 담은 상자를 들고 사무실로 들어서는 우뇌형을 보고 힘겨워할지도 모른다. 좌뇌형은 정돈되지 않고 꼼꼼하지 못한 사람은 질색한다.

이처럼 뇌의 작용에 따라 사람의 성향이 다르다는 사실을 알고 다음 장으로 넘어가야 한다. 두뇌 작용의 차이에 따라 주변 세계를 바라보는 시각은 달라진다. 사고방식과 행동방식, 심지어 친구와 동료를 선택하는데도 영향을 미친다.

두뇌 이론은 도형심리학의 기본 개념이다. 이 말이 무슨 뜻인지는 앞으로 각 도형의 특징에 대해 읽어 가면 더 자세히 알 수 있을 것이다. 이제 각 도형의 개략적인 특성에 대해 알아보자.

1. 박스형

박스형을 첫 번째로 선택한 당신은 부지런한 일꾼이다. 박스형의 특징은 일을 완성해내는 결단력에서 가장 잘 드러난다. 사람들은 어떤 일을 완수하고 싶을 때 그 일을 박스형에게 맡긴다. 그러면 박스형은 아무리 오래 걸리더라도 맡은 일을 끝까지 해내고야 만다.

박스형이 부지런한 일꾼을 대표하는 이유는 그 형태가 네 각의 크기와 네 변의 길이가 같은 정사각형 모양이라는 점에 기인한다. 그래서 박스형은 다섯 가지 도형에서 가장 체계적인 형태이다. 박스형 사람들은 조직과 논리적 구성을 아주 중시한다. 이들은 무엇이든 적재적소에 배치되는 예상 가능한 삶을 원한다.

박스형은 주변 사람과 사물들을 끊임없이 정리한다. '책상이 지저분한 사람은 마음 상태도 엉망이다' 라는 격언을 믿는다. 박스형은 경영보다 행정 업무에 뛰어난 능력을 보인다. 이들은 강박관념에 사로잡힐 정도로 꼼꼼하기 때문에 행정업무 처리를 잘 한다.

박스형은 자료를 수집하는 능력이 뛰어나다. 정보를 모아 자료를 구축하거나 자료마다 적절한 제목을 붙여 차례대로 정리한다. 물론 이런 여러 장점 외에 단점도 약간 있다.

박스형은 계획을 추진하는 일은 잘하지만 계획을 세우는 일은 잘하지 못한다. 박스형은 결정력이 부족하기 때문에 경영인보다는 행정가에 더 어울린다. 또한 너무 심하게 몰아붙이면 중요한 결정은 뒤로 미루고, 위험부담이 따르는 경우에는 현재 상태에 머무르는 편을

택한다.

박스형은 일을 시작할 때 다음과 같이 요구한다.

"규칙과 마감기한을 알려주고 필요한 도구를 주시면 일을 완전하게 해낼 수 있습니다."

따라서 '왼손이 하는 일을 오른손이 모르는' 비조직적인 일에는 박스형을 투입시켜선 안 된다. 불확실하고 유동적인 상황에서는 제 능력을 발휘하지 못한다. 하지만 지시사항이나 요구사항이 확실하다면 다른 어떤 유형의 사람보다 뛰어난 능력을 보여준다.

박스형의 특성

긍정적인 면	부정적인 면
체계적이다	깐깐하다
꼼꼼하다	트집 잡는다
식견이 있다	자꾸 미룬다
분석적이다	냉담하다
참을성 있다	변화를 거부한다
완벽주의자다	혼자 있기를 좋아한다
인내심이 강하다	불평한다

직업 유형

회계사	공무원	행정가
육체 노동자	비서	트럭 기사
행정 사무직원	서류 작성자	전문의
은행원	교사	작가/편집자
컴퓨터 프로그래머		

박스형에 대해 더 자세히 알고 싶으면 제1부 '고집불통 박스형'을 읽어보라. 꼼꼼한 걸 좋아하는 박스형이 사회생활을 어떻게 해나가는지 자세히 나와 있다. 성격과 행동, 말투 등을 통해서 박스형을 구분하는 방법과 이 유형을 만났을 때 효과적으로 의사소통하고, 의견 충돌이 일어났을 때 해결할 수 있는 방법도 알려줄 것이다. 혹시 자신이 박스형에 속하는 사람이라면 대인관계를 개선하고 사람들에게 더욱 존경받아 사회에 크게 공헌하는 법을 배울 수 있을 것이다.

2. 삼각형

삼각형은 선형 도형이라는 면에서 박스형과 비슷하다고 할 수 있지만 또 다른 부류에 속한다. 삼각형은 박스형처럼 좌뇌형이지만 일 자체보다는 경력에 관심이 많다. 그 모양이 말해주듯 진취적이며 최고만을 추구하는 삼각형의 특징은 리더십이다.

삼각형은 수 세기 전부터 리더십을 상징했는데, 아마도 고대 이집트에서 왕을 피라미드에 매장하던 시대부터 생겨난 개념인 것 같다. 피라미드는 중대한 목표에 모든 에너지가 집중되는 가치를 알려준다. 순간의 목표를 달성하기 위해 집중할 수 있는 능력이야말로 삼각형만이 지니고 있는 가치 있는 특성이다.

삼각형은 박스형과 달리 목표가 분명하다. 이 유형의 사람들은 결정하기를 즐기기에 자신 말고 다른 사람의 일도 결정하고 싶어 한다. 삼각형은 매우 '적합한' 사람이며, 사람들에게 똑똑한 리더로 보여지길 바란다. 그리고 대개 성공을 거둔다. 좌뇌를 사용하여 상황을 재빨리 분석하고 탁월한 결정을 내린다. 확신이 부족한 사람은 삼각형의 리더십에 감탄하며 주저없이 그 결정에 따른다.

하지만 한 가지 알아두어야 할 사실이 있다. 삼각형이 어떤 결정을 내리든 그 속에는 자신에게 유리한 면이 있기 마련이라는 점을 명심해야 한다. 지지자들의 존경심을 높일 뿐이라도 말이다.

삼각형에 속하는 사람은 또한 다른 유형에 비해 정치적 책략이 뛰어나다. 정치적으로 최고의 위치에 오르기 수월하며, 정상에 도달하기 위해 다른 사람들을 딛고 올라서기도 한다. 동료들은 이들을 존경

삼각형의 특성

긍정적인 면	부정적인 면
리더십이 있다	자기중심적이다
목표에 집중한다	지나치게 많은 일을 맡는다
결정력이 있다	독단적이다
진취적이다	지위를 중시한다
경쟁심이 강하다	정치적이다
실리를 추구한다	성급하다
활동적이다	저돌적이다

직업 유형		
중역	사업가	매니저/관리자
정치가	병원 관리자	사장
학교 관리자	육군 장교	법률회사 파트너
오케스트라 지휘자	단체 조직위원장	조종사

하면서도 종종 냉정한 면에 힘들어 한다.

삼각형은 뭐든 빨리 배우며, 야심이 많다는 사실을 기억하라. 삼각형 유형의 특성에 대해서는 제2부를 보라. 더욱 전진하고 상승할 수 있는 방법을 알게 될 것이다. 또한 사고방식이 다른 사람을 설득하는 방법과 반대로 자신이 궁지에 몰려 설득 당할 상황에 처했을 때 교묘히 피할 수 있는 요령도 알게 될 것이다. 이 책은 여러분에게 가장 소중한 안내서가 되어줄 것이며, 앞으로 어떤 적수를 만나 해결책을 알고 싶을 때마다 이 책을 찾게 될 것이다.

3. 직사각형

가장 선호하는 도형으로 직사각형을 선택한 사람은 이미 중요한 변화를 겪고 있는 중일 것이다. 직업을 바꿨거나 바꾸려고 준비 중일지도 모른다. 아니면 최근 신상에 변화를 겪고 있을 수도 있다. 직사각형은 변화와 과도기에 처한 사람을 상징한다. 다른 4가지 도형이 예측 가능한 행동을 하는 유형이라면, 직사각형은 '유동적인 상태'에 있는 사람을 대표한다. 이들은 현재 삶의 방식에 만족하지 않고 더 나은 상황을 찾아 나선다.

직사각형은 혼란에 빠져 있는 사람이라고 할 수 있다. 비하하려는 말이 아니라 다른 사람에 비해 능력이 부족하다기보다는 현재 자신에 대한 확신이 없는 상태를 의미한다. 즉, '과도기'에 놓여 있다는 걸 명심하라. 극복해야 할 잠시 동안의 혼란한 시기이다.

이와 같은 상태는 직사각형 모양에서도 알 수 있다. 직사각형은 원래 '순수하게' 생겨난 형태가 아니다. 순수 형태인 정사각형이 변형되어 생겨난 도형이다. 심리학 측면에서 보면 직사각형은 '박스형'이 하는 행동에서 빠져나와 점차 성장하고 있는 사람이다. 오랫동안 박스형처럼 지내오면서 지치고 분노에 싸였으며, 오랫동안 열심히 일했지만 일한 만큼 충분히 인정받지 못했다고 느끼고 있다.

솔직히 말하자면 직사각형은 '질린' 상태이다. 일은 다 하고도 그 공은 인정받지 못해 지쳐버렸다. 열심히 일해도 할 일만 더 쌓일 뿐이라니! 이런 상황은 기업 경영인이나 주부에게도 마찬가지다. 직사각형은 과도기에 처해 있다. 이들에게 어떤 변화가 일어날지는 잘 모르지만 현재 상황에 불만을 품고 뭐든지 하려고 애쓴다.

직사각형 유형의 가장 큰 특징은 예측할 수 없다는 점이다. 그래서 이 유형의 사람은 매일 새로운 변화를 경험하기도 한다. 솔직히 주위 사람들은 매일 직사각형이 '낯설게' 느껴지기도 한다. 심지어 하루 동안에도 말이다. 그래서 이들을 경계하기도 하고, 과도기에 있을 때는 의식적으로 피하기까지 한다. 도저히 이들을 감당해낼 자신이 없어서이다.

사람들은 직사각형의 변덕스런 행동에 당황하지만, 상대방을 잘 알면서도 그렇게 행동한다고 여기기에 어리석어 보이고 싶지 않아 이해해보려고 노력하기도 한다. 사람들이 직사각형을 잘 이해하지 못하는 만큼 직사각형 자신도 왜 그렇게 변덕스러운지 잘 모른다.

다행스러운 일은 직사각형은 아직 발달 단계에 있다는 점이다. 그러니 이런 현상은 곧 사라질 것이다. 이 시기에 발생하는 긍정적인 효과도 몇 가지 있다. 직사각형에 속하는 사람은 안정적인 상태에 이르기 위한 성장 과정을 거치면서 짜릿함을 느낀다. 탐구하고, 성장하고, 배우고, 새로운 개념을 받아들이고, 사람들에게 마음을 열며, 사고방식을 바꿀 준비가 되어 있다. 당신이 직사각형 유형에 속한다면 도형 심리학을 배울 수 있는 최적의 시기이다.

직사각형의 특성에 대한 설명은 제3부를 읽어 보라. 이 유형의 사람들은 새로운 개념을 쉽게 받아들이고 주변의 영향을 크게 받기 때문에 다른 네 유형에 비해 더 많은 사실을 배우게 될 것이다. 직사각형의 도전정신이라면 새로운 사고를 실행에 옮겨 힘겨워도 신나게 변화의 시기를 극복할 수 있을 것이다.

직사각형의 특성

긍정적인 면	부정적인 면
과도기이다	혼란스럽다
열정적이다	자부심이 낮다
탐구적이다	행동이 일관되지 못하다
호기심이 많다	속기 쉽다
발전적이다	불성실하다
대담하다	예측 불가능하다

직업 유형		
신임사장	신입사원/구직자	대학 신입생
고등학교 졸업생	승진/강등 사원	중년의 위기에 처한 사람
청년기	경영인	연극배우
영화배우	음악가	퇴직자

4. 원형

원형이 없었다면 세상은 어땠을까? 원형은 모든 사람이 사랑하는 연인이다. 원형은 주위 사람들을 진정으로 아낀다. 가족과 친구, 동료가 행복해진다면 어떤 일이라도 마다하지 않을 것이다. 원형은 모든 것이 순조롭고 평화롭게 유지되길 바란다.

기하학 상으로 볼 때 원은 조화를 나타내는 신화의 상징이다. 원을 선택한 사람은 좋은 인간관계를 맺는데 가장 관심이 많다. 원형은 가족이나 회사동료들을 연결시키는 '가교' 역할을 한다. 또한 아주 예민해서 감정적인 문제에도 민감하다.

원형에 속하는 사람들은 다른 유형에 비해 누구와도 얘기가 잘 통한다. 사람들이 하는 말에 귀 기울이며 어느 누구보다 공감대를 빨리 형성하고, 사람의 마음을 잘 읽는 덕분이다. 원형은 즉석에서 거짓말을 꾸며내기도 한다. 또 굉장히 협력적이어서 회사 동료들 사이에서 평판이 좋다. 하지만 사업 경영자로서의 자질은 부족한 경우가 많다.

리더로서 원형은 사람들을 기쁘게 하려고 안간힘을 쓴다. 평화를 유지하려고만 하다 보니 꼭 필요한 경우에도 강경책을 쓰지 못하고, 사람들이 좋아하지 않을 만한 결정은 피한다. 강하고 독단적인 삼각형 유형에게 이용당하는 사람도 적지 않다. 원형은 사람들이 기뻐한다면 어떤 소원이라도 들어준다. 이런 조화로운 성격은 장점이 되기도 하지만 사람들의 기세에 마구 휘둘리게 된다. 다행히 원형은 누가 기세를 잡든 관심이 없다. 우뇌형인 원형은 개별적인 것보다 통합적인 것을 중시한다. 그리고 총체적인 사고방식의 소유자로 모든 일이 얼마나 조화를 이루는지에 관심을 집중하는데, 이는 원형이 모든 생명체를 대하는 방식이다. 그래서 원형은 자연을 사랑하고 애완동물을 좋아하며, 다양한 부류의 친구가 있다. 원형은 '인간관계'에 얽힌 문제해결 능력이 뛰어난 사람이다.

원형의 '조화로운' 성격은 어디서나 드러난다. "좋은 하루 보내세요"라고 말하는 사람은 원형이며, 회사 메모지에 '웃는 얼굴'을 처음 그려 넣은 사람도 원형이 분명하다. 원형은 혼자서 일할 때는 무기력

원형의 특성

긍정적인 면	부정적인 면
다정하다	지나치게 사적이다
남을 잘 보살핀다	감성적이다
설득력이 있다	교묘하다
정이 많다	수다스럽다
관대하다	자기 비판적이다
안정적이다	정치에 무관심하다
사려깊다	유유부단하다
—	게으르다

직업 유형

비서	상담자/정신건강 전문가	간호사/의사
주부	교사/트레이너	인력 양성 전문가
교수/컨설턴트	인사 관리 분석자	판매원
수녀	보이/걸 스카우트 대표	웨이트리스/점원
사학자	캠프 상담자	점성가

해지므로 여러 사람들과 함께 일해야 한다.

원형에 속하는 사람도 이 책에서 많은 정보를 얻을 수 있다. 제4부에서 원형의 행동 특성에 대한 정보를 제공하고 있다. 우뇌형인 원형은 행동을 조절하는데 감정이 중요한 작용을 한다. 왜 원형이 그렇게 행동하는지 제4부에서 그 원인과, 또 어떻게 행동을 고쳐야 자신이 속한 분야에서 자신감을 얻어 성공한 사람이 될 수 있는지 알려줄 것이다.

5. 지그재그형

지그재그형을 선택한 사람은 자신이 어떤 사람인지 알고 있다. 이 유형은 성(性)에 집착한다. 농담이 아니라 이 형태는 남성의 정액을 상징한다. 놀랍게도 이 도형을 선택한 사람은 성적으로 매력 있어 보이는 경우가 대부분이다. 그와 함께 지그재그형을 정확히 상징하는 큰 특징은 '창조성'이다. 여러분은 두 특성을 모두 포함하는 해답을 찾아야 할 것이다.

지그재그형이 창조성을 상징하는 이유는 5가지 형태 중에서 가장 독특하며, 다른 형태들은 닫혀 있는데 반해 유일하게 열려 있는 형태이기 때문이다. 그래서 진정으로 우뇌형을 대표한다. 우뇌형은 보통 사람과 생각하는 방식이 다르다. 선형적으로 사고하지 않고 자신의 정보처리 체계 내에서 형상화한다.

이 유형의 사람들은 보통 사람들이 거치는 연속적이고 연역적인 사고과정 없이 결론으로 직접 뛰어든다. 선형 방식의 사람은 a, b, c, d, e 식으로 순차적으로 사고하지만 지그재그형은 그렇지 않다. 지그 재그형은 a에서 바로 f로 건너뛴다. 그래서 어떤 문제를 해결해야 하는 상황에서 선형으로 사고하는 사람은 지그재그형과 함께 일하기 힘들다. 세상을 보는 방식이 다르기 때문이다.

우리 사회에서 정말 반짝이는 아이디어는 지그재그형이 생각해내고 있지 않나! 지그재그형에 속하는 사람들은 항상 새로운 방법을 찾아내고 있다.

과거와 현재 방식에 만족하지 않고 항상 새로운 시도를 한다. 지그재그형은 역사시간에 주로 잠을 잔다. 하지만 공상과학 소설에 대해 토론하는 문학시간에는 태도가 확 돌변한다.

지그재그형은 미래지향적이며 현실보다 가능성에 더 흥미가 있다. 그래서 사람들이 보기에 지그재그형은 '상아탑'에 살고 있거나 '이상해' 보인다.

지그재그형의 일상적인 행동이나 성격을 살펴보면 다섯 유형 중에서 가장 다혈질이다. 신선하고 재미있는 아이디어가 있다 싶으면 수선을 피우면서 주위 사람들에게 얘기한다. 이들은 어떤 구체적인 사실이나 형태에는 관심이 없고 정보를 이용하여 혁신적인 아이디어를 고안해낸다.

또 아주 조직적이고 기계화된 근무환경을 싫어하며, 작업환경에 많은 변화와 자극이 있길 바란다. 지그재그형은 규칙이나 정책 안내서에 싫증내고 그보다는 그 안에 들어있는 개념에 흥미를 느낀다. 이 유형에 속하는 사람은 통합적인 사고방식의 소유자로 일부분이 아닌 전체에 호기심을 느낀다. 이러한 이유로 지그재그형은 너무 체계화된 곳에서 일하기를 꺼려하고, 좀 더 자유롭고 창조적이며 독립적인 환경에서 일하고 싶어 한다.

지그재그형은 자신에게 맞는 일자리를 찾았을 때 비로소 활기를 띠면서 새로운 구상을 하고 주위 사람들을 자극한다. 지그재그형은 일을 '시작'하는데 뛰어나며, 체계화된 절차를 따르기보다는 지속적으로 변화를 시도하는 회사와 기관에서 일할 때 가장 잘 적응한다. 어떤 상태를 유지하고 뒷수습하는 일은 맞지 않다.

지그재그형을 선택했다면 서둘러 제5부를 읽고 싶을 것이다. 이 유

지그재그형의 특성

긍정적인 면	부정적인 면
창조적이다	질서가 없다
개념적이다	실천력이 없다
미래지향적이다	현실에 어둡다
직관적이다	논리적이지 못하다
표현이 풍부하다	자유분방하다
의욕이 넘친다	열정이 지나치다
재치가 있다	행동이 튄다
감각적이다	순진하다

직업 유형		
전략 기획자	점성가	화가/연기자/시인
발명가/요리사	음악가	성직자/전도사
실내 장식가	대학교수/이론가	생산 전문직
공인 중개사	과학자/연구원	국제 판매상/상인
인공지능 전문가	창립자/PR 관리자	사업가

형에 속하는 사람들이 왜 그렇게 행동하며, 언제 동료들과 친구들의 신뢰를 받지 못하는지 잘 설명되어 있다. 지그재그형은 감정의 기복이 심하고 관심거리가 자주 바뀌기 때문에 절친한 동료라 해도 맡은 일을 완수하지 못할 거라고 생각한다. 또한 좌뇌형이자 선형 사고를 하는 사람들과 성공적으로 소통하는 방법에 대해서도 도움을 받을 수 있을 것이다. 선형 사고방식을 가진 사람이 지그재그형보다 훨씬 많으며, 지그재그형이 일하는 회사의 책임자인 경우도 많기 때문에 의사소통하는 방법을 배우는 일은 중요하다.

■ ■ ■

어떤 사람들은 자신과 가장 닮은 도형의 특성에 대해 읽고 나서 그 특성이 자신과 맞지 않는다고 결론짓는다(약 15% 정도가 이런 반응을 보인다). 이 같은 결론을 내린 사람이라면 다음과 같은 두 가지 이유로 자신과 비슷하지 않은 도형을 잘못 선택했다.

첫째, 현재 자신과 비슷하지 않은 도형을 택했지만 그 유형과 점점 닮아가고 있다. 이미 다른 도형을 선택해 보았기 때문에 지금의 자신과 다른 닮고 싶은 새로운 도형을 선택한 것이다.

둘째, 그것이 아니라면 오늘은 컨디션이 좋지 않아 자신과 다른 도형을 첫 번째로 선택했다. 현재 심리적으로 불안해서 스트레스를 받고 힘든 상태로 이어졌다. 다시 말해 이런 상태에서 선택한 도형의 순서는 자신의 '본모습'이 아니었다. 이 이유가 맞다면 지금 다시 자신을 가장 잘 설명하는 도형을 선택해서 평상시 특성이 반영된 부분을 읽어보라.

우리 안에는 5가지 도형의 모습이 모두 내재되어 있다는 사실을 기억해야 한다. 그러니 상황에 따라 우세한 유형으로 바뀔 수 있다. 다른 이들에 비해 훨씬 더 '유형의 전환'이 심한 유형일 수도 있다.

■ ■ ■

박스형의 사람이 부지런한 일꾼이라면, 삼각형의 사람은 리더형, 직사각형에 속하는 사람은 과도기에 처해 있으며, 원형은 어디에서나 잘 융화하는 유형이며, 지그재그형은 창조적이다. 5가지 도형에서 어느 것을 선택했더라도 사람들과 소통하고 함께 일하는 능력이 커지고 있는 자신을 알게 될 것이다. 어떤 유형도 '이상적'이지 않다는 사실을 기억하라. 유형마다 고유한 장점이 있고, 발전가능성 있는 영역이 있다.

선호하는 유형에 대해 완전하게 '이해'했다면 얼른 이 책을 이용하고 싶을 것이다. 또 처음에 순서를 정할 때 마지막으로 선택했던 5번째 도형이 무엇이었는지 궁금할 것이다. 마지막에 선택한 도형이 아주 골칫거리로, 이 유형에 속하는 사람들과 문제가 생기기 쉽다.

자, 여러분이 각자 가장 선호하는 유형에 관해 읽고 나면 이제 서로 문제가 될 수 있는 다른 4가지 유형에 대해 읽어볼 차례이다. 이 유형들에 대해 자세히 알게 되면 다른 사람들과 보다 효과적으로 소통할 수 있는 능력이 생길 것이다. 이것이 도형심리학이 주는 진정한 선물이다.

제**1**부

고집불통 박스형

02 / 부지런한 일꾼 박스형

□ △ ⊓ ○ ⁴⁄₇

신 조 : 감정을 조절할 수 있는 예측 가능한 세상에서 살고 싶다.
속마음 : 무엇이든 적재적소에 배치되는 것이 당연하다.

박스형의 사람은 다른 사람들에 비해 정확한 자료를 좋아하므로 이제부터 박스형의 말투로 박스형에 관한 정보를 소개하려 한다. 박스형 사람들이 보편적으로 믿는 신조와 속마음을 살펴봄으로써 그들의 행동결과를 알게 될 것이다.

먼저 박스형의 특징을 간단히 살펴본 후 집과 직장에서 어떤 행동을 주로 하며, 스트레스를 받았을 때 나타나는 반응에 대해 집중적으로 다룰 것이다. 나머지 4가지 유형에 대해서도 동일한 방식으로 접근하게 된다.

주의◈→→ 전부는 아니더라도 박스형의 특성과 비교적 많은 부분이 일치한다면, 당신은 박스형이 맞다.

⊱ 박스형이란

진정한 박스형이라면 마치 종교처럼 체계성을 중시한다. 체계성은 집이나 일터, 여가활동 등 박스형의 모든 생활 영역에 적용된다. '깨끗한 책상, 정돈된 마음.' 박스형은 겉으로 드러나는 환경에서 그 사람의 마음 상태를 알 수 있다고 믿는다. 이 유형에 속하는 사람은 아주 사소한 것에도 일일이 신경 쓸 정도로 꼼꼼하다. 천성적으로 사소한 일에 신경을 많이 쏟는 박스형은 박식한 사람이다.

좌뇌형인 박스형은 지극히 세세한 것까지도 차근차근 머릿속으로 정리한다. 그러니 박스형의 사람은 당연히 애매한 감정이나 추상적인 정보보다 실제적인 정보를 선호한다. 이런 성향으로 인해 박스형은 삶에 꽤 분석적으로 접근한다. 박스형은 옳은 판단이라는 확신이 들 때까지 평생 동안 수차례 삶을 분석한다. 박스형은 결정하기까지 시간이 오래 걸리기 때문에 결정을 빨리 내리는 사람들이 보면 박스형이 자꾸 일을 미루는 것 같다.

박스형은 차갑고 다가가기 어려운 사람이다. 논리와 실제에 집착하기 때문이다. 박스형의 가치와 신념을 보면 전통주의자가 되기 쉽다. '직업윤리'를 강하게 믿는 박스형은 누군가 일을 열심히 해서 훌륭히 수행했다면 보상이 뒤따르는 게 당연하다고 생각한다.

박스형처럼 열심히 일하라. 박스형은 가장 믿을 만한 일꾼이다. 박스형에게 일을 맡겼다면 믿어도 된다. 박스형의 가장 긍정적인 성향은 강한 참을성과 인내심이라고 할 수 있다. 일을 완벽하게 끝마치기 위해 박스형은 뭐든 다 할 것이다. 하지만 한 번 행동지침을 정하고 나면 절대로 수정하지 않는다. 또한 완벽주의적인 성향이 강한 박스형은 혼자서 일을 처리하는 사람으로 인식되어 쉽게 팀의 일원이 되지 못한다.

▶ 박스형의 특징

언어

주로 쓰는 단어 분석, 세부계획, 마감 기한, 데이터베이스, 효율성, 올바르게, 정확하게, 조직하다, 분배하다, 할당하다, 감시하다, 기획하다, 계획하다

주로 하는 말 "정책에 대해 명확하게 말하자면…"

"우린 항상 이런 식으로 일을 처리했어요."

"그건 제 일이 아닙니다."

"위원회에 그 일을 다시 보내주세요."

"150쪽에 달하는 리포트가 형편없군요."

"당신 일에 대해 정당하게 평가받고 싶다면 스스로 처리하세요."

외모

남자 보수적이다. 판매원들이 하는 파스텔 계열의 타이를 맬 생각은 꿈도 꾸지 않는다. 흰 셔츠에 어두운 계열의 정장 차림을 주로 한

다. 주머니엔 손수건이 있어야 하고, 만약을 대비해서 지갑에 10달러 정도는 비상금으로 들어 있어야 한다. 머리는 짧고, 얼굴은 수염 없이 말끔해야 하며, 염색하거나 가발 쓰는 일은 아예 꿈도 꾸지 않는다. 주머니에 휴대용 빗을 소지하고, 책상 오른쪽 서랍에는 옷솔이 들어 있어야 한다. 일요일 밤에는 항상 구두를 윤기 나게 닦아놓는다. 옷을 살 때는 근처 남성복 매장에 혼자 가서 항상 같은 판매원의 도움을 받아서 산다.

여자 역시 보수적이다. 최신 유행은 의도적으로 피한다. 주로 백화점에 가서 적당한 가격대의 계절에 꼭 맞는 편안한 외출복을 산다. 남색, 회색, 갈색, 와인색, 검정색 등의 보수적인 색만을 고집하여 옷장이 단조롭다. 일할 때는 일의 특성이 옷에 나타나야 하고, 매니큐어는 칠하지 말아야 하며, 머리 스타일은 짧고 단정해야 한다. 집에서는 짙은 색의 평범한 바지에 스웨터나 티셔츠를 입고 있다. 신발은 스타일과 어울리지 않더라도 편안해야 한다. 박스형의 여성은 전혀 화려하지 않다. 기껏 해야 밝은 색의 스카프를 하는 정도다. 젊은 시절에 가끔 목선이 깊이 파인 옷이나 미니스커트를 입지만, 서른 살이 지나면 박스형 여성은 성적으로 매력 있어 보이기 싫어한다.

사무실

필기도구는 당연히 모두 제자리에 있어야 한다. 책상은 튼튼한 재질이며 책꽂이에는 취급 설명서들이 정렬되어 있다. 책상 위에 서류들을 지저분하게 늘어놓지 않는다. 책상 덮개는 회사에서 사용하는 녹색으로, 녹색 플라스틱 쓰레기통이나 혹은 메모장과 잘 어울린다.

사무실에는 2년 전 크리스마스 때 찍은 가족사진 한 장만이 사진틀에 끼워진 채 놓여 있다. 벽에는 액자들과 회사에서 받은 상이 걸려 있다. 대학 졸업장은 우산꽂이 위에 걸려 있고, 점심 도시락은 서랍 속에 들어 있다. 책상에 놓여 있는 개인용 컴퓨터가 사무실에서 가장 중요하다. 책꽂이에는 그 컴퓨터를 처음 사용했을 때부터 사용한 소프트웨어들이 알파벳순으로 정리되어 있다. 작업환경이 전반적으로 장식 없이 깔끔하고 실용적인 인상을 준다.

습관

1. 규칙적인 일과 박스형은 규칙 있는 일과표를 짜서 하루를 보내기를 바란다. 정기적인 일과를 통해 박스형은 자신의 생활을 계획한다. 박스형은 매일 정확하게 밤 11시에 자고 6시 30분에 일어난다. 일요일도 마찬가지다. 박스형은 계획된 하루를 정확히 시작한다. 주말이라고 예외는 아니다. 박스형은 갑자기 방해를 받거나 예상치 못한 전화가 걸려오는 것을 싫어한다. 박스형은 시간관리 프로그램이 있으면 철저히 참석한다. 가장 시간관리 할 필요가 없는 유형인데도 항상 시간을 효율적으로 운용하는 법에 대해 더 자세히 알고 싶어 한다.

2. 메모하기 박스형은 확실한 것을 좋아한다. 생각을 말로 표현하기에 상당히 애매한 것들이 있는데, 박스형은 꼭 문서로 보아야 믿는다. 이들에게는 언행을 항상 조심하고 허술한 면을 보이지 말아야 한다. 박스형은 꼼꼼함을 대표한다. 꼼꼼한 성향은 중대한 계획뿐 아니라 일상생활에서도 나타난다. 기록으로 남겨 놓은

것만이 진짜라고 믿는다.

참고▶▶ 종이를 많이 사용하는 회사에는 대체로 박스형에 속하는 사람이 많다. 무슨 일이든 기록으로 남겨 놓아야 하며, 회사의 모든 수신인에게 복사본을 보낸다. 이미 적어놓은 내용을 또 메모하기도 한다. 맡은 일은 확실히 처리한다.

3. **신속성** 박스형과 약속을 했다면 시간을 정확히 지키는 게 좋다. 박스형 사람은 약속에 늦거나 잊어버릴까봐 전전긍긍하며, 어디에서나 항상 달력을 앞에 두고 있다. 사무실에는 책상 위와 벽뿐만 아니라 만약을 대비한 수첩 달력까지 보통 3개의 달력이 있다. 물론 메모수첩은 항상 지니고 다니며, 매일 저녁 먹기 전에 메모수첩의 달력에 새로운 일정을 적는다. 집에 또 하나의 달력이 있는데, 대인관계 관리용으로 아주 중요한 일정만을 적어놓는다. 혹시 박스형이 늦는다면 분명 비서의 실수일 것이다.

4. **정리정돈** "누가 내 양말을 서랍 왼쪽에 넣어놨지?" 박스형은 자신의 물건이 제자리에 있지 않으면 극도로 화를 낸다. 과도는 은그릇용 왼쪽 서랍에 있어야 하며, 가위는 세 번째 서랍에, 투명 테이프와 화장실 휴지는 마지막으로 쓴 사람이 항상 채워 놓아야 한다. 이런 것들이 박스형의 규칙이고, 주위 사람들은 옆에서 그 규칙들을 잘 지키면 된다. 만일 당신이 박스형의 룸메이트이며 방에 이것저것 어질러 놓는 유형이라면 박스형과 함께 지내기 힘들다. 정리정돈 못지않게 깨끗한 것도 박스형에게는 중요하다. 점심을 먹고 집에 돌아왔는데 룸메이트가 방을 지저분하게 하고 있으면 박스형은 몹시 불쾌해 하며 그 날은 엉망이 되어

버린다(박스형 사람은 차에 커피나 음식, 담배 같이 지저분한 것이 있는 걸 못 참는다).

5. 계획성 박스형은 먼저 계획을 세우지 않고서는 어떤 일도 하지 않는다. 지난 번 휴가를 떠올려 보라. 호텔, 렌트카, 관광 일정, 식당 등은 이미 몇 달 전에 모두 예약했고, 돈도 벌써 지불했다. 실제로 박스형은 여행일정표를 3부 복사해서 혹시 발생할 상황에 대비해서 사람들에게 나눠준다. 일을 할 때도 박스형은 일정표에 따라 하길 좋아한다. 솔직히 더 구체적으로 계획을 세운다면 화장실 가는 것과 커피 마시는 시간도 계획표에 넣을 것이다. 박스형은 모든 일에 계획표를 작성하며 여분으로 몇 장 복사해 놓는다. 다이어트를 한다면 정해 놓은 2.5온스를 정확히 줄일 수 있는 유일한 사람이 박스형이다.

6. 정확성 무슨 일을 하더라도 박스형은 최대한 정확하게 한다. 당근은 0.25인치 두께로 정확히 썰어야 한다. 심야 영화를 볼 때 식당에서 서비스가 지연되거나 매표소 줄이 길어지거나 팝콘 사는 시간 등 뜻밖에 일어날지 모를 일을 고려해서 계획을 세운다. 마찬가지로 일을 계획할 때도 꼼꼼하게 주의를 기울인다. 박스형은 나중에 후회하느니 안전성을 택한다.

7. 수집가 박스형은 어린 시절부터 무엇이든 잘 모은다. 아마 우표 수집부터 시작해서 야구 카드나 바비 인형 세트 수집으로 발전해 갈 것이다. 실제로 박스형은 어릴 때 수집한 것들을 모아놓은 상자를 아직도 가지고 있으며, 그 상자를 자신의 아이에게 물려주길 바란다. 어른이 되면 박스형의 수집 기질은 목제품이나 미

술품, 매듭기술, 공예 같이 다양한 취미활동으로 발전되곤 한다. 일부 박스형은 이러한 취미활동을 생업으로 발전시켜 그 수집품들을 팔기도 한다. 박스형은 사진수집이나 역사적인 판화협회 같은 수집가 단체의 임원이 되기도 한다.

8. 고독 박스형은 대형 파티에 참석하기보다는 독서나 수집 등의 취미생활을 즐기거나 가족과 보내는 것을 더 좋아한다. 또한 여러 명이 모여 대화하기보다는 단 둘이서 대화하길 좋아한다. 전문잡지를 읽으며 가끔은 미스터리 소설이나 재미있는 공상과학 소설을 즐겨 읽는다. 사교 모임에서 술을 적당히 마시는 박스형은 따돌림 당하기 쉽다. 박스형은 회사 파티에서 친목을 도모하는 대화는 하지 않고, 일 얘기만 하려 한다. 박스형은 사교 모임에서 정확하게 누구와 무엇에 대해 대화할지 준비하여 주제 범주에서 벗어나지 않는다.

박스형의 표정과 동작

1. 경직된 자세를 취하며, 똑바로 앉는다.
2. 정신을 산란하게 하는 특이한 버릇은 없다.
3. 사교적이지 못하다.
4. 책을 읽거나 어떤 자세를 취할 때 팔을 몸 옆에 일자로 놓는다.
5. 어떤 감정적인 상황에서도 무표정하다.
6. 과장되고 불안하게 웃는다. 가끔 배꼽 잡을 정도로 웃을 때는 다른 사람 같다.
7. 목소리는 단조롭기보다는 약간 높은 편이다.

8. 불편한 상대(아마도 삼각형이나 원형)와 함께 있으면 갑자기 몸을 움직인다. 씰룩거리거나 어깨나 손에 약간 경련이 일어나기도 한다.

9. 천천히 움직인다. 허둥대거나 뛰지 않고, 계획한 대로 움직인다.

10. 의사표현이 확실하다.

|Final Note| 박스형에 속하는 사람은 무뚝뚝하고 지루할 때도 있지만 일처리를 잘 해낸다는 사실을 기억하라. 회사든 집이든 박스형이 있어야 제 기능을 다 한다. 사회에서 질 좋은 상품을 생산하여 주위 사람들의 존경을 받는 사람이 바로 박스형이다.

03 / 박스형의 가정생활

□△◻○〜

누구나 박스형을 닮고 싶어 한다. 집을 정리정돈하고 사무실, 자동차, 옷장을 깨끗이 치우고 체계적으로 정리된 느낌이 어떤 것인지 안다. 일반 사람들과 달리 박스형은 자신만의 조직성을 꾸준히 유지한다.

물론 박스형도 긴장을 늦출 때가 있다. 예를 들어 박스형이 8시부터 5시까지 아주 조직적으로 구성된 곳에서 일한다면, 집에서 여유 있고 조금은 흐트러지고 싶어 할 것이다. 하지만 진정한 박스형이라면 일과 관련되었든 개인적인 문제든 상관없이 조직력은 평균을 넘는다.

여러분 중에 이처럼 조직력이 뛰어난 사람과 살고 있는 행운을 안고 있다면 이번 장은 매우 중요하다. 박스형 배우자나 자녀, 룸메이트(박스형은 절대로 'roomie'라고 부르지 않는다. 하지만 원형은 그렇게 부른다)를 기쁘게 할 수 있도록 집안 환경을 더 조직적으로 꾸미는 방법을 알려줄 것이다.

주의 ➔➔ 파트너로서 박스형은 집이 잘 정돈되어 있으면 긴장을 풀고 마음을 열며 조금은 여유 있게 지내기 시작한다. 박스형은 일 중독에 빠질 수 있으므로 긴장을 풀 장소가 필요하다.

➔ 박스형 파트너/배우자

주의 ➔➔ '파트너' 라는 단어를 사용했다고 해서 박스형이 오랫동안 결혼하지 않고 동거할 거란 의미는 아니다. 박스형은 아주 원칙에 충실한 사람이다. 한 번 사랑에 빠지면 그것이 전부가 된다. 서둘러서 결혼준비를 하라.

박스형의 이상적인 집

1. 개인 물건은 손수 깨끗하게 정리정돈하라. 박스형은 집에 옷들이 여기저기 흩어져 있는 상태를 못 견뎌 한다. 컵받침이 없는 컵을 식기 선반에 올려 놓지 말라. 가능하면 가정부를 채용하라.

2. **일과표를 작성하라.** 박스형은 누가, 무엇을, 어떻게, 언제 하는지 알고 싶어 한다. 모든 가족은 시간별로 정해 놓은 일과를 따라야 한다. 아침 정각 7시에 일어나면 엄마는 7시 45분까지 아이들에게 옷을 입히고 아침식사를 준비하고, 아빠는 출근길에 8시 15분까지 아이들을 학교에 데려다준다. 그리고 5시 30분 퇴근길에 아빠는 우유를 사오고, 엄마는 6시에 하루 종일 일한 가족을 위해

저녁을 준비하는 등 모든 일과가 박스형에게는 중요하다. 박스형은 예기치 않은 일이 일어나길 바라지 않는다.

3. 생활비 예산을 짜고 그대로 실행하라. 부부 둘 다 돈을 벌 경우에 특히 돈의 용도가 중요하다. 박스형은 매우 실용적인 사람으로 힘들게 번 돈을 손톱 정리나 골프 클럽을 사는 등 쓸데없는 곳에 쓰지 않는다. 원하는 만큼 돈을 쓰고 싶다면 비자금이 필요하다. 그래도 크리스마스나 생일 때는 아낌없이 베푼다. 조금 불만스러워도 박스형도 이런 기념일을 즐기는 것에 반대하지 않는다.

4. 절약하고 또 절약하라. 박스형은 안전을 걱정한다. 퇴직자 연금제도에 대한 약간의 변화만 있어도 전 직원과 상의한다. 박스형 성향이 강한 사람은 정확히 계산하여 고가 우량주에 투자할 것이다. 또, 박스형은 투자할 만한 주식을 싸게 살 수 있는 방법을 알려주기도 한다. 하지만 2시간 정도밖에 여유가 없다면 박스형에게 경제 자문을 구하지 말라. 그렇지만 정보를 얻었다면 그 내용은 아주 정확할 것이다.

5. 실내장식 전문가를 부르지 말라. 박스형은 화려하거나 너무 새로운 물리적 환경은 싫어한다. 역사적이고 전통적인 것에 관심이 많다. 골동품 수집이나 전통이 남아있는 모습 정도면 충분히 만족스러워 할 것이다. 박스형은 변하고 있는 주위 환경을 자기만의 스타일로 바꾼다. 목재가구에 금색이나 녹색, 갈색 등의 색깔을 넣어 약간 변화를 주는 것을 좋아한다. 벽은 트로피나 상패, 나라를 상징하는 물품들로 장식한다.

6. 정기적으로 고급 레스토랑에 갈 생각은 하지 말라. 박스형은 위험 수

위가 높은 일은 벌이지 않는데, 음식에 대해서도 마찬가지다. 살구 요리 같이 특이한 것은 먹지 않고 감자를 섞은 고기 요리나 엄마의 월도프 샐러드면 충분하다.

주의 ➡ 박스형은 열성적으로 건강식품을 챙기는데, 취향의 문제가 아니라 건강식품을 먹는 게 이치에 맞는 일이기 때문이다. 우선 저울을 구입하고 건강식품을 파는 가까운 매장을 알아놓아라. 박스형은 이렇게 하지 않으면 못 견딘다. 즉, 박스형이 다이어트를 시작하면 체중 감량 서비스 회사의 도움을 받을 필요가 없다. 목표를 정하면 스스로 끝까지 해낸다.

7. 시사교양 잡지나 경제 잡지, 무역 잡지를 구독하라. 박스형은 현실적이고 보수 성향의 간행물에서 정보를 얻는다. 주로 침대에서 잡지를 읽거나 저녁식사를 하고 나서 8시에 하는 좋아하는 TV 쇼를 보기 전에 정해 놓은 시간에 잡지를 읽는다. 대중 연예지는 버려라. 박스형은 이런 잡지는 쓸데없다고 생각한다. 그리고 소설 말고 안내서를 사라.

8. 목록화하라. 박스형은 뭐든지 글로 된 것을 좋아하는데, 생각을 정리해서 보여주기 때문이다. 한 번 일목요연하게 정리했으면 그 목록을 보여줄 주방의 게시판이나 냉장고 문 등의 공간이 필요하다. 박스형은 어디에 무엇이 있는지 정확히 알고 있어야 한다. 그러니 박스형이 좋아하는 의자를 옮겨 놓지 말라.

박스형의 여가생활

1. '광란'의 파티는 꿈도 꾸지 말라. 박스형은 소란스런 파티는 질색이다. 진정한 박스형은 대개 사회 행사를 좋아하지 않는다. 박스형

배우자나 파트너는 사회활동을 위해 억지로 파티장에 데려가야 한다. 박스형은 박스형 대화상대를 찾지 못하면 파티장을 빨리 떠나고 싶어 한다. 박스형은 회사 파티에서 일 얘기만 하는 사람이다. 파티를 하려면 몇 주 전에 미리 계획하라. 박스형이 파티를 생활화 할 거란 기대는 하지 말라. 하지만 분명히 집에 돌아오는 차 안에서 파티를 분석할 거다. 파티에서 무리하지 말라. 만취한 배우자는 박스형에게 가장 악몽이다.

2. **친구를 신중하게 사귄다.** 박스형은 친구가 집 근처에 있길 바라고, 한두 명만을 초대해서 놀길 좋아한다. 친구를 골라서 사귀는 박스형은 친한 친구 몇 명만이 소중하다. 박스형은 박스형, 삼각형, 직사각형같이 자신과 비슷한 유형의 친구를 더 좋아한다. 박스형이 혼란스러워하는 문제를 확실히 해결해주는 삼각형에게 끌리는 건 어쩌면 당연하다. 자신의 문제를 해결해줄 때 박스형은 도움을 받았고 의미가 있다고 생각한다. 박스형은 특히 사회생활이 만족스럽지 못할 때 원형의 따뜻함과 이해심 많은 모습에 끌린다. 하지만 엉뚱하고 특이한 지그재그형의 사람들과는 대체로 맞지 않는다.

3. **공공장소에서 애정표현을 삼가라.** 사실 모든 감정표현은 피해야 한다. 박스형은 공공연히 감정을 표현하는 것을 싫어한다. 하지만 걱정할 필요 없다. 박스형은 당신을 사랑하며 지하철이 아니라 집에서 꼭 껴안아준다.

4. **취미활동을 즐긴다.** 박스형은 주로 공들여서 목제품을 만들거나 바느질을 한다. 어떤 취미를 갖든지 박스형은 평소처럼 꼼꼼하

고 체계 있게 행한다.

5. 비경쟁적인 스포츠를 좋아한다. 박스형은 조깅이나 자전거를 타는 등의 혼자 하는 스포츠를 즐긴다. 사우나에 가거나 보디빌딩 센터의 회원일지도 모른다. 박스형이 즐기는 경쟁적인 스포츠는 라켓볼이나 팀을 이루어서 하는 것이 아닌 골프나 테니스 같은 종류이다. 박스형은 체스, 바둑, 브리지 같은 카드 게임에 능한 선수이다.

6. 이상적인 휴가지는 집이다. 박스형은 이국적인 곳으로 여행을 가거나 해변에서 사람들을 쳐다보는 일 따위에는 관심이 없다. 박스형은 휴가 때에도 집에서 새로운 프로젝트를 짜느라 많은 시간을 보낸다. 휴가 2주 동안 컴퓨터 작업을 하거나 작업장에서 보내고, 다락방에서 일하는 것도 아주 좋아한다. 물론 여름휴가 중에 친척집 방문을 꼭 포함시킨다. 솔직히 박스형은 해마다 휴가 계획을 의무감으로 세운다.

7. 일과 여가를 구분하라. 박스형은 출장에 배우자를 동행하고 싶어 하지 않는다. 일은 일이고, 여가는 여가다. 박스형은 사적인 일과 공적인 일을 구분할 줄 아는 확실한 사람이다.

8. 휴가기간 동안 배우자를 놀라게 하기 위해 식기세척기 같은 비싼 선물을 할 수도 있다. 그러나 박스형은 실용적인 선물을 더 좋아한다. 그러니 박스형에게 울트라 스웨이드나 실크를 선물하거나 로렉스 시계는 아예 꿈도 꾸지 말라. 박스형은 화려하고 실용적이지 못한 선물에 끌리지 않는다. 그렇다고 박스형이 생일이나 기념일을 잊어버리는 일은 절대 없다. 믿어도 된다.

박스형의 강점과 약점

【강점】 1. 꾸준하고 모범적이며 규칙적인 일과를 보낸다.

2. 어떠한 문제에 직면해도 안정감 있게 차분하고 냉정하게 대처한다.

3. 약속을 잘 지킨다.

4. 조직적이고 열심히 일하며, 가족을 잘 부양한다.

5. 박식하여 사람들의 존경을 받는다.

6. 결혼과 육아에 신중하다.

7. 가치관과 정치관이 보수적이다.

8. 모든 면에서 신념이 확고하며 신뢰할 만하다.

【약점】 1. 사교적이지 못하다.

2. 융통성이 없다.

3. 변화를 거부하고 기존의 방식을 고수한다.

4. 위험 요소가 많은 일은 피한다.

5. 가족을 과보호하고 부모로서 엄격하다.

6. 절약과 저축을 지나치게 강조하는 구두쇠이다.

7. 흐릿하지 않고 옳고 그름이 확실한 흑백 논리자다.

8. 유머 감각이 부족하다.

⟫ 박스형 배우자와 원만한 관계를 유지하려면

1. 박스형이 안정감을 느낄 수 있도록 안정적이며 낯설지 않은 집안 분위기를 조성해야 한다.
2. 사람들의 존경과 사랑을 받고 있다는 확신을 심어줘라.
3. 문제가 발생했을 경우, 박스형에게서 이성적이고 논리적인 해결책을 찾아라. 객관적인 자료가 있으면 제시하라. 예를 들면 교육이 필요한 아이가 있다면 무조건 "잘못했다"라고 꾸짖기보다는 그 아이가 어떤 부정적인 행동을 하는지 자세하게 말해주는 게 좋다.
4. 박스형의 기본 가치관과 타협하지 말라. 오히려 더 강경한 입장을 취하게 만든다.
5. 박스형이 당황하게 만들지 말라. 계획을 세우도록 내버려둬라. 돌발 상황을 좋아하지 않는다.
6. 사소한 일 하나하나에도 신경을 써라. 가능한 한 기록해둬라.
7. 공공장소에서 박스형과 다투지 말라. 둘만 남을 때까지 참아라. 박스형은 주위 시선 때문에 이미 불편해진 상태로 아주 당황스러워 한다.
8. 무엇이든 적당히 하라. 박스형은 스스로 절제할 줄 아는 사람을 존경한다. 과음하거나 과식하지 말고, 담배도 너무 많이 피지 말라. 또한 종교, 정치, 사회문제 등에 너무 흥분하지 말라.
9. 집에 친구를 데려올 때 특히 신중하라. 박스형에게 집은 신성한 자기만의 공간으로, 이 영역을 침해하는 무례한 친구는 분명히 싫

어할 것이다.

10. 박스형이 틀렸더라도 체면을 지켜줘라. 박스형은 공정한 것을 중시
하는 사람으로, 어느 쪽도 손해를 입지 않고 공평하게 언쟁을
끝낼 수 있는 해결책을 찾아내면 정말 고마워한다.

박스형 변화시키기

만약 당신이 규정되어 있는 정책을 수행해야 한다면 박스형과의
유대관계를 확실히 맺어놓는 게 좋다. 지금 어떤 변화를 시도하고 있
다면 차근차근 일을 진행해야 한다. 박스형은 쉽게 변하지 않는 유형
의 사람이다. 하지만 방식이 옳다면 어느 정도의 변화는 가능하다. 지
금부터 박스형에게 필요한 몇 가지 전형적인 변화목록을 제시할 것이
다. 한 가지라도 동감하는 내용이 있다면 그 접근법에 따라 한 번
시도해보라.

주의 ➜ 이 방법들은 박스형의 행동에 긍정적인 변화를 가져올 수 있는 탁월
한 접근법으로, 박스형은 사람들과의 관계를 좀 더 생산적으로 이끌어낼 수
있는 능력을 키우게 될 것이다.

1. 박스형이 교제 범위를 넓힐 수 있도록 서서히 설득하라. 당신이 이미
다른 커플과의 결속을 꾀하고 있다면, 계속 다른 커플들과의 관
계를 확대해 나가라. 대형 파티가 있을 때 적어도 친한 한 커플과
함께 참석하도록 하라. 어떤 식으로든 친교를 맺으려는 박스형
파트너를 질투하지 말라. 박스형이 누군가와 친해지려고 노력하
는 일은 흔치 않다. 그러니 방해하지 말자.

2. 박스형에게 다른 사람의 의견도 들어보라고 설득하라. 박스형은 확고

한 결심을 내린 문제는 잘 바꾸지 않고, 자신이 굳게 믿고 있는 사실에 반하는 새로운 의견을 잘 받아들이지 않는다. 그렇지만 끊임없이 상반되는 정보에 대한 객관적인 자료를 제시한다면 박스형을 설득할 수 있다. 박스형이 선형적이고 분석적인 사람이라는 사실을 알아야 설득이 가능하다. 새로운 정보를 접했을 때 전반적으로 분석하고 예전의 관점이 바뀔 수도 있지만, 이 새로운 정보는 예전 것만큼 완벽하고 논리적이어야 한다. 그리고 무엇보다 새로운 자료를 제시할 때 감정을 배제해야 하며, 제시하는 관점이 종전과 다르지 않고 유사하다는 점을 강조하라.

3. **적당한 기회를 엿보아라.** 의견을 제시하기에 가장 적절한 순간은 박스형이 마음을 정하기 전이다. 박스형이 자료를 수집하고 있을 때가 다른 의견을 가장 잘 받아들이는 순간이다. 하지만 박스형은 한 번 결정을 내리면 결코 변화를 수용하지 않는다.

4. **모험적인 환경을 만들라.** 박스형은 새롭게 일을 확장하고 다가가거나 시도하지 않고 현 상태를 유지하려고만 한다. 위험을 무릅쓰고 하는 일은 어려운 과제가 주어졌을 때뿐이다. 작은 것부터 모험적인 환경을 만들라. 자발적인 참여가 필요한 카니발이나 주말 행락지에 가는 계획을 세워라. 사소하더라도 자연스럽게 결정을 내려야 하는 장소로 박스형을 데려가라. 그리고 박스형이 내린 결정은 사람들의 지지를 확실히 받아야 한다. 그래야 박스형은 자신감이 고취되어 자발적으로 자신의 능력을 발휘한다. 이런 기회를 자주 만들라. 파티의 마지막 참석자를 결정하게 한다거나, 해변으로 갈지 산으로 캠핑을 갈지를 순간 선택하게

하라.

이런 시도들이 성공할 때, 박스형은 자발적으로 행동할 수 있는 능력이 높아진다. 그리고 위험을 무릅쓰고 일을 해내는 법을 알게 된다. 자신감이 높아질수록 위험을 감수하는 정도도 높아질 것이다. 결국 박스형은 위험도가 높은 주식에 투자할 수도 있다. 마지막까지 친구에게 전화를 걸어 참석 여부를 알아보기도 하고, 바닷가 근처에 콘도를 사거나 직업을 바꿀 생각도 한다. 박스형에게 일반적인 행동 양상을 벗어나는 것은 두려운 일이다. 하지만 인내심을 갖고 차근차근 진행해 나간다면 박스형을 변화시킬 수 있을 것이다.

5. 유머 감각을 키워라. 박스형도 어느 정도 유머 감각이 있지만 삶과 자신에게 너무나 진지하여 유머 감각이 부족해 보인다. 박스형에게 유머 감각을 키워주려면 먼저 농담을 잘 하는 사람이 좋다고 하고 나서 재미난 얘기를 해달라고 요구해보라. 박스형은 재미있는 얘기를 잘 하지 못하기 때문에 처음에는 조금 도와줘야 한다. 처음에는 얘기가 재미없어도 웃어줘라.

박스형은 처음에는 익히 알고 있는 유머를 이용해보는 게 좋다(선형 유형이 선호하는 방법이다). 처음 몇 번은 웃길 만한 대목을 준비해둬야 할 것이다. 좌뇌형인 박스형에게 어울리는 유머 기술은 말장난이다. 말장난을 하려면 박스형의 특기인 분석적인 사고방식이 필요하다.

6. 감정을 그대로 표현하라. 다섯 유형에서 박스형의 감정표현이 가장 서툰 반면, 원형은 감정을 있는 그대로 가장 잘 표현한다. 박

스형과 원형이 파트너인 경우, 그 자체로 여러 가지 문제가 발생하기 쉽다. 박스형은 되도록 정면대립을 피하려 하고, 원형은 문제를 끄집어내서 해결하길 바란다. 두 유형 모두 약간의 조절이 필요하다. 원형은 감정을 합리화할 논리적인 이유를 확실한 자료로 제시할 수 있어야 하고, 박스형은 감정을 표현할 줄 알아야 한다. 감정을 그대로 표현하는 것은 자연스러운 현상이지 결점이 아니다. 박스형은 감정을 그대로 표현하는데 서툴다. 그러므로 박스형이 감정표현을 했을 때 강하게 호응해줘야 계속 감정을 드러낼 것이다.

7. 엄격한 부모가 긴장을 풀면 자녀들의 정신건강에 이롭다. 박스형 부모는 규칙을 지키는 문제만큼은 언제나 강압적이다. 아직 인격이 덜 형성된 4살배기 자녀에게 박스형 부모는 자신들이 정한 엄격한 규칙을 완벽하게 따르라고 강요한다. 이럴 때 박스형의 배우자는 중간에서 상황을 완화시켜야 한다. 특히 박스형 부모는 자녀들의 초기 성장과정에 관한 책을 몇 권 읽어보는 게 좋다. 또 자녀들의 사춘기에는 심하게 통제하지 않는 것도 필요하다. 너무 엄격하게 대하면 안 된다. 박스형 부모들이 12세에서 16세의 자녀들을 너무 엄하게 다루어 그 후에 몇 년간 방황하는 아이들도 있다.

8. 고집이 센 사람의 마음을 움직이기란 어려운 일이다. 박스형은 자신이 옳다고 생각한 일에 대해서는 강하게 집착한다. 박스형은 세상을 흑백의 관점으로 바라본다. 박스형이 중간 영역을 본다면 당신뿐만 아니라 박스형 자신에게 더 좋을 수 있다. 박스형의 마

음을 움직일 수 있는 방법을 알고 싶다면, 4장 첫 부분에 나와 있는 '박스형과의 논쟁에서 이기는 법'을 읽어보라.

전반적으로 박스형 배우자나 파트너는 가족 부양을 잘 하며, 안정적이고 지속적인 인간관계를 유지한다. 어떤 유형이나 각각의 약점이 있기 마련이다. 반면에 변화할 수 있는 능력도 모두 지니고 있다. 박스형의 파트너는 박스형에게 직접적인 영향을 가장 많이 받는 동시에 박스형이 변화할 수 있도록 가장 많은 도움을 줄 수 있다.

▶ 박스형 이성찾기

만일 당신이 박스형 사람들의 행동 유형을 좋아한다면 자신에게서 박스형의 모습을 찾고 싶을 것이다. 혹은 박스형이라면 비슷한 성향의 박스형 이성을 만나고 싶을 수도 있다. 그렇게 하고 싶다면 항목별로 적은 다음 단계에 따라 박스형을 찾아가 유혹하라. 행운을 빈다.

박스형 이성을 만날 수 있는 곳
1. 도서관
2. 아침 일찍, 혹은 야근 중인 사무실
3. 컴퓨터 소프트웨어 매장
4. 중개 사무소
5. 회계 사무실, 혹은 경리부

6. 비행 조종사 협회 등 전문기관 모임

7. 혼잡한 출·퇴근 시간

8. 은행이나 공공기관

9. 고위 간부(삼각형)의 비서실

10. 친한 친구의 집

박스형과 대화하기

1. "직업이 무엇입니까?"

2. "취미가 무엇입니까?"

3. "포춘 선정 500대 기업에서 당신 회사는 몇 번째입니까?"

4. "상사와 문제가 뭐죠?"

5. "좋은 투자 종목을 추천해주시겠어요?"

6. "이 맥주(소다/샐러드)의 재료는 무엇입니까?"

7. "오늘 아침에 〈월 스트리트저널〉을 읽었나요?"

8. "집안 혈통은 어떻게 되죠?"

9. "매일 근무 일정은 어떠세요?"

10. "다음 주 토요일 저녁 8시에 무슨 계획 있나요?"

첫 데이트

1. 옷을 단정하게 입어라.

남성 코트를 입고 타이를 맨다. 평상복을 입을 경우 청바지가 아닌
　　깨끗한 면바지와 깔끔하게 다린 흰 셔츠를 입는다.

여성 옅은 화장에 간단한 액세서리를 하고, 이에 어울리는 옷을 입

는다.

2. 진지한 연극이나 영화를 예매하라. 라틴 아메리카나 낙태, 소수민 족과 같은 세계의 화젯거리로 대화를 시도한다. 연주회도 좋다.

3. 간소하고 조용한 식당에서 식사하라. 친절한 서비스에 음식 맛은 당연히 좋아야 한다.

4. 데이트 초기에는 다른 커플과 함께 데이트 하지 말라.

5. 예의 있게 처신하라. 상대에게 직접적으로든 암시적으로든 성적인 발언은 하지 말라.

6. 절제하라. 폭식하거나 폭음하지 말라. 몸짓이나 감정을 과장되게 표현하지 말라.

성적 접근법

1. 키스 등의 감정적인 표현은 최소 세 번째 데이트까지는 참아라.

2. 네 번째 데이트에서 다음과 같은 대화 주제를 끄집어내라. "최근 〈뉴요커〉 기사에 따르면 독신 남성과 여성의 85%가 일주일에 두 번은 섹스를 한다고 하네요. 어떻게 생각하세요?"

3. 다섯 번째 데이트에서 자신의 감정을 표현하고, 상대방의 감정도 받아들여라. 집에서 편안한 분위기의 저녁을 완벽하게 준비한다. 맛있는 음식을 준비하고 전화는 녹음으로 설정해 놓아라. 무슨 일이든 서두르지 말라.

4. 관계를 하는 동안 소리 지르거나 신음소리를 내는 등 지나치게 감정을 표현하지 말라.

5. 관계를 끝내고 나서 아무 말도 하지 말고 미소 지어라. 나중에 특

히 좋았던 행위에 대해 간단히 언급만 해라.

6. 청혼하려면 신중히 연습하고 다음처럼 말해보라. "난 이런 차와 집이 있으며, 통장과 신용카드는 몇 개이며, 애완동물을 기르며, 까다로운 친지도 몇 명 있습니다. 특별한 취미는 없고, 보통 사람들처럼 틀에 박힌 재미없는 취미활동을 합니다. 나와 결혼해주시겠습니까? 부디 허락한다는 서약서에 사인해 주세요."

❯ 박스형 자녀

박스형 배우자와 함께 살고 있다면 곧 박스형 자녀가 생길 가능성이 있다. 박스형 자녀는 대부분 학교에서 우수한 편이다. 인내력이 강하고 자신에게 늘 엄격하다. 하지만 박스형 자녀들이 갖고 타고나는 문제점이 몇 가지 있다. 그 문제들에 대해 제시한 해결책이 적절하지 않다면 다른 방법을 찾아보라. 자녀가 생활에서 박스형의 특징을 보이더라도 어린아이라는 점을 명심하라. 자녀들은 성장하면서 꽤 여러 번 변화할 것이다. 무엇이든 잘 받아들이는 어린 시절에는 어른이 가르치는 길잡이의 영향을 많이 받는다.

문제1: 반사회적 행동. 다섯 유형 중에서 박스형의 사회성이 가장 낮으며, 원형이 가장 높다. 박스형 자녀는 학교생활을 잘 해내고 부모는 자녀를 자랑스럽게 여기기도 하지만, 자녀를 한 인격체로서 염려하기도 한다. 박스형은 쉽게 외톨이가 되기도 하는데 고독하게 지내는 것을 즐기기도 한다. 하지만 학교에서 박스형 자녀도 다른 아이들과 함께 지내야 하기 때문에 친구들과 돈독하게 지내고 싶으면 자신감을 높여야 할 것이다.

해결책: 박스형 자녀는 친구들과의 사회적 교류를 일찍 시작해야 한다. 학교에 입학하기 전이야말로 최소한의 인지발달로 사회성과 심리기능을 발달시킬 수 있는 가장 적절한 시기이다. 너무 어릴 때부터 영재교육을 시키지 말라. 박스형 자녀는 스스로 자신의 생활을 적절히 통제한다. 그러니 억지로 시킬 필요가 없다.

자녀가 커갈수록 성가시더라도 집으로 친구들을 많이 초대하라. 박스형은 자신과 비슷한 사람에게 끌리는 경향이 있으므로 다양한 친구들을 만나볼 필요가 있다. 부모는 이웃을 둘러보고 똑똑한 아이들을 찾아야 할지도 모른다. 박스형 자녀는 원형, 삼각형, 지그재그형 등 자신과 다른 성향을 지닌 유형의 친구들을 만날 때 시야가 넓어진다.

박스형 자녀의 반사회적 행동에 도움이 되는 또 하나의 해결책은 단체 스포츠 활동에 참여시키는 것이다. 아이의 사회적 상호작용은 향상되고, 어떤 목표를 가진 그룹에 자신이 속해 있다는 사실에 아이는 만족감을 느낀다. 최근에는 학교 안이든 밖이든 여자 아이와 남자 아이 모두에게 유용한 프로그램이 많다.

문제2: 강박적인 태도. 박스형은 한 번 결정하면 아주 확고하여 쉽게 마음을 바꾸지 않는다. 박스형 자녀가 긍정적이고 건전한 일에 끌리고 있다면 다행이다. 하지만 이와 반대로 부정적인 것에 집착한다면 마약이나 부도덕한 친구들, 문란한 관계 등으로 자녀가 다칠 수 있다. 이럴 때 부모의 중재가 필요하다. 자녀를 나쁜 상황에서 구제해줘야 한다. 그렇지 않으면 점점 더 집착하게 되므로 자녀에게 신경 써라.

해결책: **예방조치를 취하라.** 초기 몇 년간의 예방이 아주 중요하다. 자녀의 기본가치관은 2세에서 6세 사이에 형성된다. 기억할 것은 자녀는 부모가 하는 행동을 따라 하지 부모의 말을 따르지 않는다. 예를 들어 부모가 마약 하는 것을 보고 자란 자녀는 성인이 되어 그대로 모방할 가능성이 크다.

주의➤➤ 박스형은 강박관념에 사로잡혀 있다. 즉 한번 결정한 일은 다시 재고하지 않는다. 사실 성인은 정해진 행동을 언제 어디에서 해야 하는지 정확히 알고 있으며 뜻대로 시작하고 마칠 수 있지만 아이는 그렇지 못하다.

문제3: **완벽주의.** 완벽주의는 박스형 자녀에게 가장 큰 장애물이 될 수 있다. 박스형 자녀들은 모든 면에서 완벽주의 강화훈련을 받는다. 선생님의 영향을 제일 먼저 받는다. 완벽주의로 인해 아이들은 기회가 생기거나 위험을 감수해야 할 경우, 혹은 자신이 완벽하게 해낼 수 있을지 판단이 서지 않는 일은 시도하지 않을 수도 있다. 완벽을 추구하는 박스형 부모는 잘한 일만 칭찬하기 때문에 자녀를 돌보고 타이르기는 힘든 성격이다.

해결책: **부모가 자녀와 같은 박스형이라면** 자녀에게도 동일한 행동양식을 적용할 것이다. 부모는 가장 먼저 이 점을 인식하고 자녀를 위해 자신과 같은 유형으로 키우지 말라. 그리고 어릴 때부터 자녀의 실수를 인정하라. 완벽하기보다는 노력하라고 강조하라. 자녀가 정말 좋아하는 것을 찾았을 때 자신감을 심어줘라. 그러면 아이는 최선의 노력을 다할 것이다. 뛰어나다고 완벽한 것은 아니다.

문제4: **결단력 부족.** 박스형 자녀가 성장해가면서 직업에 대해 생각하기 시작하면 최종적으로 선택한 직업에 대해 애매한 태도를 취한다. 인생에서 중대한 결정을 할 때마다 미루는 박스형의 성격을 보면 어쩌면 당연한 결과다. 특히 삼각형은 이러한 애매한 태도에 아주 실망할 것이다. 박스형은 오늘 비행 조종사를 꿈꾸다가 내일은 컴퓨터 과학자로 꿈이 바뀌기도 한다.

해결책: 너무 강요하지 말라. 박스형은 한 번 결정한 일에 대해서는 절대로 고집을 꺾지 않는다. 급하게 잘못을 지적하는 것은 평생 상처로 남을 수 있다. 박스형 자녀가 여러 가지 직업을 접할 수 있도록 도와줘라. 아이가 흥미 있어 하는 분야로 데려가 사람들을 소개시켜줘라. 또, 박스형은 작업환경이 조직적이고 정돈이 잘 되어있을 때 안정감이 높아진다. 박스형에게 적합한 직업 목록은 1장에서 제시했다. 그 목록이 완벽하진 않지만 앞으로 박스형 자녀의 진로를 결정하는 데 도움이 될 것이다.

박스형 자녀의 특징

1. 끊임없이 질문한다. 박스형 자녀는 뭐든지 알고 싶어 한다. 부모는 항상 대답할 준비가 되어 있어야 한다.

2. 숙제를 철저히 하고 방을 깨끗이 정리한다. 박스형은 규칙을 잘 지킨다. 누가 시켜서 하는 것이 아니라 완벽주의자이기 때문이다.

3. 친구는 친한 한두 명뿐이다. 박스형은 인간관계를 유지하기 위해 정기적으로 광란의 파티를 열거나 바쁘게 사회활동을 지속하기 어려운 유형이다.

4. 맡은 일은 다한다. 박스형 자녀는 약속한 일이 무엇이든 최선을 다

해서 해낸다. 자녀가 할 일과 부모가 할 일을 명확히 구분하라.
5. 거짓말은 하지 않는다. 청소년기에 강하게 유혹하는 또래만 없다면 박스형은 천성적으로 거짓말을 못한다. 박스형의 거짓말은 쉽게 눈치 챌 수 있다.
6. 소유욕이 강하다. 박스형은 무엇이든 다른 사람과 잘 공유하지 않는다. 외출복 안쪽에 이름표를 붙여 넣고 나서야 완전히 안정을 찾는다.
7. 불평이 많다. 부모는 당연히 불평 많은 자녀를 좋아하지 않지만 박스형 자녀가 가끔 불만을 터뜨릴 때가 있다. 박스형은 불만이 있으면 터놓고 말하지 않고 주로 투덜대거나 불평한다. 부모는 박스형 자녀가 감정을 솔직히 표현하도록 가르쳐야 한다.
8. 조용하고 진지하다. 이것이 바로 박스형의 성격이다. 어릴 적부터 박스형에게 농담을 많이 하라.

박스형 자녀 양육 방법

1. 예상 가능한 행동에 필요한 확실한 지침을 세워놓는다.
2. 식사시간, 취침시간, 주말계획 등 일상생활의 규칙을 세워놓는다.
3. 일을 수행했을 때 바로 그에 따른 피드백을 준다.
4. 자녀가 모방할 만한 본보기를 세워놓는다.
5. 자녀가 스스로 실험하고 실수할 수 있는 환경을 조성한다.
6. 항상 서로 정확한 의사소통을 한다.
7. 주저하지 말고 의사결정을 하라.
8. 결과에 따른 원인을 확실히 말한다.

대체로 부모에게 박스형 자녀는 자체가 기쁨이다. 박스형 자녀는 잘하기 위해 최선을 다하고, 부모는 그런 자녀를 자랑스러워하게 될 것이다. 자녀를 믿고 노력하는 일에 대해서는 칭찬을 하라. 그러면 아이는 무슨 일이든 잘할 것이다.

요약

만일 당신이 한 명 혹은 두 명의 박스형과 함께 살고 있다면 행운아다. 박스형은 열심히 일하며 정직하고 솔직하고 체계적이며 정확한 전문지식이 많다. 반면에 완벽주의자이며 고집이 세고 지나치게 진지하며 자꾸 미룬다는 단점도 있다.

누구나 단점은 있지만 약간의 인내심과 박스형 같은 끈기만 있다면 충분히 극복할 수 있다. 박스형을 존중하라.

04 박스형의 직장생활

□ △ ▯ ○ 〰

이 장에서는 박스형이 직장에서 주로 하는 전형적인 습관과 행동들에 대해 알아보겠다. 알다시피 박스형의 가장 큰 특징은 고집스러움이다. 먼저 의견대립이 발생할 때 박스형이 어떻게 대처하는지 알아볼 것이다. 박스형에 속하는 사람과 함께 일하고 있다면 '박스형과의 논쟁에서 이기는 법'에서 유용한 정보를 얻을 수 있을 것이다.

다음으로 동료, 상사, 소비자 등 입장에 따라 박스형이 달라지는 모습을 알아볼 것이다. 각자 위치에 따라 박스형이 대처하는 방법에 대해 좋은 해결책을 제시할 것이다. 앞으로 전개될 내용을 읽기 전에 현재 함께 일하고 있는 동료들에 대해 시간을 갖고 분석한다면 좀 더 많은 도움을 얻을 수 있다.

다음은 1장에서 정리한 '박스형에게 어울리는 직업' 목록이다.

직업 유형		
회계사	공무원	행정가
육체 노동자	비서	트럭 기사
행정 사무직원	서류 작성자	전문의
은행원	교사	작가/편집자
컴퓨터 프로그래머		

이 외에도 다른 분야에서 박스형에게 적합한 직업을 발견할 수 있다. 위의 목록이 모든 직업을 망라한 것은 아니다. 박스형의 성향이 강한 사람에게 가장 적합한 일자리를 단편적으로 목록화한 것으로, 박스형이 성공적으로 수행할 만한 또 다른 직업은 많다. 또한 어떤 사람도 한 가지 유형의 특징만을 보이지는 않는다.

누구나 한 가지 유형이 우세하고 나머지 4개 유형의 특징도 포함하고 있다. 예를 들어 삼각형의 특징이 내재되어 있는 박스형은 훌륭한 책임자가 되고, 원형 특징이 내재된 박스형은 실적 좋은 판매원이나 자상한 부모일 수 있으며, 지그재그형 특징이 내재된 박스형은 재능 있는 음악가가 되기도 한다.

직위와 상관없이 비조직적이고 복잡하고 무질서한 부서에서 일하는 박스형이라면 정리가 필요하다. 이런 상황에 처하면 박스형은 심하게 스트레스를 받는다. 스트레스를 받았을 때 나타나는 박스형의 반응은 5장에서 자세히 다룬다.

⫸ 박스형의 직장 내 갈등 대처법

먼저 갈등이 발생했을 때 통상 따르는 교과서적인 대처법 5가지가 있다. 각자의 대립 유형을 안다면 갈등을 겪을 때 대처하는 방법을 빠르고 쉽게 선택할 수 있다.

5가지 대립 유형	유형별 선호도
경쟁	삼각형, 지그재그형
화해	원형
회피	박스형, 직사각형, 지그재그형
타협	원형, 삼각형
협력	원형, 박스형, 지그재그형, 직사각형

박스형은 결단코 갈등을 좋아하지 않는다. 한결같이 대립을 피하려고만 한다. 경우에 따라 피하는 것이 최선의 선택이 될 수도 있다. 하지만 어느 정도의 갈등은 조직체에 필요하다. 의견 차이를 조율하다 보면 효과적인 해결책이 나오기도 한다. 사람들끼리 오랜 시간 함께 일하다 보면 의견 차이가 있기 마련인데, 조직체나 부서는 평화를 위해 이런 단순한 사실을 무시한다.

박스형은 사람들 사이에 발생하는 감정개입이 싫어 갈등을 피한다. 감정을 표현하는데 가장 서투른 사람이 바로 박스형이다. 박스형은 냉정하고 분석적으로 문제를 해결한다. 박스형의 방식대로라면 모두 탁자에 둘러앉아 문제해결에 필요한 정확한 정보들을 서로 주고 받다 보면 어느 순간 마법처럼 해결책은 나오게 되어 있다. 이 방식은 복잡한 문제를 해결하기 위해 두 대의 컴퓨터를 동시에 작동시키는 원리와 유사하다. 분명히 근본적인 인간의 감정은 포함되어 있지 않다.

하지만 불행히도 사람은 감정이 없는 컴퓨터가 아니다. 여러 사람이 함께 문제의 해결책을 찾기란 순조롭지 않다. 이런 이유로 박스형은 차라리 갈등을 피한다. 다른 사람이 갈등에 맞서서 나중에 그 결과를 알려주길 바란다(사실, 박스형은 지는 것이 두려워 정면 대립을 피할 때도 있는데, 박스형은 이 사실을 인정하려 들지 않는다).

단체가 감정을 배재하고 그 구성원들이 일을 수행해낼 만큼의 충분한 자격과 지식을 갖추고 있다면 박스형은 충분히 협력하여 문제를 해결할 수 있다.

만일 박스형과 정면으로 맞서야 한다면 다음 단계에서 박스형을 이길 수 있는 정보를 얻을 수 있을 것이다.

⟩ 박스형과의 논쟁에서 이기는 법

1. 박스형이 준비가 덜 되었다면 아직 문제를 논의할 때가 아니다. 어느 누구보다 박스형은 완벽하게 준비를 마치고 논의에 임해야 하는 사람이다. 박스형은 문제를 해결하는데 있어서 그저 방관하는 사람이 아니며, 충동적인 사람도 아니다.
2. 박스형과 논하기 전까지 논쟁거리에 관해 충분히 정리하라. 본인 것만

철저히 준비하라. 나머지는 박스형이 확실히 준비할 것이다.

3. 자신의 의견뿐 아니라 박스형의 의견도 철저히 분석하라. 자신만큼 상대방에 대해서 알 때 논쟁에서 이길 수 있다.

4. 확실한 자료를 준비하라. 감정에 호소하지 않고 정확한 정보를 제시할 때 박스형에게 확신을 준다. 박스형에게는 감정이 아닌 논리를 이용하라.

5. 기록해두라. 문자로 기록해두면 박스형의 신뢰는 더 높아진다. 박스형은 구두로는 믿지 못한다(박스형은 상대방의 표정이나 태도에 민감하지 못하여 미묘한 암시를 잘 알아채지 못한다). 박스형에게는 완벽하게 작성한 문서를 보내라.

6. 미리 자료를 보내라. 박스형은 성급하게 결정하지 않는다. 그러나 한 번 정한 결정에 대해서는 확고하다. 박스형은 결정하기까지 생각할 시간이 필요하다. 박스형이 마음을 정하기 전이야말로 의견을 제시하기에 가장 적당한 때이다. 박스형이 이미 결정한 일을 변경하려면 더 오랜 시간이 걸리므로 미리 자료를 보내는 것이 아주 중요하다.

7. 약속을 정하라. 박스형이 자료를 검토할 시간이 충분했다면, 이제 직접 논의할 때이다. 적절한 절차를 따라야 한다. 순서 없이 논의하지 말라.

8. 3번 이상 논의할 계획을 세워라. 박스형은 첫 번째 논의에서는 결정하지 않을 것이다. 최종 결론에 이르기까지 여러 번 논의가 되어야 한다. 그러니 몇 번 논의할 준비를 하라. 인내심이 강한 박스형에 대비해야 한다.

9. 첫 번째 논의 때는 청자의 입장이 되어 듣기만 하라. 박스형의 의견을 듣고 메모하라. 박스형은 상대방 논점에 대해 비난을 쏟아내면서 반대 의견을 제시할 것이다.

10. 두 번째 논의 때는 박스형의 논리에 따라 논점을 전개해 나갈 준비를 하라(첫 번째 논의에서 박스형의 의견을 유심히 듣고 이 방법을 습득한다). 박스형의 자료와 상반되는 새로운 자료를 찾아라. 박스형이 모르는 새로운 정보를 찾는 게 바람직하다. 정보가 정확하다는 확신을 심어줘라. 그렇지 않으면 박스형을 설득시킬 수 없다.

11. 두 번째 논의에서 박스형을 거의 확신시켰을지라도 세 번째 논의에서 결정을 내리지 않을지도 모른다. 박스형이 완전히 당신 의견에 동의할 때까지 자만하지 말라.

12. 박스형의 체면을 지켜줘라. 박스형은 항상 동료들 사이에서 인정받고 있는지에 신경을 쓴다. 어떤 문제든 논쟁에서 졌다고 박스형의 품위를 떨어뜨리지 말라. 박스형은 사람이 아닌 정확한 정보에 굴복한다. 당신은 준비한 정보를 다 제시했고, 박스형은 체면 손상 없이 그 정보를 인정했기에 당신이 이긴 것이다.

☞ 박스형 동료

직장 동료와 대학 동기에는 다양한 부류의 사람들이 있다. 사무실에 박스형 동료가 한두 명 있다면 그들이 그렇게 행동하는 이유를 알아둘 필요가 있다. 박스형이 직장에서 보여주는 전형적인 몇 가지 행동의 원인을 확실히 파악할 수 있을 것이다.

지금부터 박스형의 전형적인 행동 유형으로 인해 생긴 동료들과의 문제와 그 문제를 푸는데 도움이 될 만한 해결책을 제시한다.

문제1: "그 정책은 정확히 말하자면… " 박스형은 책에 나온 그대로 따른다. 게다가 그 책을 기억한다. 박스형의 책상에서 인사정책, 실행, 처리과정 등의 서류들을 쉽게 발견할 수 있다.

해결책: 모든 규칙에는 예외가 있다. 정책이란 엄격한 규칙이 아닌 지침이 되어야 한다. 그러므로 규칙에는 항상 예외가 있기 마련이며, 모든 직원은 이 사실을 확실히 인지해야 한다.

문제2: "우리는 항상 이런 식으로 일을 처리했어요." 박스형은 현재 상태를 유지할 뿐 변화를 두려워한다.

해결책: 새로운 방식이 능률을 높일 것이다. 분석에 의하면 하반기에는 생산 분야에서 12% 상승한다(박스형은 정확한 자료에 근거를 두고 일한다).

문제3: "도와주고 싶지만 눈코 뜰 새 없이 바쁘네요." 박스형은 갑작스런 요구에 잘 응하지 않는다. 매일 일정을 짜고 할 일을 철저히 계획한다.

해결책: 박스형이 당황할 만한 일을 만들지 말라. 어떤 일에 박스형을 개입시키려면 시간을 두고 계획하여 동의를 얻어라. 박스형을 투입해야 할 급박한 상황이라면, 박스형의 계획을 수정할 만한 상사의 지시가 필요할 것이다.

문제4: "저도 함께 하고 싶지만 마감일을 못 지킬 것 같아서요." 점심 약

속이나 프로젝트 팀과의 모임 등 특히 갑작스런 모임일 경우 박스형
은 팀과의 상호관계보다는 자신의 일을 우선시한다.

해결책: 누군가와 함께 일하면 많은 것을 배울 수 있다는 사실을 증명해
보여라(팀을 이루거나 공동 협력하여 일하면 효과적이라는 사실을 증
명하는 책을 권하라). 박스형이 협력하기로 했다면 의견을 물어보고,
박스형이 기여한 일을 인정하라. 서서히 박스형의 소속감이 높아지
고 팀워크는 향상될 것이다.

문제5: "**좋은 생각이군요, 하지만 마지막 자료까지 다 봐야겠어요.**" 박스
형은 항상 풍부한 자료를 원한다.

해결책: **충분한 자료를** 제공하라. 그렇다고 박스형이 당연히 결론을
지지할 거란 기대는 하지 말라.

문제6: "미안하지만 그건 제 일이 아닙니다." 박스형은 책임 영역에 대
한 경계가 확실한 사람이다. 업무내용 설명서를 읽고 기억하고 있다.
다섯 유형 중에서 다른 사람의 일을 가장 도와주지 않는 유형이 박스
형이다.

해결책: "이 일을 맡고 있는 직원의 이름과 전화번호를 알려주실 수 있나
요?" "저를 그 직원에게 데려다줄 수 있나요?"

문제7: "아직 해야 할 일이 많아요… **저처럼 일을 많이 하는 사람은 없을
걸요.**" 너무 열심히 일하는 박스형이 주로 하는 말로 주위 동료들의
반감을 산다. 가끔 박스형에게 "와! 대단한데!"와 같은 칭찬을 해줄
필요가 있다.

해결책: "일을 아주 **훌륭하게** 처리했군!" "자네가 없었다면 이 일을 어
떻게 했겠나?" 박스형의 등을 톡톡 두드리고 웃으면서 자리로 돌려보

낸다.

문제8: "가치가 확실한 자료를 받기 전까지는 어떤 일도 할 수 없습니다." 박스형은 일이 확실하고 조직적으로 진행될 때 확신을 갖는다. 일이 틀어지면 박스형은 난처해한다.

해결책: 박스형의 창조력을 키워줘라. 그리고 박스형이 해나갈 수 있는 새로운 과제를 제시하고, 관심 영역을 전환해줘라.

문제9: "주위 사람들이 이상해지고 있다." 회사가 위기에 처하거나 사람들이 감정적으로 반응할 때 박스형이 주로 하는 말이다. 박스형도 감정적이 되지만 인정하지 않고 결국 주위 사람들을 탓한다.

해결책: 박스형에게 지금 상황에 대한 느낌을 물어보라. 다른 사람들의 감정을 비판하기보다는 자신의 감정에 대해 책임감을 강하게 느낄 것이다. 또한 감정을 표현하는 게 인간의 자연스런 행동이라는 사실을 깨닫는다.

문제10: 침묵. 최악의 상태이다. 상황이 악화되면 박스형은 한 마디도 하지 않는다. 며칠 동안 어느 누구와도 얘기하지 않기도 한다.

해결책: 자꾸 말을 시켜라. 말을 안 하면 박스형 옆에서 조용히 앉아 있기라도 해라. 결국 둘 다 웃게 되고, 박스형은 더 이상 괴로워하지 않는다. 사람이라면 박스형이라도 옆에 누군가 있길 바라는 순간이 있다.

결론적으로 박스형 동료는 사람을 끌어들이는 멋진 사람이다. 자신의 일을 훌륭히 수행해내며, 주위 사람은 박스형이 수행한 일을 존경하게 될 것이며, 또한 박스형의 꼼꼼함을 좋아하게 될 것이다. 박스형은 일을 멋지게 해내기 위해 가능한 모든 수단을 다 이용한다. 박스형에게 결점이 있더라도(누구나 결점이 있다) 맡은 바 일을 해내지 못한 사람보다는 박스형 동료에게 훨씬 더 고마워하게 된다.

▶ 박스형 상사

　다섯 유형에서 박스형이 가장 적게 선택되었지만 일할 때 사람들은 박스형처럼 체계적이고 꼼꼼하게 일을 수행할 필요가 있다. 직무 내용 설명서는 공공기관에 많이 비치되어 있다. 각 설명서에는 조직 내 직위에 맞게 수행하는 일에 대해 정확히, 구체적으로 설명되어 있다. 사무실 어딘가에서 아무도 모르는 일을 하는 직원이 있어서는 안 될 것이다.

　테일러의 조직관리이론이 생긴 이후로 전통적으로 조직에서 일의 질보다는 양을 강조하기 시작했다. 이런 변화의 가장 큰 원인은 질과 양의 측정 정도에 있다. 질보다는 양을 측정하기가 훨씬 쉽기 때문이다. 그래서 사람들은 '일을 얼마나 잘 하느냐'보다는 '얼마나 많은 일을 하느냐'에 정신적 압박을 느낀다. 사람은 누구나 맡은 일을 잘 해내려고 노력한다는 점에서 박스형에 속한다.

　이러한 전제에서 보면 일을 많이 하는 사람이 최고의 보상을 받는다. 그렇다면 어떤 보상을 받는가? 돈일 때도 있지만, 최고 급여 수준에 이르렀을 때 더 이상의 보상은 없다. 그 다음은? 당연히 최고 관리자로 승진이다. 바로 당신이 '상사'가 된다.

상사가 되면 원래 직원이 받던 대우 그 이상을 받게 될 것이다. 상사로서 박스형은 더 열심히 일하고, 직원들도 더 부지런히 일하길 바란다. 열심히 일한다는 것이 꼭 영리하다는 뜻은 아니다. 일을 얼마나 많이 해내느냐를 가장 중시하는 조직체에서 영리함은 아무런 가치도 없어 보인다. 단지 일만 잘 해내면 된다.

박스형 상사들은 변함없이 자신이 직원이었을 때와 같이 일한다. 그래서 직위로 보면 삼각형이라고 여겨야 하지만, 하는 행동은 박스형과 다를 바 없다. 좌우명이 "일을 완벽하게 끝내라"이다.

다음은 박스형 리더의 특징이다.

"이번 일은 실수하지 마시오." "규칙을 따르시오." "정책 안내서를 읽으시오." "마감기한을 지키시오."

박스형 상사의 강점과 약점

【강점】 1. 직원이 이해 못하는 일이 없도록 지시사항을 상세하게 알려준다.

2. 책임진 일에 대해서는 확실히 설명한다.

3. 업무수행 결과에 대한 반응이 구체적이다.

4. 침착하게 위기상황에 대처한다.

5. 일에 대한 오랜 경험으로 업무에 대한 지식이 풍부하다.

【약점】 1. 최종 결정을 내리기까지 오랜 시간이 걸린다. 빨리 결정하도록 재촉해야 한다.

2. 일의 아주 사소한 부분까지 과도하게 신경을 쓴다.

3. 문서작업만을 강요한다. 가치를 증명하기 위한 형식적인 보고서를 지나치게 많이 만든다(조심해야 할 심리상태이다).

4. 정치적 경험이 없다. 박스형은 권력을 얻기 위해 자신의 전문지식을 내세우지 않는다. 자화자찬하지 않고, 일만으로 충분히 자신의 능력을 증명한다.

5. "일이 전부다! 놀면 안 돼!" 라는 사고방식이다. 일을 잘 해결했어도 마음껏 놀지 않는다.

박스형 상사에게 인정받으려면

1. 맡은 일을 충실히 하라.

2. 마감기한을 지켜라. 일찍 끝내면 더 좋다.

3. 정책 안내서를 암기하고 있어라.

4. 상사의 말은 메모하라.

5. 상사가 문서를 통해 정보를 파악할 수 있게 기록하라. 그리고 주제에 관해 토론하기 전에 미리 보고서를 제출하라.

6. 상세한 것에 주의를 기울여라. 't' 자의 선도 확실히 긋고, 여백은 똑같아야 한다. 오타는 당연히 없어야 한다.

7. 정시에 일을 시작하라. 그러나 늦게까지 일하라는 의미는 아니다. 퇴근도 정시에 하라.

8. 팀에서 신뢰받을 수 있는 구성원으로 입지를 세워라.

9. 갑자기 변화를 주지 말라. 박스형 상사에게는 거의 어떤 변화도 일어나지 않는다.

10. 항상 존경심을 표현하라. 존경은 박스형이 가장 중요하게 여기는 가치다.
11. 형식을 중시하라. 약속을 정하라. 상황에 어울리는 옷을 입고 테이블 매너를 지키는 등 소소한 것들에 신경을 써라. 박스형은 형식에 따라 행동한다. 사적인 전화는 금물이다.
12. 박스형보다 높은 상사 앞에서 박스형 상사를 치켜세워라. 직원들끼리 불만을 털어놓기도 한다(박스형은 헛소문에 동조하지 않는다). 하지만 박스형의 상사 앞에서는 결코 발설해서는 안 된다. 자살행위다.

결국 박스형 상사처럼 일하는 것도 나쁘지 않다. 박스형은 항상 자신이 어디에 속하는지 알아야 맡은 일에 대해 확실한 책임을 진다. 박스형 상사와 일을 하면서 상호간의 소통이 적을지라도 같이 일하면 배울 게 많다. 박스형은 원래 말이 없는 편이지만, 말을 할 때는 중요한 전달사항이 있어서이다.

❯ 박스형 고객

지면을 조금 할애하여 전형적인 박스형 고객의 특징을 설명한다면 상당수의 독자들에게 유용할 수 있겠다는 생각이 들었다. 현재 미국에서는 고객 서비스를 새롭게 강화하고 있기 때문에 각 유형별 특성에 따라 서비스를 맞추면 고객에게 접근하기가 훨씬 수월할 것이다.

궁극적으로 판매사원이나 고객 서비스를 하는 사람에게 돈을 벌 수 있는 방법을 제시할 것이다. 앞으로 읽어나가면서 현재 고객들을 떠올려보라. 누가 박스형인지 구분해보라. 박스형 고객이라면 아마 꽤 까다로울 것이다.

지금부터 까다로운 박스형 고객과 좀 더 효과적으로 상호작용할 수 있는 방법을 알려줄 것이다. 나머지 4개 유형의 고객 특성에 관해서는 해당 유형에서 다룰 것이다.

박스형 고객의 특징

1. 사업가적인 외모를 풍긴다. 보수적인 정장 차림으로 오후 5시인데 도 구김이 없다.
2. 목적을 갖고 상품을 자세히 들여다본다.
3. 눈살을 찌푸리거나 무표정한 얼굴이다.
4. 다른 사람의 물건일 수도 있기 때문에 상품에 바로 손대지 않는다.
5. 상품이나 서비스에 대해 구체적으로 물어본다.
6. 가격은 처음부터 물어본다.
7. 상품에 대해 미리 알고 질문한다. 박스형은 고객평가를 읽고 쇼핑하러 간다.
8. 견본을 통해 상품을 올바르게 인식한다.
9. 구매를 강요하지 말라. 박스형은 바로 경쟁사로 간다.
10. 박스형이 바로 살 거란 기대를 하지 말라. 박스형은 집에 가서 고민해보고, 다른 곳과 비교도 해봐야 한다.

박스형 고객에게 물건 팔기

1. 진지하게 대하라. 인사는 힘 있는 악수 정도면 된다. 개인적인 얘기는 하지 말라. 박스형은 물건을 사러 왔지 친구가 되려고 온 게 아니다. 시선을 똑바로 마주치되 너무 웃지 말라.

2. 상세한 정보를 제공하라. 상품의 이점과 특징에 대해 모두 정리하여 열거하라. 박스형은 가능하다면 주인의 안내 도식까지도 보고 싶어 한다. 박스형 고객은 상품과 서비스에 관한 주인의 지식을 시험해본다. 그러니 상품에 관해 제대로 알지 못하면 잘 설명할 수 있는 직원에게 넘겨라. 박스형을 속이려 들지 말라.

3. 말을 너무 많이 하지 말라. 박스형이 침묵해서 불안한 순간이 있는데, 고민하고 있는 중이니 방해하지 말라.

4. 박스형의 생활이나 취미생활을 꼬치꼬치 캐묻지 말라. 박스형은 개인의 일을 중시하는 사람으로 사생활 침해에 거부감을 갖는다.

5. 성급하게 행동하지 말라. 똑바로 서서 차분하게 행동하라. 박스형 고객의 움직임을 그대로 따라 가라. 부산하게 움직이면 박스형의 신뢰를 얻지 못한다.

6. 어떤 상황에서도 빨리 사라고 강요하지 말라. 사라는 말조차 하지 않는 게 현명하다. 박스형 고객은 충동구매자가 아니다.

7. 인쇄물을 제공하라. 전단지나 팸플릿, 업무용 명함 등 박스형이 구매하려고 노력했다는 증거물을 확실히 보여준다.

8. 물건에 이상이 있으면 즉시 박스형의 질타를 받게 된다. 하지만 걱정하지 말라. 크게 소리 내지 않는다. 박스형 고객은 극히 객관적인 태도로 전반적인 문제점을 지적할 것이다. 문제를 어떻게 해

결하느냐는 주인에게 달려 있다. 안 그러면 박스형이 문제를 더 확대할 것이다. 박스형은 세상의 대리인으로 회장에게 직접 편지를 보낼 수 있는 사람이다. 박스형 고객을 만족시키는 방법은 아주 단순하다. 본인의 일을 충실히 다 하고 지킬 수 없는 약속은 하지 말라.

🐦 요약

박스형 없이 회사는 잘 운영되지 않는다. 여러 명의 유능한 박스형 직원이 조직을 성공으로 이끌 수 있다. 왜? 박스형은 일을 잘 해내니까. 박스형은 누구보다 일을 열심히 한다. 체계적이고 질서정연하며, 유능하고 신뢰할 수 있고 꾸준하다. 무엇보다 자신의 분야에 대한 지식이 풍부하다.

박스형은 주위 사람에게 자극을 주거나 파티의 분위기 메이커는 되지 못한다. 하지만 박스형을 어떻게 대해야 하는지 잘 알 것이다. 박스형이 뭔가 말할 때는 주의하여 듣는 게 현명하다. 말수가 적은 박스형이지만 전하는 정보는 아주 명확하다.

박스형 동료는 꽤 믿을 만하므로 어떤 일을 완수하겠다고 하면 믿어도 된다. 하지만 일을 마친 후 맥주 한 잔 하자고 권할 사람은 아니다. 집에 가서 할 일이 있다는 핑계를 대고 가지 않을 것이다.

박스형 상사는 직원들에게 아주 명확하게 지시사항을 전달하긴 하지만, 매일 사무실에서 잡담하는 일과는 거리가 멀다. 만일 박스형 상사와 대화하고 싶다면 개요를 준비하고 약속을 정하여 규정된 시간을 초과하지 않도록 한다. 박스형의 지휘 하에 있는 조직체는 생산성이 높다. 박스형은 그리 창조적인 부류의 사람은 아니지만, 어떤 변화에 대해서는 서서히 받아들인다. 안정적인 일을 하면 성공할 수 있는 유형이다.

박스형 고객은 조금 거리를 두고 지켜봐야 한다. 아무리 구매를 유도해도 박스형은 처음에는 잘 사지 않을 것이다. 하지만 가게를 잘 운영하고 질 좋은 상품과 서비스를 제공하면 박스형 고객은 다시 방문한다.

박스형과 논쟁해야 한다면 '박스형과의 논쟁에서 이기는 법' 12가지를 다시 체크하라. 아주 유용하다.

세상은 박스형처럼 이마에 땀이 맺힐 정도로 열심히 일하는 사람들에 의해 발전된다. 박스형을 절대 과소평가하지 말라. 우리는 박스형들에게 큰 빚을 지고 있다. 옆에 열심히 일하는 박스형이 있다면 항상 합심하여 함께 일하라. 그러면 행운이 따를 것이다.

05 박스형과 스트레스

□ △ ◻ ○ 〃

현대인의 생활에서 스트레스 발생은 당연하다. 1970년대 후반부터 미국의 회사들은 스트레스를 조절하고 해소하는 방법에 관한 프로그램을 제시하고 워크숍을 개최한 적 있다. 많은 대기업들은 사내에 피트니스 센터를 만들어 직원들이 스트레스를 조절 관리하도록 했다. 왜 이렇게까지 했을까? 인도주의적인 이유가 아니라 당연히 비용을 절약하기 위해서였다. 전문가들은 일 때문에 받는 스트레스로 인해 직원들이 결근을 하거나 생산성이 낮아지는 등 회사에 악영향을 미친다고 설명했다. 이때부터 스트레스를 조절하는 법에 관심을 보이기 시작했다.

요즘 가벼운 칵테일파티나 친구들 모임에서 스트레스 지수에 대해 논하는 일은 흔하다. 스트레스에 대해 관심이 높아진 지금, 각 유형별로 스트레스와 관련된 문제를 한 장 정도 할애하여 설명하는 게 적절한 듯하다. 혹시 박스형이거나 박스형과 직접 관련되어 있는 사람이라면 아주 유용한 부분이 될 것이다.

주의 ➜ 스트레스라고 다 좋지 않은 것은 아니다. 건강하고 생산적인 인간으로 살려면 어느 정도의 긴장은 필요하다. 하지만 지나치면 좋지 않은 것은 당연하다.

스트레스를 받으면 박스형은

1. 비조직적이 된다. 조직력이 뛰어난 박스형이 스트레스 받았을 때를 보여주는 가장 실제적인 증거다.

2. 혼란스러워 한다. 박스형이 뭔가 진행되고 있는 일에 대해 혼란스러워 한다면 스트레스 받았다는 징조를 쉽게 알아챌 수 있다.

3. 예민해진다. 박스형은 차분하고 안정적인 편이다. 만일 박스형이 펜을 만지작거리거나 씰룩거리는 등의 특이한 버릇이 생겼다면 신경이 예민해졌다는 표시다.

4. 건망증이 생긴다. 박스형에게 거의 나타나지 않는 증상으로, 스트레스를 받고 있다는 사실을 금방 알 수 있다.

5. 엉뚱한 행동을 한다. 박스형은 차분하고 자기관리를 잘하며 동작이 유연하다. 갑자기 안 하던 행동을 하거나 몸놀림이 어색해지면 스트레스를 받았다는 증거다.

6. 우유부단해진다. 박스형이 원래 결정을 신속하게 내리지 못하는 유형이지만, 스트레스를 받았을 때는 매일 하는 아주 단순한 결정도 쉽게 내리지 못한다.

7. 불면증이 생긴다. 스트레스 받았을 때 박스형에게 자주 나타나는

증상이다. 한 번 지켜보라.

8. **함부로 행동한다.** 박스형이 하는 행동이라고 믿기 어렵다. 박스형 사람이 파티에서 갑자기 샹들리에에 매달렸다면 뭔가 크게 어긋난 것이 틀림없다.

9. **과도한 행동을 보인다.** 박스형이 과식하고 과음하거나 담배를 많이 피우는 등 평소의 절제된 모습과 달리 지나친 행동을 한다면 주의하라. 또 뭔가에 대해 심하게 부정적이어도 조심하라.

10. **유동적이 된다.** 박스형은 한 번 결정을 내리면 결코 되돌아보지 않는다. 박스형이 갑자기 결정을 바꿨다면 뭔가 문제가 생긴 것이다.

주의 ➡ 결국 박스형이 스트레스 받았을 때 아주 소심해지고, 사소한 것을 문제 삼고, 자꾸 미루며, 냉정하고, 변화를 싫어하며, 불만이 많고, 혼자서 일하려고 하는 극단적인 모습을 보인다. 보통 박스형이라면 이러한 부정적인 면을 긍정적으로 바꿀 수 있다. 하지만 스트레스를 받으면 부정적인 성향이 훨씬 더 부각된다.

박스형의 스트레스 요인

1. **적성에 맞지 않는 직업.** 박스형이 스트레스를 가장 강하게 느끼는 원인이다. 삶의 중심이 일에 맞추어져 있는 박스형은 하는 일에 만족해야 한다. 박스형이 하는 일에는 구체적인 설명과 요구사항이 제시되어야 하며, 일의 목적과 이유도 꼭 알아야 한다. 반복적이고 고정적인 업무로 짜여진 체계적인 곳에서 일을 해야 한다. 이러한 조건이 충족되지 않으면 박스형은 혼란스러워 한다. 왼손이 하는 일을 오른손이 모르는 위기관리가 필요한 작업환경

에서 일한다면 박스형은 난감해 한다.

2. 비조직성. 집이나 직장에서 어떤 일이 갑자기 뒤죽박죽으로 진행되면 박스형은 순간 스트레스를 받을 것이다. 예를 들어 경영방침이 변한다거나 책임업무가 전환되고, 사무실 위치가 바뀌거나 이사를 하면 스트레스를 받는다. 이런 환경이 빠르게 정착될수록 박스형도 평상시 모습으로 되돌아갈 수 있다. 하지만 이런 혼란스런 상황이 안정되는데 시간이 오래 걸린다면 박스형은 더 심한 스트레스를 받는다.

3. 의무적 사교 관계. 이것은 박스형에게만 해당되는 스트레스 요인은 아니다. 박스형은 매년 열리는 회사 크리스마스 파티에서 의무관계를 다하려고 한다. 의무를 다하고 나서 박스형은 빨리 자리를 뜨고 싶어 한다. 만일 박스형이 어떤 대규모 사교 행사를 주최해야 한다면 엄청난 스트레스를 받을 것이다(이런 성격 때문에 박스형은 사치스런 유흥을 관례로 여기는 중역이 되지 못한다).

4. 동료 관계. 박스형은 혼자 일하는 것을 더 좋아한다. 동료들과 함께 작업하라는 압박을 받으면 시작부터 불안해한다. 게다가 동료가 경험이 부족하고 자격이 미비하거나 일에 대해 전혀 모르고 게으르다면 박스형은 정말 못 견딘다. 결국 박스형은 자신이 열심히 일하는 만큼 다른 사람도 똑같이 열심히 일하길 바란다(박스형은 신입사원을 훈련시키기 위해 시간을 낼 만큼 여유로운 사람이 아니다. 박스형은 일을 빨리 습득하지 못하는 신입사원은 달가워하지 않는다).

5. 양육 문제. 박스형 부모는 제멋대로 행동하는 자녀를 용납하지 않는다. 자녀를 키우기 위해 박스형은 철저하게 준비한다. 책을 읽고, 규칙적으로 해야 할 일을 정하고, 아이의 발달 단계에 따라 분석적으로 준비한다. 아이에게 문제가 생기면 박스형 부모는 아주 난감해한다. 아마 자녀의 성장단계 중 가장 힘든 시기는 사춘기일 것이다. 이 때 박스형 부모는 당황하는데 엄마, 아빠를 우습게 여기는 자녀를 다루는 방법이 나와 있는 책은 없기 때문이다.

6. 대인관계 문제. 박스형이 스트레스를 받는 마지막 요인이다. 사람들과의 관계에 대해 관심이 적은 박스형에게 대인관계는 정말 귀찮은 문제다. 박스형 배우자는 결혼생활이 위기에 빠진 사실을 한참 뒤에야 깨닫는다. 상대방은 자꾸 그 위기에 관해 말하려고 하지만 박스형은 감정적인 문제를 풀지 않고 대화를 회피하려고만 한다.

박스형은 대인관계를 쉽게 생각한다. 하지만 결코 쉬운 문제가 아니다. 나중에 심각한 문제라는 사실을 알았을 때 엄청난 충격을 받는다. 갑자기 충격을 받고 모든 면에서 안정적이던 박스형은 허탈해진다. 결혼생활 문제나 대인관계 문제가 중대한 일의 변화와 함께 발생하면 박스형은 절실히 도움을 구한다.

박스형에게 스트레스를 주는 유형
이제 어떤 유형의 사람이 박스형에게 가장 많은 스트레스를 주는

지 알아보자. 나머지 4개 유형의 특징에 대해 아는 만큼 적용해보면 제시할 유형별 특성과 비슷한 결과에 도달할 수 있을 것이다.

　지금까지 읽으면서 박스형의 삶에 크게 영향을 미치는 유형을 생각해보라. 박스형이 지그재그형과 함께 일하거나 살아야 한다면 두 유형 사이에 문제가 생기는 것은 당연하다.

주의 ➡➡ 상반되는 사람끼리 끌린다는 주장에 많은 사람들이 동의한다. 어느 정도 일리가 있는 말이다. 실제로 완전히 성향이 반대인 커플 사이가 아주 좋은 경우를 많이 보았을 것이다. 이런 관계는 애정관계에서 특히 잘 들어맞는다. 그러므로 박스형이 지그재그형과 함께 일하기 힘들어 하지만, 오히려 자신과 반대 성향의 사람과 조율해가는 것을 즐길 수도 있다.

1. 지그재그형. 박스형과 가장 대조되는 유형이다. 지그재그형의 특징을 자세히 알고 싶으면 제5부를 읽어보라. 지그재그형은 일의 상세한 측면에 대한 집중력이 부족하고, 조직성이 떨어지며 상당히 변덕스러운 편이다. 박스형은 꾸준하고 믿음직한 사람을 좋아한다. 지그재그형은 최소한 직장에서는 쉽게 받아들일 수 없는 성격의 사람이다.

2. 원형. 우뇌형으로, 박스형에게 혼란을 줄 수 있는 두 번째 유형이다. 원형이 사람들에게 관심이 많다면, 박스형의 관심은 일에 있다. 박스형은 왜 원형이 항상 모든 사람들의 감정에 신경 쓰는지 이해하지 못한다. 박스형은 단지 규칙에 따라 맡은 일을 완벽하게 해낼 뿐이다. 원형은 모든 일을 자신과 상의하길 바라지만, 박스형은 조용히 혼자 해결한다. 박스형은 원형 사람이 사적인 감정이 지나치며 유별나다고 생각한다.

3. **직사각형.** 박스형과 직사각형은 애증의 관계라고 할 수 있다. 처음 만남에서 박스형은 직사각형의 혼란스럽고 불안정한 모습에 당황스러워한다. 하지만 직사각형이 조언을 얻으려고 박스형에게 다가오면 박스형은 기꺼이 이 초심자에게 자신의 지식을 나눠주며, 이 때 직사각형을 올바르게 이해한다. 박스형은 누군가 조언을 구하면 선생님으로서 탁월한 기질을 발휘한다. 직사각형은 현재 과도기 상태에 빠져 있기 때문에 새로운 지식을 가장 잘 받아들일 수 있는 상태이다. 그래서 박스형은 직사각형의 좋은 선생님이 될 수 있다.

4. **삼각형.** 박스형과 삼각형은 어떤 상황에서도 죽이 잘 맞는다. 둘 다 좌뇌형으로 분석적이다. 또한 규칙을 알아야 하며 정돈된 환경에서 지내길 원한다. 박스형은 삼각형의 지시에 따를 때 일을 잘 해낸다.

하지만 삼각형이 자신을 사회변혁의 주도자라고 여길 때 문제가 발생한다. 삼각형은 상하관계에서 박스형보다 직위가 더 높다. 박스형에게 명령하는 직속상관으로서의 능력을 지니고 있다. 상사로서 삼각형은 일의 목적이나 흐름에 따라 중대한 변화를 모색하곤 한다. 삼각형 상사가 어떤 변화에 대해 부하 직원들에게 충분히 설명해주지 않으면 직원들은 혼란에 빠지거나 반란을 일으킬 것이다. 이 때 박스형은 삼각형과 정면으로 대립한다.

다음으로 박스형과 삼각형 사이에 갈등이 발생했을 때 해결하는 방법에 대해 알아둘 필요가 있다. 박스형은 이 갈등이 얼른 지나가길 바라면서 피하려고 하는 반면, 삼각형은 직접 경쟁하여 승자와 패자를 가른다. 이때 박스형은 지는 편이다. 자신보다 힘이 있는 삼각형에게 자꾸 지면 박스형은 분노를 느끼고 적개심만 키우게 된다. 그리고 여태까지 삼각형과 함께 일하면서 쌓아왔던 자신의 능력은 서서히 쇠퇴한다.

주의 ➜➢ 박스형과 삼각형의 관계는 직장에서 볼 수 있는 전형적인 유형이다. 삼각형이 상사일 경우 둘은 최고의 팀을 이루어 생산성이 높아진다. 삼각형이 지시를 내리고, 박스형은 수행한다. 이런 관계가 명확하면 박스형과 삼각형 사이에 발생하는 스트레스는 최소화될 것이다.

스트레스에 대한 박스형의 반응

1. 인식. 첫 번째로 중요한 단계는 스트레스에 대한 인식이다. 박스형은 일에 파묻혀 스트레스를 인식하지 못하는 경우가 종종 있다. 스트레스를 처음 인식했을 때 경험하는 일이 비조직성이다. 박스형은 스트레스를 인식하고 나서 제어하기 시작한다. 긍정적으로 접근하기도 하지만 그렇지 못한 사람도 있다. 어떻게 접근하든 모두 박스형을 대표한다.

2. 일 중독. 스트레스 받았을 때 주로 나타나는 현상이다. 박스형의 삶은 일이 중심이므로 일이 힘들게 진행되면 더 열심히 일한다. 물론 일 중독이 스트레스를 줄이기에 좋은 해결책은 아니지만 박스형에게는 일시적으로나마 도움이 된다.

3. 위축. 고독한 박스형이기에 위축되는 것 또한 자연스런 현상이다. 다른 사람의 위로와 이해를 받고 싶어 하는 이 시기에 박스형은 스트레스를 받은 원인에 관해 털어놓는다.

4. 원인 분석. 박스형은 자신이 스트레스를 받고 있다는 생각이 들

때 '스트레스'에 대해 최대한 많은 것을 알려고 한다. 다른 유형들과 달리 스트레스 관리과정에 들기도 하고, 스트레스를 줄이는 방법을 제시하는 테이프를 사거나, 도서관에서 몇 시간 동안 스트레스에 대해 연구하기도 한다. 이런 행동들이 긍정적인 결과를 낳기도 하지만 문제를 해결하지 못할 수도 있다. 박스형은 스트레스 원인에 관해 많은 사실을 알 수는 있지만, 스트레스를 완화하는데 필요한 결정을 내리지 못할 수도 있다.

5. 우울증. 시간이 지날수록 우울증은 심해진다. 박스형은 항상 자신을 잘 조절할 수 있다고 자신한다. 하지만 스트레스가 심해질수록 자신감도 점점 사라진다. 너무 침울해지면 박스형은 포기할지도 모른다. 이 정도로 심각할 때 전문가의 도움이 필요하다. 친구나 가족에게 의지하는 것만으로는 부족한 심각한 상태이다.

주의 ➛ 성급하게 정신과의사를 만나기 전에 먼저 완전히 우울증에 빠지는 사람은 거의 없다는 사실을 알아두라. 우울증은 스트레스가 최고조에 달했을 때도 바로 나타나지 않는다. 우울증은 몇 달, 심지어 몇 년이 지나 결정적 위기에 빠졌을 때 나타난다. 사람들은 어떤 외상성 사건 하나에 우울해하지 않는다. 우리가 보통 우울하다고 말하지만, 아주 심하게 심리적, 육체적 고통을 받을 때 진정으로 우울하다고 할 수 있다. 박스형은 잠시 전문 상담자의 도움을 받길 진심으로 바랄지도 모른다. 이것을 '위기 개입'이라고 한다. 스트레스를 받고 있는 박스형이 도움을 청한다면 가족이나 친구가 이 역할을 해줄 수 있다.

박스형의 스트레스를 풀어주려면

1. 스트레스 받은 일에 관해 얘기하라. 박스형에게는 무리한 요구이지 만 얘기해야 한다. 박스형의 행동이 어떻게 변하는지 대충 알았 을 것이다. 이 장의 도입부에서 스트레스 받았을 때 나타나는 박 스형 행동의 변화 양상에 관해 10가지로 정의했었다. 그러나 박 스형은 스트레스의 원인을 알고서 당황할 수도 있고, 그 원인을 모를 수도 있다. 전문가와 의논하면 스트레스의 원인이 명확해 진다. 스트레스에 관한 지식이 있고 스트레스를 받고 있다고 인 식할 때 스트레스는 줄어들기 시작한다. 이 사실을 무시하면 나 머지 원인은 아무 소용없다.

2. 대안을 마련하라. 박스형이 스트레스를 받고 있다고 스스로 인정 하면 함께 해결책을 찾아낼 수 있다. 박스형이 스트레스를 가장 받기 쉬운 곳은 직장이다. 이 때, 박스형이 다른 직장을 구할 수 있도록 도와줘라. 하지만 이러한 변화는 박스형이 가장 어려워 하는 일이다. 박스형은 안정성을 중시하고 여태까지 자신이 힘 들게 쌓아온 수익과 퇴직금을 포기하고 싶어 하지 않는다.

   박스형은 경제적, 개인적으로 오랜 기간 이익을 얻을 수 있는 확 실한 직장이 필요하다. 박스형과 어울리지 않는 직장에서 일한 다면 능력을 제대로 발휘할 수 없다. 나중에 이런 결함이 보수에 반영되기도 한다. 물론 박스형이 심근경색 같은 스트레스로 생 긴 질병으로 죽는다면 상관없을 것이다.

3. 외부활동을 즐겨라. 현재 직업을 바꿀 만한 기회가 여의치 않다면 다른 활동에 에너지를 쏟으면 도움이 될 수 있다. 이 때 집에서

새로운 일을 계획하는 것이 좋다. 그동안 하기 힘들었던 취미활동부터 해보라. 애완동물을 새로 사고, 여행을 하거나, 이웃 사람들과 대화할 기회를 만들려면 볼링 회원이 되어라. 박스형이 성공할 수 있는 새로운 일에 에너지를 쏟을 수 있도록 도와줘라.

4. **육체적 운동을 하라.** 운동은 많은 사람들이 스트레스를 푸는데 사용하는 증명된 방법 중 하나다. 박스형은 혼자 운동하기를 좋아하는 사람으로 조깅이나 산책, 자전거 타기 등을 권한다. 사우나도 괜찮다.

5. **가정생활에 중심을 두라.** 박스형의 스트레스 원인이 일 때문이라면 사랑하는 가족이 있는 집에서 편안하게 의지할 때이다. 박스형이 좋아하는 음식을 만들어주고 좋아하는 활동을 계획하라. 박스형이 얘기하고 싶어 하거나 단지 누군가와 함께 있고 싶을 때 식구들이 집에서 도움이 될 수 있다는 확신을 심어줘라.

6. **전문가의 도움을 받는다.** 어떤 유형보다 박스형은 전문가의 조언을 잘 받아들인다. 박스형은 전문지식을 믿으며, 그 지식을 통해 박스형이 현재 받고 있는 스트레스의 원인을 파악한다. 스트레스를 받는 원인에 대해 말해야 할 때 박스형은 솔직하게 털어놓지 않을 수도 있다. 우울증에 대해 논의할 때 말했듯이 박스형이 스트레스로 인해 심한 우울증에 걸리거나 병이 생기는 등 심각한 문제가 발생하기 전에 먼저 '위기 개입'을 이용하여 위기를 극복하는 것이 최선의 방책이다.

박스형이 가장 편안해 할 때

1. 모든 일이 계획대로 이루어질 때

2. 모든 사람이 제자리에서 제시간에 자신의 일에 열중할 때

3. 모든 사람이 자신이 바라는 것이 무엇인지 알고 흔쾌히 응할 때

4. 어떤 놀라운 일이나 위기, 혼란스러운 일이 일어나지 않을 때

5. 사람들이 감정적이지 않을 때

6. 앞에 나서지 않고 뒤에서 조용히 잘 하는 일을 할 때. 일상생활이
   규칙적이고 경제적으로 안정될 때

7. 박스형이 열심히 일해서 얻은 성과에 대해 주위 사람들의 인정
   을 받을 때

제**2**부

성공지향 삼각형

06 / 강력한 지도자 삼각형

□ △ ▯ ◯ 〃

신　조 : 신은 스스로 돕는 자를 돕는다.
속마음 : 바로 지금 하라.

　삼각형인 당신은 바로 본론만 얘기한다. 그래서 삼각형에 대해서
는 핵심만을 말하려 한다. 다른 유형들과 마찬가지로 삼각형도 긍정
적인 면과 부정적인 면이 모두 있다. 하지만 다른 유형과 달리 삼각형
인 당신은 읽고 싶은 부분만을 골라서 볼 것이다. 다른 어느 부분보다
부정적인 성향에 주의를 기울여 읽어보라고 권하고 싶다. 그러면 삼
각형인 자신에 관해 더 잘 알 수 있을 것이다. 그리고 내용을 진지하
게 받아들이면 친구나 동료들과 좀 더 효과적으로 소통할 수 있는 능
력을 충분히 키울 수 있을 것이다.

"어느 누구보다 뛰어나야 한다"고 스스로 생각한다. 즉, 삼각형은 리더십을 상징하며, 많은 삼각형 유형에 속하는 사람들 스스로가 이를 운명이라고 여기고 있다. 자신은 성공하도록 운명 지어져 있다고 생각한다. 이러한 삶의 지표가 힘을 주기도 하지만 반대로 자기중심적인 야심가가 되어 자신을 방해하는 사람들을 함부로 대하기도 한다.

삼각형은 집이나 직장 어디에서나 빠른 결정을 내릴 수 있는 사람이다. 아주 확신에 찬 사람으로, 어느 누구보다 자신이 옳다고 믿는다. 이처럼 자신이 옳고 모든 것을 지배해야 한다는 추진력이 있는 삼각형은 경쟁심이 강한 사람이다. 무슨 일이든 이기길 바라며, 자기 고집대로 해야 한다. 삼각형은 다른 사람들에 비해 자신감이 넘치기 때문에 주로 이기며, 쉽게 권력을 얻고, 정상의 위치를 차지한다.

삼각형은 자신이 틀리는 걸 싫어하며, 틀렸다 해도 인정하려 들지 않는다. 자신의 결정을 바꾸려 하지 않으며, 결정하는데 다른 사람을 개입시키지 않는다. 또한 결과지향적인 사람으로 본론만 얘기한다. 삼각형은 우유부단한 사람과 잘 지내지 못한다. 그래서 삼각형은 말한다.

"이렇게 할 거 아니면 그만둬!"

삼각형이 가지고 있는 최대 장점은 집중력일 것이다. 한 가지에 집중하면 절대 흐트러지는 법이 없다. 목표를 설정하면 성취하고 마는 추진력이 있고, 활기 넘치는 유형이다. 삼각형이 가는 길을 방해하지 말라.

❯ 삼각형의 특징

언어

주로 쓰는 단어 올리다, 조정하다, 위치를 바꾸다, 끼어들다, 재조
　　　　　　직, 똑똑한 숫자, 비율, 허사, 통용되는 전문용어들
주로 하는 말 "비용 대비 효과를 극대화하라."

　　　　　　"본론만 말하라!'

　　　　　　"그러면 나한테 무슨 이익이 있지?'

　　　　　　"이 일의 책임자가 되어 주게."

　　　　　　"승산 있는 기회가 생겼어."

　　　　　　"모든 최종 결정은 내가 내린다."

　　　　　　"당신은 해고야!'

외모

남성 어디에서나 적절하게 매너를 갖추고 잘 어울린다. 자신을 운
동선수와 같은 남자 중의 남자라고 여기고, 솔직히 매너를 갖추는 일
이 시간낭비라고 생각하면서도 자신의 이미지에는 중요한 영향을 미
친다는 사실을 안다. 상위 계층의 삼각형은 맞춤옷을 입으며, 중산층
정도의 잘나가는 회사원 정도면 근처 최고급 남성복 매장을 이용한

다. 삼각형 남성은 일시적 유행을 좇기보다는 맵시 있어 보이려 한다. 하트, 샤프너, 막스 같은 최고급 옷과 플로샤임 남성화를 선호한다. 하지만 상황에 따라 평범한 파스텔 톤의 셔츠도 입는다. 1천 달러짜리 옷을 입고 편안하고 캐주얼해 보이고 싶어 한다. 고가의 서류가방과 크로스 펜을 사용하며, 린넨 소재의 손수건을 가지고 다닌다.

삼각형은 항상 준비가 철저하다. 사교클럽 카드와 항공사 상용 고객 우대 프로그램(FFP) 멤버십 카드 등 모든 종류의 카드를 가지고 다닌다. 지역에서 새로운 중요인물이라는 사실을 과시하기 위해 지갑 한 쪽에 100달러를 넣고 다니기도 한다. 삼각형은 박스형 부하 직원이 일정을 관리한다. 그래도 중요한 전화번호가 적힌 노트는 바로 옆에 두고 있다. 업무상 지출한 점심 영수증은 세금 문제를 대비해서 모아둔다. 과시하길 좋아하는 삼각형은 장식용 대학 반지나 롤렉스 시계를 자랑한다. 판매직에 종사하는 삼각형은 커다란 다이아몬드 반지를 끼기도 한다.

여성 이제 막 직장생활을 시작한 삼각형 여성들은 맞춤옷을 입고 점잖은 색깔의 옷을 선호한다. 치마는 긴 일자형을 입는다. 직장 여성에게 짧은 치마는 어울리지 않으며, 성공하려면 그에 걸맞은 옷을 입어야 한다고 믿고 있다. 블라우스는 깃이 높아야 하며, 신발은 중간 높이의 무난한 펌프스를 신는다. 화장은 진하지 않으며 필요한 액세서리만 적당히 한다(당연히 진품이다). 손톱은 짧고 깨끗이 정리되어 있고, 최신 유행하는 향수를 사용한다. 지갑은 따로 가지고 다니지 않고 서류가방에 함께 넣고 다닌다.

직장생활을 오래 한 삼각형 여성은 규칙을 잘 따르지 않고 고전적인 여성스러운 외모를 풍긴다. 파스텔 톤의 풍성한 치마를 입고 비싼 장식용 핀을 하며, 앞이 트인 구두를 신으며, 잠금 기능이 있는 지갑이나 핸드백을 들고 다닌다. 약간 달랑거리는 귀걸이를 하고, 목까지 오는 블라우스의 첫 단추는 풀어놓고, 색감이 있는 감촉이 부드러운 스카프를 한다. 연륜이 쌓인 직장 여성들은 나이가 들면 주름을 없애기도 한다. 만약 주름을 없앴다면 남성이든 여성이든 흰 머리도 염색하려고 할 것이다.

사무실

최고의 지위 향상을 바라는 삼각형의 사무실은 어디서나 볼 수 있는 지위의 상징으로 가득 차 있다. 사무실은 넓고 맨 위층에 위치하며, 양쪽 벽은 유리로 되어 있으며, 대형 책상과 소파로 사무실이 꽉 차 보이며, 숙소가 따로 딸려 있다. 삼각형이 회장이라면 회의실로 들어가는 출입구가 따로 있다.

사무실 벽은 온통 자신의 힘을 느낄 수 있는 것들로 꾸며져 있다. 상패, 학위증, 증명서, 상공회의소 회원권, 소년야구 리그 후원서, 사냥이나 낚시, 체스 등에서 받은 트로피 등이 걸려 있다. 몇 가지 개인 물건도 있다. 피오르 크루즈에서 배우자와 함께 찍은 사진, 자축연에서 주지사와 악수하는 사진이 있기도 하다. 과시하기 위해서가 아니라 남아있는 업무는 거의 없다. 책상 위에는 항공시간표가, 책꽂이에는 하버드 비즈니스 리뷰 서류만 꽂혀 있을 뿐이다.

삼각형 여성의 사무실도 비슷한 분위기이지만 좀 더 옅은 색을 사용한다. 대리석이나 가죽으로 된 책상 표면을 마디가 있는 목재나 유리로 덮는다. 남성의 경우 새로운 전자제품을 과시하기도 한다. 삼각형의 사무실 통로에 비서가 있는 것은 당연하다.

습관

1. 일찍 도착한다. 삼각형은 시간을 정확히 지키는 것만으로는 부족하다. 미리 도착해서 자신의 자리를 확보하고 앉아 있어야 한다.

2. 안절부절 못한다. 회의가 길어지거나 박스형이 너무 자세하게 오랫동안 얘기하면 삼각형은 안절부절 못한다. 삼각형은 할 일은 확실히 하고, 아니면 그만둔다.

3. 중간에 끼어든다. 마쳐야 할 일이 있을 때 예의를 차릴 필요는 없다. 리더십이 필요한 사람에게 삼각형은 힘을 실어주기 위해 누군가가 시작한 일을 끝내주기도 한다.

4. 힘껏 악수를 한다. 삼각형은 8살쯤에 아빠에게 세게 악수하는 법을 배운다. 삼각형은 자신이 우월하다는 표시로 왼쪽 손을 상대방 손 위에 놓는다.

5. 중독성이 있다. 고속 경쟁의 삶을 사는 삼각형은 과음을 하거나 담배를 많이 피는 등 강박적인 행동을 보이기도 한다.

6. 게임을 즐긴다. 삼각형은 이길 수 있는 게임은 무엇이든 한다. 테니스, 골프, 라켓볼 같은 스포츠나 브리지, 포커 같은 카드놀이 등 뭐든지 승부를 가릴 수 있는 게임을 즐긴다.

7. 농담을 잘한다. 삼각형은 최신 농담을 즐긴다. 미리 연습해서 완벽하게 얘기한다. 웃음이 터질 만한 대목은 절대 잊어버리지 않는다.

8. 책을 많이 읽는다. 항상 최고이길 바라는 삼각형은 경쟁자들의 일하는 비법은 물론 최신 브로드웨이 성공작에 이르기까지 모든 분야의 책을 읽어 박식하다. 정보 잡지나 경제지, 학술지 등을 구독한다. 자신이 좋아하는 책을 읽을 시간은 거의 없지만 모델이 될 만한 유명한 영웅의 전기는 읽는다.

9. 열심히 일하고, 열심히 즐긴다. 집에서 최고의 주인이 되어 충분히 즐길 줄 아는 사람이 삼각형이다. 손님보다 술을 더 많이 마시고도 다음날 아침 7시 회의에 정상적으로 참석한다. 버틸 자신이 없다면 무리해서 놀지 말라.

10. 소규모 모임을 좋아한다. 여러 사람들과 한 번에 대화하는 것보다 개인과의 대화를 더 좋아한다. 삼각형은 많은 사람들 앞에서 능숙하게 말을 잘 하지만 동시에 여러 명을 설득하기도 한다.

삼각형의 표정과 동작

1. 항상 침착하다. 삼각형은 회의 중에 화가 나서 속이 울렁거려도 아무도 알아채지 못한다.

2. 자신만만하게 걷는다. 삼각형의 걸음걸이에서 자신감을 엿볼 수 있다.

3. 눈빛이 날카롭다. 관심이 있다면 80% 이상을, 관심이 없더라도 최소한 50%는 시선을 집중한다. 이런 통계는 삼각형이 에너지를 집중하는 능력을 자연스럽게 보여준다.

4. 입을 꽉 다물고 있다. 삼각형은 심하게 압박을 받고 있을 때 입을 강하게 오므려 긴장하고 있다는 표시를 한다.

5. 동작이 크다. 삼각형은 스스로 주의를 환기시킨다. 많지 않지만 절도 있고 목적이 있는 동작을 취한다.
6. 목소리에 힘이 있다. 성량이나 속도, 음조는 서서히 줄어든다. 낮은 음조는 권위를 상징한다. 압박감을 느낄 때 어느 때보다 조용한 어조로 말해 다른 사람들을 긴장시키고, 강조 사항은 천천히 말한다.
7. 동작이 부드럽다. 몸이 부드럽고 유연해서 서두르거나 망설임 없이 행동의 절제를 잘 한다.
8. 체격이 건장하다. 성공한 삼각형일수록 중배엽형의 체격을 갖추고 있다. 즉, 운동선수처럼 키가 크고 날씬하며 건장한 체격조건을 갖추고 있다.

삼각형이 일상생활에서 배워야 할 것들

당신이 삼각형이거나 주위에 삼각형인 사람이 있다면 주의해야 할 사항이 몇 가지 있다. 다섯 유형 중에서 사람들에게 가장 함부로 굴며, 자기 고집대로 삶을 이끌어나가는 유형이 삼각형이다.

우리가 어릴 적부터 받은 여러 가지 사회적 통념이 삼각형을 강하게 했고, 심지어 찬양하는 사람들도 있다. 자신이 삼각형이라고 생각하는 많은 사람들이 실제로는 삼각형의 탈을 쓴 박스형이다. 아니면 일과 인간의 노력에서 볼 때 다른 유형에 훨씬 적합한 데도 삼각형이 되려고 애쓰는 사람들이 많다. 우리 모두가 추장이 될 수는 없다. 인디언도 필요하다. 실제로 대부분이 추장이 되지 못한다.

이 세상에서 삼각형은 정·재계의 거물들이다. 이들은 위험을 무룹쓰고 무슨 일이든 하며, 사람들을 위해 극한 위험에 처하기도 한다. 이런 면에서 우리는 삼각형에게 커다란 빚을 지고 있다. 삼각형은 자신에게도 굉장한 빚을 지고 있다. 그러나 삼각형은 강박적인 성격으로 인해 손해를 보기도 한다. 자기중심적인 삼각형은 세월이 지나면서 자신이 외롭고 불행하다는 사실을 발견한다.

하지만 삼각형이 다른 사람의 관점에 귀 기울이고 한번쯤은 질 줄도 안다면 자기중심적인 사고는 사라질 수 있다. 삼각형은 사람들이 불가능하다고 여기는 것들에 도전하고 자극 받는다. 그리고 나서 자기 자신을 더 강하게 만든다. 삼각형은 다른 사람에게 배우고 성장하라고 자극을 줄 수도 있다. 삼각형은 자기 잘못을 인정할 줄 알아야 하며, 다른 사람의 훌륭한 점은 배울 줄도 알아야 한다.

요약

삼각형은 극히 소수이고, 멀리 있다. 삼각형을 택한 사람들은 대부분 진정한 삼각형은 아니지만 삼각형이 되고 싶어서 선택한 게 틀림없다.

진정한 삼각형은 접하고 있는 모든 것과 모든 사람들을 급진적으로 변화시키는 삶을 살고 있다. 사적으로든 공적으로든 삼각형은 빠른 결정을 내리며, 경쟁의식이 강하며, 야망이 많으며, 운동선수처럼 건장하고, 현재 상황에 만족하지 않는다. 모든 상황이 갖추어져 있다면 삼각형은 무엇인가를 창조해낼 것이다.

삼각형의 비밀 무기는 바로 순간적으로 목표에 에너지를 쏟아붓는 집중력이다. 더 뛰어난 능력은 목표에 맞춰 재빨리 초점을 바꿀 수 있다는 점이다. 선형적인 좌뇌형의 빠른 두뇌 활동에 따른 결과이다. 다른 사람이 자신을 이길 때 삼각형은 좌절하곤 한다. 하지만 대부분 삼각형을 못 이긴다.

삼각형은 다른 사람들과 함께 일하는 법을 배울 필요가 있다. 삼각형은 협력을 잘 하는 사람이 아닌 팀의 리더가 되고 싶어 한다. 리더의 위치에 있기에 부족할지라도 그 자리에 있으면 삼각형은 조직에게 행운을 줄 수 있는 능력은 충분하다. 조직에서 실제로 변화를 일으키는 주역이 될 수 있다. 이들의 에너지와 집중력은 충분히 부러워할 만한 것이며, 많은 이들이 삼각형을 역할 모델로 한다. 삼각형은 다른 사람을 조절할 수 있는 능력이 있다.

07 삼각형의 가정생활

□△□○⟋⟋

삼각형이 일할 때 보이는 리더십은 가정에서도 나타난다. 삼각형은 '경영자형'이라고 흔히 말한다. 항상 뭔가를 책임지고 있는 삼각형은 만일 어떤 통제도 없다면 집안 분위기를 싸늘하게 할 가능성이 아주 높다.

이런 유형의 사람과 함께 살고 있다면 이번 장이 도움이 될 것이다. 삼각형은 절대로 나쁜 사람은 아니다. 다만 자기가 옳다고 생각하는 대로 일이 진행되길 바랄 뿐이다.

삼각형 유형의 사람이라고 해서 모두가 가정에서 주도권을 잡고 있지는 않다. 직장에서는 직원들을 통제하면서 자신의 욕구를 충족하지만 집에서는 아주 수동적이 된다. 실제로 어떤 사람은 회사에서는 사자처럼 고함치다가 집에 와서는 새끼 고양이처럼 연약한 사람이 된다. 삼각형의 지배하고 싶은 강한 욕구는 직장에서 확실히 채워진다. 집은 조용히 쉬고 싶은 안식처이다.

집에서든 직장에서든 삼각형과 함께 지내는 사람은 불안하다. 한편, 삼각형 지배자는 채찍을 집에 가지고 가서 모든 이를 소스라치게 놀라게 만든다. 삼각형의 가장 전형적인 모습이다. 반면 삼각형의 배우자는 아무 걱정 없이 집안이 평안하길 바란다. 삼각형은 퇴근 후에 어떤 문제가 발생하는 걸 아주 싫어한다.

그러니 싸움에 지친 삼각형이 현관문을 열고 집으로 들어설 때 저녁을 미리 준비해 놓고 가족 모두 활짝 웃는 얼굴로 맞이해주는 게 좋다. 어디서나 삼각형은 주도권을 쥐고 있다.

▷ 삼각형 배우자

삼각형의 이상적인 집

1. 집을 정리정돈하고 싶다면 박스형에게 조언을 구하라.

2. 가족들 모두 규칙적으로 해야 할 일을 정하라.

3. 삼각형이 성취한 업적을 전시해 놓아라(상패, 성적표, 뉴스 기사, 트로피 등). 삼각형의 거실에는 트로피가 많다. 최근에 이룬 성과들은 게시판이나 냉장고 문을 꽉 채우고 있다.

4. 최신 장식으로 집안을 꾸며라. 삼각형은 유행에 민감하다. 집을 어떻게 꾸미든 가장 최근 장식품을 사용하는 게 중요하다. 유행에 맞추려면 지속적으로 새로운 장식으로 바꿔야 할 것이다.

5. 전자제품의 부속품을 잊지 말고 챙겨라. 삼각형은 최신 전자제품을

원한다. 제품들의 조작법은 배우지 않더라도 집에 도착하면 바로 설치해 놓는다.

6. 지위의 상징이 많다. 큰 집, 외제차, 자신의 이름 첫 글자가 새겨진 옷 등 지위를 상징할 수 있는 것들이 많다. 그러나 삼각형은 이웃 사람들에게 허세를 부리지는 않는다. 이웃과 동등한 위치에 있길 바란다.

7. 집은 넓어야 한다. 3,000평방피트가 넘는 전망이 탁 트인 집이어야 한다. 미국에서 크다는 것은 힘의 상징이다. 그러므로 삼각형은 큰 집을 소유해야 한다.

8. 돈은 많다. 다행히 삼각형은 많은 돈을 번다. 그래서 돈은 전혀 문제가 되지 않는다. 돈 문제가 생긴다면 삼각형에게 말하지 말라. 이미 모든 이웃이 그에게 빚지고 있다.

9. 소규모 독서 클럽에 참여하여 베스트셀러를 읽어라. 삼각형은 모든 정보를 섭렵해야 하는 동시에 요점만 파악한다. 성공한 회사나 자신이 동경하는 스티브 잡스나 테드 터너 같은 유명한 사람들의 자서전을 주로 읽는다.

10. 삼각형을 무조건 지지하라. 꼭 사랑이 담기지 않아도 된다. 삼각형 가족의 희생은 당연하다. 당신이 선택한 사람이니 감당해내야 한다.

삼각형의 여가생활

1. 열심히 일하고 열심히 놀자. 삼각형은 이 신조를 굳건히 믿는다.

2. 정기적으로 행사에 참여한다. 삼각형은 사교 모임이나 시민단체의

회원이고, 지역 교향악단의 후원자이기도 해서 항상 참여해야 할 행사가 많다(유명 패션 디자이너의 턱시도나 드레스를 입는 데 드는 비용도 책정해 놓는다).

3. 광범위한 인간관계를 맺고 있다.

주의➜➜ 친구를 의미하지 않는다. 삼각형 주위에는 동료들은 많지만 친한 친구는 몇 명 없다. 친하게 지내는 친구는 자신과 비슷한 삼각형 유형이거나 조건 없이 지지해주는 원형이다.

4. 유명 인사들과 친분관계가 있다. 삼각형은 유명 인사들과 친분관계를 잘 맺는다. 주로 정치와 관련된 사람들과 친교를 맺고 있다. 지역 운동선수나 영화계 인사, 재벌들과 유대 관계를 쌓기 위해 골프 모임에 자주 참여한다.

5. 경쟁 스포츠를 즐긴다. 삼각형은 자신의 우월함을 보여줄 수 있는 스포츠를 좋아한다. 승패가 명확하다면 어떤 경기라도 할 것이다. 테니스나 라켓볼 같은 운동은 남보다 월등히 잘 한다. 어떤 운동을 하든 삼각형은 자신이 이겨야 한다.

6. 신체활동을 중시한다. 조직적인 스포츠에 참여하기에 너무 바쁘다면 삼각형은 혼자 할 수 있는 운동계획을 세운다. 사우나에 가거나 대부분 집에 체육시설이 있다.

7. 취미활동을 즐긴다. 삼각형은 그리 대단한 취미활동을 하진 않지만 정원 가꾸기 같은 활동적인 취미를 즐긴다. 삼각형은 방관하는 사람이 아니다. 무에서 시작해서 새로운 것을 창조해낸다.

8. 시민단체 회원이 되어 여가활동을 한다. 일의 연장선에 속하는 활동일 뿐이다. 로터리 클럽이든 보이스카우트 회원이든 삼각형은

처음 5년간은 이 단체의 대표가 될 것이다.

9. **휴가는 활동적으로 보낸다.** 삼각형은 오후 내내 해변에 누워 있지 않는다. 이국적인 곳에서 짧지만 주말 동안 호화 유람선을 타는 여행을 즐기고 싶어 한다. 어느 정도 부유한 삼각형은 요트 클럽 회원이거나 콩코드 여객기를 타고 해외여행을 즐기기도 한다.

10. **투자는 부업이다.** 삼각형은 투자를 많이 한다. 주식 거래나 투자 신탁 펀드, 부동산을 부업으로 한다. 위험을 감수하고도 일을 추진하는 삼각형의 기질이 여기에서 드러난다. 투자에 필요한 전문가의 조언도 듣는다. 개별 사업체를 소유하고 있는 삼각형도 있다. 은퇴할 때 삼각형은 이미 또 다른 일을 하고 있다.

삼각형 배우자의 강점과 약점

【강점】 1. 사고하고 결정내리는 게 빠르다.

2. 에너지가 넘치고, 생활 패턴이 빠르다.

3. 어떤 문제라도 해결할 수 있다는 사고를 지니고 있다.

4. 실용적이고, 상식이 풍부하다.

5. 확고하고 근본적인 전통 가치관을 가지고 있다.

6. 열심히 일하고, 열심히 논다.

7. 약속은 철저히 지킨다.

8. 성공적인 사람이다.

【약점】 1. 항상 주도권을 잡으려 한다.

2. 실수를 인정하지 않는다.

3. 충동적으로 결정을 내린다.

4. 갑자기 화를 낸다. 폭력을 쓰기도 한다.

5. 술과 담배를 과하게 하는 등의 강박관념에 사로잡힌 행동을 한다.

6. 가족과 함께 시간을 보내지 않는다. 함께 보내더라도 집중하지 않는다. 일을 더 중시한다.

7. 공공연히 애정표현을 하지 않지만 개인적으로는 강하게 표현한다. 삼각형 자신이 충족되어야 한다.

8. 교묘하게 속인다. 진정한 삼각형은 자기 뜻대로 뭔가 해야 할 때는 단순한 선의의 거짓말에 그치지 않는다.

삼각형은 자기 파괴적인 사람이 될 수 있으며, 자신의 의도에 어긋난다면 같이 있는 사람들에게 해를 끼칠 수도 있다. 삼각형은 많은 사람들과 친하게 지내고 싶어 하지 않는 사람이므로 배우자는 극소수의 친한 사람들 중 한 명에 해당한다(심지어 어떤 사람은 삼각형 배우자를 친근하게 여기지 못한다).

삼각형 배우자와 관계를 발전시키고 싶으면 삼각형이 긍정적으로 느낄 수 있도록 활기 넘치는 집안 분위기를 만들라. 이렇게 해야 모든 가족의 생활이 편해지고, 삼각형에게도 좋은 영향을 미칠 수 있다.

이제 이처럼 성격 강한 삼각형과 어떻게 살아가야 하는지 알려줄 것이다.

삼각형 배우자와 원만한 관계를 유지하려면

1. 실수했을 때 체면을 살려줘라. 삼각형은 틀리는 걸 싫어한다. 삼각형이 전에 사용하지 않은 새로운 자료를 제시해보는 것도 좋은 방법이다.

2. 비서를 고용하라. 개인 일도 도와줄 것이다.

3. 삼각형이 일할 때 참여하라. 많은 삼각형의 배우자들이 홍보 담당으로 활동한다.

4. 융통성 있게 처신하라. 삼각형은 충동적인 사람이므로 배우자는 변화에 잘 적응할 줄 알아야 한다.

5. 말을 잘 들어줘라. 삼각형은 본인이 생각하고 있는 것을 사람들에게 말하고 싶어 한다. 당신이 먼저 삼각형의 말을 잘 들어주면 나중에 당신의 의견도 귀 기울여 들어줄 것이다.

삼각형의 공격성을 완화시키려면

1. 몹시 바쁠 때는 잠시 조용히 쉬는 시간을 갖도록 하라. 삼각형은 무슨 일이든 빠르게 처리하지만 정신없이 하는 경향이 있다. 이 때 옆에서 잠시 쉬자고 제안하라.

2. 운동계획을 세워라. 운동은 삼각형에게 자연스런 활동이다. 그러니 같이 운동하라. 삼각형과 함께 할 수 있는 유일한 기회일지도 모른다.

3. 삼각형과 충돌할 때 일부러 반대의견을 제시하라. 삼각형은 자신과 상충되는 의견은 잘 듣지 않는다. 그러나 논의를 활발히 하기 위해 일부러 반대의견을 내면 삼각형은 문제를 감정적으로 대하지

않고, 또 상대방이 자신과 대립하지 않는다고 생각하며 의견을 들어준다.

4. 문제를 완전히 분석할 때까지 제시하지 말라. 확실한 증거를 제시하지 않으면 삼각형은 당신을 신뢰하지 않을 것이다.

5. 중재자가 되는 법을 배워라. 삼각형에게는 적수가 많다. 한 번쯤은 삼각형과 상대방 적수 사이에 개입한 적이 있을 것이다. 이 때 양쪽 모두 체면이 상하지 않게 중재를 잘해야 한다.

6. 아이들을 보살펴라. 부모로서 삼각형은 아이들을 심하게 압박한다. 아이들이 우수하기만을 바란다. 아이가 잘 해내지 못할 때 삼각형의 배우자는 중간에 개입하여 상황을 완화시켜야 한다.

7. 문제해결에 필요한 다양한 해결책을 제시하라. 삼각형은 한 가지 방법으로만 문제를 해결하려 한다. 문제해결에 필요한 창조적인 생각을 지닌 사람의 도움이 필요하다. 창조적인 지그재그형의 배우자가 삼각형과 가장 잘 어울린다.

8. 삼각형을 궁지로 몰지 말라. 삼각형은 거짓말을 하거나 주먹이 먼저 나갈지도 모른다. 직접 경쟁하지 말라. 가능하다면 개별적으로 일할 수 있는 분야를 선택하라.

9. 짜증이 났을 때 참지 말라. 참아야 한다면 차라리 그 자리를 떠나라. 특히 삼각형은 무시할 만한 사람은 존중하지 않는다. 서로 협력관계에 있다는 사실을 확실히 짚고 넘어가라. 그렇지 않으면 앞으로 계속 불리한 입장에 처한다.

10. 외유내강의 힘을 길러라. 삼각형은 자기 중심적인 사람이므로 배우자는 스스로를 보호할 수 있는 힘을 길러야 한다. 배우자에

게 애정 어린 보살핌을 원한다면 원형의 배우자를 만났어야
했다.

주의 ➔ 삼각형이라는 단어가 강한 의미를 가지고 있듯이 삼각형에 속하는
사람은 완고하다. 다른 사람에게 뿐만 아니라 자신에게도 냉혹하다. 삼각형
의 배우자는 이러한 면을 조절하고 완화시켜야 하지만 또한 자신을 지키는
방법도 알아야 한다. 삼각형 배우자를 자랑스러워 하되 자신의 자긍심도 지
켜야 한다.

⟫ 삼각형 이성찾기

삼각형 이성을 만날 수 있는 곳

1. 이사회, 독립된 사무실, 건물의 꼭대기 층

2. 유명인의 집

3. 술집이나 레스토랑

4. 사교 모임

5. 저녁 모임의 주빈 자리

6. 전문가 모임에서의 연설자

7. 상공회의소 친목회

8. 항공기 1등석

9. 선거운동 대표

10. 의사나 변호사 같은 전문직

11. 개인 소유 리조트나 값비싼 크루즈

12. 은행 특별 고객 라운지

13. 와인 저장소
14. 흡연 장소(비흡연자라면 흡연에 반대하는 팸플릿을 유포한다)

삼각형과 대화하기

1. "당신에 관해 모든 것을 말해 주세요!"
2. "항공사의 상용고객 프로그램에 관해 어떻게 생각하세요?"
3. "여행은 사업차 가는 게 좋으세요, 휴가로 가는 게 좋으세요?"
4. "와인과 차는 국내산과 수입산 중 어떤 게 더 좋으세요?"
5. "상원의원으로 누구를 지지하십니까?"
6. "중동사태에 대해 어떻게 생각하십니까?"
7. "케네디 대통령을 개인적으로 아십니까?"
8. "멋진 옷이네요! 하트, 샤프너, 막스 아니면 크리스찬 디오르 옷 인가요? 'W' 에서 봤어요."
9. "전 항상 바쁜 것 같아요. 당신은 어떠세요?"
10. 재치 넘치고 약간은 대담하다.

첫 데이트

1. 할 수 있는 모든 것을 다 하라. 필사의 노력을 다 하라. 처음에 돈을 호기 있게 써라. 최고급 레스토랑이나 오락, 사회행사에 돈을 많이 써라. 리무진을 대여하여 놀라게 하라.
2. 자신에 대해서는 많이 말하지 말고 인상만 남겨라.
3. 전화 올 때까지 적어도 1, 2주 정도는 기다려라.

성적 접근법

1. 절대 논의하지 말라. 삼각형은 본인 스스로 결정할 것이다. 한 번 결정하면 관계를 맺을 준비를 하라(남성의 경우 조루현상은 일반적이니 당황하지 말라. 단지 참을 수 없어서 그렇다).

2. 추후에 고급스런 디너 파티나 사교 클럽에서의 역할을 과시할 수 있는 개인 파티나 행사를 열어라.

3. 장소에 어울리고 유행에 뒤떨어지지 않는 의상과 매너를 지키도록 항상 주의하라. 파이 · 베타 · 카파 클럽의 회원 장갑을 끼고, 오페라글라스를 챙겨라.

4. 조각한 수정, 혹은 보석 같은 특별선물을 준비하여 특별한 밤을 기념하라.

5. 삼각형과의 관계가 소원해지면 비상수단을 써라. 가장 확실한 방법은 삼각형의 타고난 경쟁심을 불러일으키는 것이다. 오래 전 사귄 여자 친구나 남자 친구의 얘기를 꺼내보라. 그럴 만한 사람이 없다면 옛 애인이 돼줄 만한 포도주 중독자를 거리에서 고용하여 삼각형의 질투를 불러 일으켜라.

6. 삼각형이 준비하는 프러포즈는 아주 간단하다. "결혼해 줄래요?" 식으로 결론만 간단히 말한다. 당신이 능숙하게 청혼을 한다면 당연히 효과가 더 크다. 크루즈 선상이나 산의 정상, 아니면 최소한 욕조에서의 청혼을 고려하라.

⟩ 삼각형 자녀

먼저 삼각형 자녀는 가족 내에서 자신이 어떤 위치에 있는지 알아야 한다. 삼각형에 속하는 자녀는 주로 첫째이며 외동아이다. 보통 첫째 아이는 동생에 대한 책임감이 강하고, 부모는 이 자녀에게 성공을 강요한다. 어릴 때부터 성공에 대한 압박을 받은 아이는 삼각형의 성격을 형성하게 된다.

외동아이는 자기중심적이기 때문에 삼각형이 되기 쉽다. 영리하고 똑똑한 삼각형 자녀는 자신의 필요에 따라 환경을 조절하는 법을 습득한다.

외동 자녀를 둔 부모는 아이에게 형제가 없다는 허전함을 물질적인 것으로 채워주려다가 아이를 버릇없이 키울 수도 있다. 나눌 줄 모르는 아이는 세상에서 자유롭게 무엇이든 할 수 있다고 생각하며, 사람들이 자기가 원하는 것은 무엇이든 들어줄 거라고 생각한다. 부모는 하나뿐인 자녀에게 높은 성취 욕구를 주입시키고, 자녀가 자신이 하지 못했던 일을 해낼 수 있다고 기대한다.

첫째 자녀는 지나치게 책임감을 느껴 삼각형이 되어 간다. 가끔은 능력 이상의 성과를 올리기도 한다. 외동아이는 자신이 특별하며, 기대에 어긋나지 않은 말과 행동을 해야 한다는 부담감에 삼각형이 되어간다. 첫째나 외동아이는 부담이 크다. 그래서 많은 삼각형 자녀들은 부모가 세워 놓은 비현실적인 목표를 달성하려고 애쓰다가 좌절하기도 한다.

물론 모두 다 그렇진 않다. 세상에는 삼각형의 자녀들이 커서 성공한 예도 많다. 그렇지만 삼각형 부모의 부정적이고 긍정적인 자질 모두가 자녀에게 똑같이 나타나기도 한다. 만일 당신에게 삼각형의 자질이 있는 자녀가 한 명이라도 있다면 지금 이 부분을 읽어보는 게 유용할 것이다.

삼각형 자녀의 문제점과 해결책

문제1: 고집이 세다. 삼각형 자녀는 아주 어릴 적부터 자기주장이 강하다. 고집이 센 아이에게 짜증을 내고 부모 뜻대로 하려고 하면 키우기 힘들다.

해결책: 아이에게 세상은 혼자 살아갈 수 없는 곳이며 무엇이든지 자기 뜻대로 할 수 없다는 사실을 깨닫게 해야 한다. 부모는 처음부터 윗사람으로서의 위치를 확고히 굳혀라.

주의 ➡ 원형 부모가 특히 힘들어 하는 부분이다.

문제2: 대담하다. 삼각형 자녀는 무슨 일이든 거침없이 시도해본다. 6세에 자전거 타기부터 시작해서 16세의 이른 나이에 가족용 차를 끌고 나가는 등 삼각형은 첫 번째로 인정을 받는다면 어떤 위험한 일이라도 해낼 수 있는 사람이다.

주의 ➡ 약물에 빠질 수 있으니 조심하라.

해결책: 또래 집단을 통제하라. 위험 수위가 약한 분야로 자녀의 관심을 돌려라. 성공하기 위해서는 좋은 성적을 받아야 한다는 사실을 강조하라(삼각형은 원하면 전과목 A학점을 받을 수 있다).

문제3: "다른 애들은 모두 하나씩 갖고 있는데…" 삼각형 아이는 일찍

부터 사회적 지위를 상징하는 물건을 소유하고 싶어 한다. 돈이 별로 없다면 문제가 심각해질 수 있다. 삼각형은 물질을 통해 자신의 가치를 보여주기 때문이다. 삼각형 아이는 논리적으로 따지기도 한다. "아빠는 새 골프채를 샀으면서 왜 나는 오토바이 안 사주시는 거예요?"

해결책: **원하는 것을 얻으려면 일을 해라!** 밖에서든 집에서든 일한 대가로 돈을 벌면 삼각형 자녀는 원하는 것을 얻기 위해 그 만큼 일할 것이다. 좌뇌형인 아이는 논리적으로 문제를 이해한다. 부모가 가정의 재정 상태와 일의 가치에 대해 설명하면 아이는 이해할 것이다.

문제4: **실패를 두려워한다.** 상당히 해결하기 까다로운 문제다. 삼각형은 모든 면에서 최고가 되고 싶어 한다. 때로는 최고가 되어야 한다는 강박관념에 사로잡혀 아이는 쉽게 이길 수 없는 일들은 피하려고 한다.

해결책: **어렸을 때부터 실수를 허용하라.** 완벽주의자로 키우지 말라. 성공의 여부와 상관없이 무엇이든 해볼 수 있는 모험의 환경을 만들어줘라.

문제5: **거짓말을 잘 한다.** 최고가 되고 싶은 삼각형 자녀의 욕구는 그 아이에게 더할 나위 없이 좋은 영향을 미치기도 한다. 그러나 이길 수 없는 일인데도 삼각형 자녀는 이겨야 한다는 생각에 비윤리적인 수단을 찾기도 한다. 가장 범죄를 저지르기 쉬운 유형이다.

해결책: **어릴 적부터 옳고 그름에 관한 가치체계를 확실히 세워 놓아라.** 또한 첫째로서 주위 사람들에 대한 책임감을 강요하면 올바른 가치관이 자리 잡을 수 있다.

문제6: **상처를 입는다.** 삼각형은 물불을 가리지 않는 유형이라 상황을 악화시켜 곤경에 빠지는 경우가 많다. 삼각형은 천성이 활동적으로, 자신감이 지나쳐서 아직 숙달되지 않은 재주를 선보이기도 한다.

해결책: **약값을 치를 각오를 하라.** 아이는 뼈가 부러지는 등의 심한 상처를 입을 수도 있다. 그렇다고 삼각형이 사고를 일으키는 유형은 아니다(직사각형이 주로 그렇다).

삼각형 자녀의 특징

1. 성적이 좋다.
2. 항상 모든 일에 의견을 제시한다.
3. 일찍 진로를 선택하고, 미리 지도를 하라. 삼각형은 한 번 결정하면 잘 번복하지 않는다.
4. 목표를 높이 세운다. 삼각형은 야망이 있는 사람이다. 엄마나 아빠보다 더 훌륭한 사람이 되고 싶어 한다.
5. 영웅을 숭배한다. 목표가 뒤따라야 한다. 록 스타일 수도 있고, 항공기 조종사일 수도 있다. 역할 모델이 중요하다.
6. 벽에 포스터를 붙인다. 삼각형 아이에게 자극을 줄 수 있다. 자신이 세운 목표나 존경하는 영웅을 주로 붙여놓는다.
7. 경쟁적이다. 삼각형은 경쟁을 통해 삶의 보람을 느낀다. 형제 중에 삼각형이 가장 뛰어날 것이다.
8. 상을 많이 탄다. 삼각형 주위에는 온통 우등상과 트로피뿐이다. 많은 상 때문에 삼각형 자녀는 자신의 방을 깨끗하게 정리한다.
9. 논쟁한다. 삼각형 아이가 뭘 주장하는지 잘 살펴보라.

10. 적극적이다. 배앓이를 하는 신생아 때부터 고집이 센 공포의 2살
    에서 6살에 이르기까지 삼각형 아이는 계속 주위의 시선을 받
    길 원하며, 어떻게 해서든 주위의 시선을 끌어낸다.

삼각형 자녀 양육 방법

1. 엄하게 키워라. 다만 의지를 꺾지는 말라. 필요하면 벌을 줘도 되
   지만 삼각형 자녀에게는 벌 받는 이유를 확실히 알려줘야 한다.

2. 보상을 하라. 자신이 맡은 일은 잘 처리한다. 돈을 주거나 명예로
   운 상으로 보상해줘라.

3. 칭찬하라. 삼각형 자녀에게는 칭찬이 필요하다.

4. 규칙 제정에 참여시켜라. 당신이 어른이라도 삼각형 자녀는 협상
   자이며, 어렸을 때부터 협상하는 기술을 익히면 자녀에게 유용
   하다.

5. 가끔은 자녀를 통제하라. 삼각형 자녀는 자신이 우위에 있을 때 그
   에 대한 책임감을 느낀다. 이 때 아이는 형제들을 통제한다.

6. 꿈을 억압하지 말라. 삼각형 자녀의 목표가 성취할 가능성이 없어
   보일지라도 대부분은 해내고 만다. 처음부터 "너는 의사가 될 수
   없어!"라는 말은 하지 말라. 삼각형은 충분한 가능성이 있다.

7. 돈을 절약하라. 삼각형 자녀에게는 돈이 많이 든다. 아이는 최고
   만을 원하며, 또 그럴 만한 가치도 있다. 삼각형 자녀는 만족스런
   직업을 얻기 위해 대학에 가고, 장학금을 받는 아이들도 있다. 육
   군 장교, 비서실장, 매장 관리자 등 어떤 직업을 선택했든 삼각형
   은 성공할 것이다. 평범한 직업으로는 만족하지 못한다.

8. 자랑스러워 하라. 삼각형 자녀가 해낸 일을 부끄러워 하지 말라. 자랑스러워 하면 자녀는 기뻐하고 더 열심히 노력할 것이다. 다행히 삼각형 아이는 얘기할 거리가 많다.

주위에 삼각형이 있다면 당신은 아주 운이 좋은 것이다. 삼각형 배우자는 삼각형이 아무 부족함 없이 살고 있다는 것을 알 것이다. 이 성공적인 사람과 함께라면 당신은 총애를 받을 것이다. 당신의 삶은 항상 활기 넘치는 사람들과 장소로 넘쳐날 것이다. 발전하지 않는 것은 하나도 없을 것이다. 삼각형은 항상 뭐든지 더 발전시키려고 애쓰는 사회변혁의 주도자이다.

혹시 삼각형 아이가 주위에 있다면 지금 그대로 두라. 아이가 삼각형 성향을 그대로 유지하는 것이야말로 진정한 도전이다. 만일 뭔가 도전하려 한다면 그에 따른 대가는 엄청날 것이다. 그러니 이때는 두려워 하지 말고 어른으로서 아이를 확실히 통제해야 한다. 그러면 삼각형 아이는 성공할 것이다.

삼각형은 다른 사람보다 우월하고, 지배하고 싶어 하는 부정적인 면이 있다. 이러한 면을 주위 사람들이 모두 좋아하지는 않는다. 삼각형과 같이 지내는 사람들은 종종 자신이 지배받고 조정 당하고 있다고 느낀다. 삼각형과의 관계에서는 무엇보다 자신을 보호해야 한다. 자신의 영역을 설정하고, 필요한 것은 고집해야 한다. 자신의 주장을 확실히 표현하지 않으면 삼각형은 당신을 지배하려 들 것이다.

주위에 있는 삼각형이 자랑스러울지라도 당신은 내강을 키워야 한다. 삼각형을 사랑하고 지지하면서도 자신의 자존심을 지켜나간다면 영광스럽게 일생 동안 만족할 만한 관계로 발전할 수 있을 것이다.

삼각형의 직장생활

□△□○〰

삼각형과 함께 일하고 있다면 당신은 행운아다. 삼각형은 고집이 세다. 현재 상사가 아닌 삼각형은 대부분 상사가 되길 바란다. 물론 삼각형은 빠른 결정력으로 직장에서 많은 존경을 받고 있다. 또한 책임진 일에 대한 확신과 자신감은 존경할 만하다. 어느 유형도 삼각형만큼 자신감이 드러나지 않는다.

삼각형은 다음과 같은 직업 유형에서 찾아볼 수 있다.

직업 유형		
중역	사업가	매니저/관리자
정치가	병원 관리자	사장
학교 관리자	육군 장교	법률회사 파트너
오케스트라 지휘자	단체 조직위원장	조종사

삼각형은 비서실장, 프로젝트 팀 대표, 직원 관리자, 매장 관리자, 판매원 등 최고 위치가 아닌 곳에 있는 사람도 많다. 하지만 어느 위치에 있든 권력을 행사한다.

삼각형은 리더십 있고, 결정력 강하고, 경쟁력 있고, 활동적이며, 결과지향적인 사람이다. 이러한 성향의 사람은 사회에서 꽤 높게 평가받고 있으므로, 어떤 조직에서든 빠르게 권위 있는 자리로 올라갈 수 있다.

▶ 삼각형의 직장 내 갈등 대처법

삼각형의 동료이거나 혹은 상사로 두고 일하고 있다면, 지금부터 얘기할 내용은 상당히 중요하다. 삼각형은 고집이 세기 때문에 갈등이 생겼을 때 정면으로 부딪친다는 사실을 명심하라. 갈등이 발생하면 삼각형은 주로 경쟁적이 되지만 능수능란하게 타협할 줄도 안다.

옛말에 "흥분하지 말고 당한 만큼 돌려줘라"는 말이 있다. 하지만 삼각형은 화도 내고 당한 만큼 보복한다. 이것이 바로 전형적인 삼각형의 성격이다.

이런 성격의 삼각형은 다른 유형의 사람과 함께 일하기 힘들다. 삼각형의 활동적인 성향은 팀이라는 개념과 잘 어울리지만, 언제나 팀의 대표가 되어 팀원들을 통제하기만을 바란다. 삼각형이 조직의 대표라면 아무 문제도 없다. 하지만 만약 삼각형이 당신 동료이거나 부하 직원이라면 문제가 발생할 여지가 많다.

삼각형과 완전히 대립하면 문제를 해결하는 과정에서 완강한 저항에 부딪치기 쉽다. 삼각형 유형의 사람은 자신의 의견에 대해서는 아주 독단적인 태도를 취한다. 자신만이 옳고, 자신이 틀린 것은 인정하려 하지 않는다.

삼각형이 어떤 입장을 취하고 있는지 알면 갈등이 발생했을 때 훨씬 효과적으로 대처할 수 있다. 삼각형은 박스형처럼 갈등을 피하지 않는다. 술수를 쓰지 않고, 정면으로 맞선다. 삼각형이 이 방법을 선호하는 이유는 적어도 뒤에서 불평이나 핑계를 늘어놓는 일은 없기 때문이다. 뒤에서 불평을 하면 직원들의 사기를 떨어뜨리고 결국 생산성을 줄이는 부정적인 결과를 낳는다.

삼각형은 갈등을 피하지 않는다. 갈등을 빨리 표면화하고, 바로 결론을 낸다. 그렇지만 문제는 삼각형이 항상 이긴다는 점이다. 삼각형이 너무 자주 이기면 동료들은 분노가 쌓이고, 결국 삼각형은 팀에서 고립된다.

혹시 삼각형과 갈등 중이라면 이제 삼각형 유형의 사람을 이기는 법에 대해 제시할 것이다. 또한 삼각형 동료에게 신뢰를 얻는 법도 알게 될 것이다.

﹥ 삼각형과의 논쟁에서 이기는 법

1. **한 번에 일을 처리하라.** 삼각형은 결정이 빠르다. 무슨 일이든 한 번에 처리하라.

2. **철저히 준비하라.** 논쟁거리에 관해 자신의 의견뿐 아니라 삼각형의 의견에 대해서도 폭넓게 조사하라. 스스로를 토론자로 만들어라. 논쟁거리에 대해 어느 쪽으로든 치우치지 않고 의견을 제시할 수 있는 사람이 훌륭한 토론자다. 자신의 의견만을 고집하는 삼각형의 공격에 대비하여 충분히 논쟁 준비를 하면 이길 가능성이 있다.

3. **논리적이고 순차적으로 자료를 제시하라.** 삼각형은 좌뇌형으로, 정리되지 않은 의견을 제시하면 안 된다. 삼각형은 주제를 정확히 짚어낼 줄 아는 사람이므로 논리 정연한 자료를 제시하면 삼각형은 긍정적인 반응을 보일 수 있다.

4. **항상 감정을 조절하라.** 감정제어를 잘 하지 못하는 삼각형에게 필요한 요소이다. 감정을 잘 조절해야 삼각형과의 대립에서 유리하다.

주의 ➡ 논의할 문제에 대해 미리 연습한다면 감정 제어를 더 잘 할 수 있을 것이다. 무엇을 말해야 하고, 근거가 무엇인지 확실히 파악하라. 그리고 삼각형이 어떤 반응을 보일지 예상하고 반박할 증거를 준비하라. 배우자를 삼각형의 역할 모델로 설정하여 모의논쟁을 해서 도움이 될 만한 증거 목록을 만들라. 예행연습만이 최상의 방법이다.

5. **처음부터 '아니' 라는 대답을 끌어내라.** 실제로 내가 예전 삼각형 상사에게 배웠던 방법이다. 삼각형은 반대하고 싶은 문제가 있으면 처음부터 중요하지 않은 점에 대해 동의를 구하고 '아니' 라고 말한다. 이러한 방식으로 논쟁을 끌어가는 이유는 문제가 자신의 체계에서 벗어나기 때문이기도 하다. 한 번 아니라고 말했

기 때문에 삼각형은 다음 질문에는 선뜻 동의할 것이다.

6. 삼각형이 동의하지 않고 논쟁에서 질 것 같을 때 비장의 무기를 꺼내라. 항상 마지막까지 결정적인 반론은 남겨둬라. 삼각형의 '아니'라는 대답이 금세 '예'로 바뀔 수 있다.

7. 한 가지 결정에만 얽매이지 말라. 수용할 만한 여러 가지 대안을 마련해 놓아라. 당신에게 확신만 있다면 어떤 결과가 나오더라도 그 협상을 성공적으로 마칠 수 있다. 삼각형이 A라는 결과를 택하지 않더라도 C라는 대안에 동의하면 만족스러운 결과를 얻어낸 것이다.

8. 최적의 순간을 기다려라. 적합한 시기는 따로 있다. 삼각형과 어떤 문제를 논의하기에 적합한 때가 아닐 수도 있다. 삼각형이 모든 일이 자신의 뜻대로 잘 되어 간다고 여길 때까지 기다려라. 삼각형이 상대방 의견을 잘 따르고 하나 정도는 잃어도 괜찮은 여유가 있을 때가 가장 적절한 순간이다.

9. 질 것에 대비하라. 별로 내키지 않는 충고지만 삼각형과 논쟁하다 보면 실제로 발생하는 상황이다. 지더라도 멋진 패자로서 삼각형이 내린 마지막 결정을 지지하라. 언젠가 승자가 되는 날도 있을 것이다. 이길 때가 있으면 지는 때도 있다는 사실을 명심하라.

10. 논쟁 결과를 동료들에게 말하라. 삼각형이 옳다는 사실을 인정하는 것도 중요하다. 삼각형과 함께 계속 일해야 한다면 당신이 이긴 것을 자랑하는 것은 현명한 처사가 아니다. 그러나 사실 졌다는 사실을 알리는 것이 삼각형에게 최고의 충고다. 만일 당

신이 패자라면 가장 먼저, 졌다는 사실을 동료들에게 얘기해야
한다.

⟩ 삼각형 동료

삼각형의 동료가 권위 있는 위치를 차지하지 못해서 높은 자리로
올라가려고 애쓰는 상황이라면 다른 유형의 동료들과 함께 지내기
힘들다. 그래서 삼각형은 담당하고 있는 일에 만족하지 못하고 그 욕
구를 채우려고 동료들을 조정하기도 한다.

다음은 삼각형 동료와 일하는 사람들이 흔히 접하는 문제들이다.
혹시 자신에게 해당하는 문제가 있다면 그 해결책을 통해 좀 더 효율
적인 작업환경을 조성할 수 있을 것이다.

문제1: "이 일은 내가 책임질 게요." 삼각형은 자신이 프로젝트를 성공
하여 인정받고 싶어 동료가 이 프로젝트에서 빠지길 바란다.

해결책: 프로젝트에서 팀 전체의 노력이 얼마나 중요한지 강조하라. 동료
들이 일에 기여할 수 있다는 점을 알려줘라. 당신도 삼각형만큼 책임
있는 일을 해낼 수 있는 능력을 보여줘라.

문제2: "그 일을 도와 줄 시간이 없는데… 더 중요한 일이 있어!" 삼각형
은 자신의 일만이 중요하다.

해결책: 과거에 바쁜 와중에도 시간을 내서 삼각형을 도와준 일을 상기시
켜줘라. 그리고 나중에 또 도와줄 수 있다 말하고, 예전에 당신이 도와
준 일에 대한 대가로 도와달라고 청하라. 삼각형은 이렇게 상부상조

하는 관계에 익숙하다. 자신에게 득이 된 일에 대해서는 그만큼 보상을 한다.

문제3: "하든지 말든지 결정해!" 삼각형은 참을성이 없다. 결정을 잘 내리지 못하고 우유부단한 사람은 존중하지 않는다.

해결책: 삼각형이 내 얘기를 들어줄 거라고 생각하지 말라. 스스로 심사숙고하여 해결한 문제를 들고 삼각형을 찾아가라. 삼각형이 동의할 수 있는 명쾌한 행동노선을 보여준다면 삼각형은 쉽게 당신을 지지할 것이다.

문제4: "요점만 말하세요." 삼각형은 성격이 급한 결과지향적인 사람이다. 그래서 박스형처럼 사소한 일에 흥분하여 장황하게 논하는 일을 좋아하지 않는다. 또 원형처럼 말이 많은 것도 싫어한다.

해결책: 삼각형에게는 간단명료하게 정보를 설명하라.

문제5: "더 이상 기다릴 수 없는데… 빨리 움직입시다!" 고집이 센 삼각형이라면 무슨 일이든 이렇게 독단적으로 처리하려고 한다. 삼각형은 충동적으로 행동하기 쉬우며, 일을 처리하는 과정에서 사람들을 억압하기도 한다. 삼각형은 협력하여 일할 줄 알아야 하며, 체계 있게 목표에 달성해 가는 법도 알 필요가 있다. 삼각형은 결과를 뒷받침해 줄 정보도 없는데 너무나 빨리 결정을 내린다는 단점이 있다.

해결책: 삼각형에게 관리제도나 프로젝트 계획을 세우는 훈련 프로그램에 참가해보라고 제안하라. 아마도 박스형이 가르치게 될 그 프로그램을 삼각형은 지겨워 할 게 뻔하지만 체계적으로 순서에 따라 일을 처리하는 원리를 배우게 될 것이다.

문제6: "나만 믿으세요." 삼각형이 이렇게 말한다고 해서 모든 일을 책임진다는 뜻은 아니다. 왜? 그 일이 삼각형 자신에게 이득이 되지 않기 때문이다. 자신에게 유리한 점이 없다면 삼각형은 앉아서 방관할 것이다.

해결책: 삼각형에게 이득이 될 일이라는 확신을 심어줘라. 그러면 당신은 적극적인 협조와 더불어 실질적인 지지자를 얻는, 기대 이상의 지원을 받게 될 것이다.

문제7: "지금은 시기가 좋지 않아." 이 말은 삼각형의 정치적 접근 능력을 말해주는 결정적 증거다. 삼각형은 정치에 대한 '육감' 이 있다.

해결책: 이 문제에 관한 한 삼각형을 믿어라. 정치에 관한 의견은 대부분 맞는 편이다. 기다렸다가 조언을 구하면 삼각형이 힘을 실어줄 것이다. 먼저 삼각형과 당신의 정치상황을 점검해보고 당신의 제안이 주의를 끌 수 있다는 확신을 갖는 게 중요하다.

문제8: "이제 당신 차례다." 삼각형은 당신을 시험하고 있다. 세상은 거대한 체스 게임과 같다. 이제 당신의 능력을 보여줄 차례다. 삼각형은 자신이 한 수 위에 있다고 생각한다.

해결책: 실행에 옮겨라. 충분히 준비가 되었을 때 행동으로 옮겨라. 삼각형의 지배하에 있지 말라.

문제9: "부탁이 있어요." 삼각형이 급하게 사무실로 들어와 문을 닫고 하는 말이다.

해결책: 조심하라. 어떤 부탁을 하는지 조심스럽게 들어봐라. 당신을 곤란에 빠뜨리려는 함정일 수 있다. 부탁을 들어주기로 했다면 다음과 같이 간단명료하게 말하고 협상을 끝내라. "당신, 나한테 빚진 거예요!" 삼각형은 타협에 필요한 거래를 할 줄 아는 수단가이다.

삼각형 유형의 사람과 지내는 방법을 잘 안다면 함께 일하기에 그리 어려운 상대는 아니다. 하지만 이 유형의 사람을 제대로 파악하지 못하면 삼각형은 당신을 지배하고 교묘하게 궁지에 몰아넣을 수 있다. 삼각형과 일하면서 어느 정도의 의심은 필요하다. 명심하라. 삼각형은 항상 '1인자'를 경계하고 있다.

❯ 삼각형 상사

누구나 주의 깊게 읽을 필요가 있는 부분이다. 상사 대부분이 어떤 다른 유형보다 삼각형에 가깝기 때문이다. 대부분의 상사는 진정한 삼각형이 아니라 삼각형과 비슷하다. 미국에서는 리더십을 발휘해야 하는 위치에 있는 사람들에게 삼각형처럼 행동하길 촉구하고 있다. 상사가 실제로 삼각형 유형이든 아니든 상관없이 상사는 대체로 삼각형의 성격을 보여준다. 현재 상사가 진정한 삼각형인지를 알 수 있는 방법을 알아보자.

리더의 위치에 있을 때 꼭 삼각형처럼 가장하고 있는 두 유형은 바로 직사각형과 박스형이다. 직사각형은 과도기에 처해 있는 사람이다. 강경한 태도를 취했다가 갑자기 모든 상황을 회피하기도 한다. 직사각형은 자신이 어떻게 처신해야 하는지 잘 모르는 유형으로, 어느 날은 삼각형처럼 단호하게 행동하다가, 어떤 날은 원형이나 지그재그형처럼 행동하기도 한다.

삼각형을 모방하기 쉬운 유형은 현재 권위 있는 위치를 차지하고 있는 박스형이다. 실제로 자신이 삼각형이라고 믿고 있는 박스형 유형의 사람이 많다. 하지만 결국 대부분 박스형으로 밝혀질 것이다. 위기에 처했을 때 박스형의 본성이 나온다. 삼각형처럼 문제를 재빨리 해결하기보다는 발을 동동 구르며 일이 저절로 해결되기만을 바라고 있다.

또한 박스형은 꼼꼼하며 모든 것을 문서화해야 한다는 점에서 삼각형과 다르다. 삼각형은 위기관리 능력이 뛰어나고, 일일이 문서로 정리하는 것을 싫어한다. 또 삼각형이 자신의 명예를 중시한다면, 박스형은 팀의 구성원으로서 일을 잘 해낸다.

삼각형 상사의 강점과 약점

【강점】 1. 맡은 일을 훌륭하게 해낸다.

2. 삶의 신조는 '열심히 일하고 열심히 놀자' 이다.

3. 모든 일에 적극적이다.

4. 정치적 책략이 뛰어나다(당신의 부서를 훤히 꿰뚫고 있을 것이다).

5. 목표가 확실하다.

6. 결정이 확고하다.

7. 위기 대처능력이 탁월하다.

8. 두 번의 기회는 주지만 세 번은 주지 않는다.

【약점】 1. 아침 7시부터 저녁 7시까지 오랫동안 일만 한다.

2. 실수가 없으며, 실수를 용납하지도 않는다.

3. 멋져 보여야 한다(모범적이기보다는 멋있어 보여야 한다).

4. 자신의 실수를 인정하지 않는다.

5. 업무의 권한을 위임했지만, 인정은 자신이 받는다.

6. 충동적으로 빠른 결정을 내린다.

7. 좋은 일에 인색하다. 자신과 사람들 모두에게 냉혹하다.

8. 중단이 없다. 일을 하든 놀든 언제나 능력 이상의 힘을 발휘한다. 추진력이 넘친다.

삼각형 상사에게 인정받으려면

1. 일을 훌륭하게 수행하라.

2. 정규 근무시간 외에 시간을 남겨둬라. 야근을 하거나 저녁 약속을 취소하는 정도의 희생은 감수한다.

3. 팀 내에서 리더십을 발휘하라.

4. 키와니스 클럽(사업가들의 봉사단체)이나 미국 여성직업인협회 같은 외부단체에서도 리더십을 발휘하라.

5. 항상 삼각형 상사와 함께 신용을 얻어라.

6. 적기에 상사에게 정보를 제공하라(삼각형은 다른 곳에서 나쁜 소식을 전해 듣고 싶어 하지 않는다).

7. 삼각형 상사를 피하지 말라(이 거대한 상사의 힘이 미치지 않는 곳은 없다).

8. 팀을 헐뜯지 말라.

9. 사교 행사에서 능통한 전문가의 모습을 보여줘라(높은 위치에 있을

수록 이런 모습이 중요하다. 정치적으로 정통해 있다는 사실을 보여주기 때문이다).

10. 문서든 대화든 모든 소통은 직접적이고 간결하게 하라.

마지막으로, 삼각형 상사와 함께 일하고 있다면 삼각형 상사에게 "저 사람도 나랑 비슷하네"라는 인상을 심어주라는 조언을 하고 싶다. 여태까지 삼각형 상사가 직원들을 승진시킨 전형적인 방식이다. 자신의 능력을 높이 인정받고 싶은 삼각형은 자신처럼 행동하고 사고하는 사람들을 칭찬할 것이다. 삼각형 상사는 이 직원들에게 승진으로 보상을 해줄 것이다. 당신도 그 기회를 놓치지 말라.

〉 삼각형 고객

삼각형 고객의 특징

1. 평상시에도 비싼 옷을 입는다.

2. 예전에 와본 것처럼 자연스럽게 행동한다.

3. 시선을 집중한다.

4. 힘껏 악수를 한다.

5. 뒤늦게 생각난 듯이 무심코 질문을 한다.

6. 어색한 분위기를 깰 수 있는 재치 있는 대화를 건넨다.

7. 전시되어 있는 상품을 한 번 둘러보고 상황판단을 빨리 한다.

8. 여유 있어 보이지만 시간에 쫓기고 있다.

9. 자료를 읽을 여유가 없으므로 상품과 서비스에 관한 설명을 듣길 바란다.

10. 권력과 계급의식이 강하다. 일반 판매원은 삼각형 고객에게 위압감을 느낀다.

삼각형 고객에게 물건 팔기

1. 협상할 준비를 하고 있어라. 삼각형은 처음에 바로 구매하지 않는다. 가격이 협상되지 않으면 장비설치라도 무료로 해달라고 요구한다.

2. 신속하게 말하라. 삼각형은 바쁜 사람이다.

3. 필요한 사항만 말하라.

4. 중요한 특징만 강조하되 단점도 한 가지는 언급하라. 삼각형은 솔직한 사람을 신뢰한다.

5. 질문에 솔직하게 답하라. 삼각형 고객의 지식을 우습게 여기지 말라.

6. 삼각형 고객에게만 집중하라. 자신에게만 신경써주길 바란다.

7. 상품을 산 고객의 이름 말고 지위로 불러줘라.

8. 실적을 보여줘라. 삼각형은 성공한 사람들과 교류하고 있는지 알고 싶어 한다.

9. 상점 몇 군데를 방문하여 상품의 가격이나 품질을 비교해라. 삼각형과 거래하는 주요 경쟁사 한 곳은 있을 것이다. 그곳을 알아내서 더 많이 팔아라.

10. 빨리, 그리고 직접 판매하라. 삼각형은 용기와 대담성을 중시한다.

충동적으로 결정하고 바로 그 자리에서 사기도 한다. 물론 잘못 샀다는 생각이 들면 즉시 교환한다.

주의 ➤➤ 삼각형이 단골로 가는 곳은 없다. 품질이 최상이고 만족스런 거래가 성사되는 곳으로 간다. 한편, 충동적으로 구매를 하거나 일류 메이커의 제품을 선호하는 경향은 있다. 이러한 삼각형 고객의 성향을 잘 파악하고 있어야 한다.

삼각형 고객에게 상품을 팔려는 판매원이나 삼각형을 가장한 박스형을 만족시키려는 부하 직원이나 상황은 모두 마찬가지다. 삼각형은 자신의 이익만을 채운다. 이런 삼각형의 성향을 파악하고 있다면 삼각형의 영향력을 제어할 수 있다.

삼각형은 일할 때 솔직하고 자신감이 넘칠 것이다. 삼각형은 세상에 영향을 미칠 만큼 배짱 두둑한 사람이다. 삼각형은 어느 누구보다 대담하다. 자신이 선택한 일은 위험을 무릅쓰고서라도 반드시 성공한다. 만일 당신이 삼각형에게 편승했다면 바로 승진할 수 있는 빠르고 확실한 위치를 선택한 것이다(그러나 삼각형은 올라간 만큼 극단적으로 떨어질 가능성도 있다). 다행히도 삼각형을 모방한 박스형이 아닌 진정한 삼각형은 정상에 올라가서 자신의 자리를 유지하는 법을 잘 알고 있다.

삼각형은 특히 일과 관련되었을 때 사람들을 쉽게 믿지 않는다. 그래서 사람들과 감정적 교류를 나누지 않는다. 나중에 성공을 위해 이들을 배신해야 할지도 모르기 때문이다. 삼각형은 일 외에는 어떤 것도, 어느 누구도 중요치 않다. 그러니 조심하고, 당신 자신부터 보호하라. 삼각형처럼 경쟁적이고 존경받는 사람을 방해하면 치명적인 위험에 처할 수 있다. 조금 떨어져서 존경하는 게 최상이다.

09 삼각형과 스트레스

□ △ ▯ ○ ⟋⟍

　이렇게 많은 지면을 할애하여 스트레스란 주제에 관해 논의한다는 게 의아할 수도 있다. 다섯 유형 중에서 삼각형은 스스로 스트레스 받는 삶을 택했을 가능성이 가장 큰 유형이다. 삼각형은 일이 과중하게 많은 때 자신을 최대의 적으로 만들곤 한다. 삼각형 유형의 사람들 대부분이 마감기한이 임박했거나 삶에서 긴장이 고조될 때 가장 만족스럽다고 말한다. 삼각형 상사의 부하 직원은 사무실에서 모든 일이 순조롭게 진행될 때 오히려 상사가 가장 불안해한다고 말한다. 위기에 처했을 때 삼각형 상사는 최대한 능력을 발휘한다.

　이러한 삼각형의 성향은 어디에서나 나타난다. 삼각형은 바로 실행하는 사람이다. 모든 것을 관리 감독하고, 위기상황을 해결하는 것에 만족한다. 직장이든 집에서든 위기관리 능력이 뛰어나다.

　물론 능률적으로 삶을 이끌어가기 위해 어느 정도 긴장은 필요하다. 긴장할 일이 없다면 지겹고 무기력해져서 활기 없고 도전 없는 삶이 된다. 반면에 긴장만 연속된다면 사람은 스트레스를 너무 많이 받아 배겨낼 수 없다. 사람은 누구나 더 이상 버틸 수 없는 인내의 한계점이 있다.

그런데 다른 사람에 비해 훨씬 활동량이 많고 복잡한 일이 많은 데도 잘 견뎌내는 사람들이 있다. 이들은 인내심이 상당히 높은 사람들로, 오히려 일을 더 찾기도 한다. 심리학 연구에서 이런 성향의 사람들을 '자극 추구자' 혹은 'A 타입'에 속한다고 한다. 삼각형이 바로 이런 유형에 속하는 사람이다. 삼각형 상사가 아무 일도 없이 평온할 때, 박스형은 술에 취하고 싶다.

그러니 삼각형의 성향을 잘 파악하려면 이번 장을 주의 깊게 읽어야 한다. 삼각형 유형의 사람들은 일이 잘 진행되지 않을 때 뿐만 아니라 일이 너무나 순조롭게 진행되는 두 가지 대립적인 상황에서 스트레스를 받는다. 첫 번째 상황은 삼각형이 조절하지 못해서 주로 발생하지만, 두 번째는 삼각형이 무리하게 일을 많이 해서 자초한 결과다. 삼각형이 지배력을 상실하면 망연자실하게 된다. 이처럼 삼각형에게는 자신이 최대의 적이다.

스트레스를 받으면 삼각형은

1. **광적으로 행동한다.** 삼각형은 집중력이 높은 사람으로 일이 어렵게 진행될수록 더 강해진다. 항상 한 가지 이상의 일을 맡고 있으면서도 자신이 맡은 일에 대해서는 최선을 다한다. 그래서 일을 하든 놀든 두 배로 힘이 든다.

2. 화를 낸다. 삼각형은 자신이 감당하기 힘든 일을 해야 할 때 물러서지 않고 화를 낸다. 이럴 때는 삼각형을 멀리하는 게 좋다.

3. 단정하지 못하다. 삼각형은 항상 차분하고 정돈된 모습으로 일을 한다. 이런 모습이 아니라면 뭔가 일이 잘 되지 않고 있다는 증거다.

4. 습관의 정도가 더 심해진다. 평소 흡연을 하거나 음주를 즐기는 삼각형이라면 아마 스트레스를 받을 때 그 정도가 더 심해진다. 어떤 습관이든 최고조에 달한다.

5. 모든 일에 위선적이다. 삼각형이 스트레스를 받았을 때는 어떤 노력을 해도 풀어주기 힘들다.

6. 동작이 부자연스럽다. 어떤 상황에서든 삼각형의 부자연스러운 행동은 아주 드문 일이다.

7. 성격이 급해진다. 어떤 일을 바로 해결할 수 없을 때 삼각형은 "원래 어제 필요했었어" 라고 변명한다.

8. 욕을 한다. 남성일 경우 스트레스 받았을 때 만취한 선원처럼 굴기도 한다. 여성의 경우 남자들처럼 술에 취하거나 운다. 삼각형이 통제력을 상실했을 때 나타나는 참담한 모습이다.

9. 자주 아프다. 스트레스를 받으면 몸 상태도 나빠지게 마련이다. 누구나 스트레스 받고 있을 때는 아프기 쉽다.

10. 친구나 가족을 멀리 한다. 이런 행동은 아주 해롭다. 스트레스를 받았을 때는 어느 때보다 주위 사람들의 격려가 필요한 시기이다. 삼각형은 자존심 때문에 자신을 잘 아는 사람들을 피한다. 사람들이 자신에 대한 존경심을 잃을까봐 두려워 능력 없는 사

람이라는 사실을 알리고 싶어 하지 않는다.

삼각형의 스트레스 원인

삼각형이 스트레스를 받는 주원인은 바로 일이다. 일이 유일한 원인이다. 다른 유형의 사람들은 일보다 인간관계로 인한 스트레스를 많이 받는다. 하지만 삼각형은 예외다. 사람들이 자신의 능력과 성과를 인정해주길 바라면서, 원만한 가족관계는 다른 유형의 사람들만큼 중요하게 여기지 않는다. 삼각형 유형의 사람은 혼자 살아갈 수 있는 능력이 가장 뛰어나다. 이와 같은 이유로 삼각형은 일과 관련되었을 때 스트레스를 가장 많이 받는다.

1. 지배력 상실. 삼각형이 스트레스를 받는 가장 큰 원인은 지배력을 잃었을 때이다. 삼각형은 지배해야 하는 사람이다. 통제력을 상실하면 다시 고통스러운 직사각형의 과도기에 처하게 된다.

2. 목표 의식의 상실. 삼각형을 아주 쇠약하게 만드는 원인이다. 목표는 언제나 확실해야 한다.

3. 지위의 상실. 자신의 위치에서 강등되면 삼각형은 지위를 되찾으려고 노력한다.

4. 실패. 삼각형은 냉정하게 실패를 극복할 능력도 있지만, 실패하지 않으려고 열심히 노력한다.

5. 능력이 부족한 직원. 부하 직원이나 동료들이 일을 할 만한 자격이 갖추어져 있지 않다면 삼각형 상사는 절망에 빠진다.

6. 규칙 변경. 삼각형이 규칙을 바꾼 경우라면 괜찮지만 회사가 인계되어 새로운 대표가 규칙을 변경한다면 삼각형에게 아주 혼란

스럽고 위협적인 결과이다.

7. 승산이 없는 상황. 삼각형은 이겨야 한다. 자신이 궁지에 몰리면 삼각형은 아주 괴로워한다(다행히 삼각형은 정치적인 수완이 뛰어나기 때문에 곤경에 처하는 경우가 거의 없다).

8. 적성에 맞지 않는 일. 현상유지만을 고집하는 조직은 삼각형에게 맞지 않는다. 이런 조직은 마치 정부처럼 변화는 늦게 받아들이고 과거 모습 그대로 유지하려고 한다. 이처럼 변함없는 환경에서 일을 잘 하는 유형은 박스형이다. 삼각형에게는 다양한 변화가 필요하다.

9. 궂은 일. 삼각형은 훌륭한 관리자로 부서마다 돌아다니면서 일을 해결하곤 한다. 하지만 속으로는 자신의 조직에서 우세한 위치를 오랫동안 차지하고 싶어 한다.

10. 휴가. 삼각형은 휴가를 즐기지 않는다. 오후 내내 햇볕 아래에서 해변이나 휴대용 의자에 누워 있는 일은 너무나 지루하다. 삼각형이 활동하는 모든 곳에 항상 경쟁이 있다. 만일 삼각형이 며칠 동안 일에서 벗어나기로 결정했다면 스키 클럽과 산으로 가거나 주말 선박 여행을 간다. 아니면 며칠 동안 진행되는 광란의 파티에 참석하거나 라스베이거스로 호화 유람 여행을 갈 것이다(삼각형은 도박에 빠지는 경우가 종종 있다).

삼각형에게 스트레스를 주는 유형

누구에게나 있듯이 삼각형의 심기를 건드리는 유형의 사람이 있다. 그러나 삼각형이 권위 있는 자리에 있으면 마음에 들지 않는 사람들도 봐줄 수 있다. 삼각형에게 스트레스를 주는 유형을 순서대로 말하면 지그재그형, 직사각형, 원형 순이다.

1. **지그재그형.** 앞으로 알게 될 테지만 지그재그형은 다섯 유형 중에서 가장 집중력이 약하고 조직력이 없는 사람이다. 이리 저리 정신없는 행동으로 삼각형을 미치게 만든다. 삼각형은 좌뇌형으로 집중력이 뛰어난 반면, 지그재그형은 우뇌형으로 집중력이 가장 약하다.

   삼각형이 지그재그형과 충돌하는 원인이 또 하나 있다. 삼각형은 다섯 유형 중에서 가장 뛰어난 사람이다. 그렇지만 지그재그형도 아이디어를 내는 일에 관한 한 삼각형만큼 뛰어난 능력을 발휘한다. 지그재그형은 아이디어가 풍부한 사람이다. 삼각형이 지그재그형의 아이디어에 동의하지 않으면 격한 논쟁을 불러일으킨다. 접전을 벌이지만 행운은 삼각형 편이다. 지그재그형이 먼저 포기할 것이기 때문이다. 삼각형은 어떤 경쟁상대라도 이길 때까지 끈질기게 버틴다.

2. **직사각형.** 삼각형과 좋은 점도 있고, 나쁜 점도 있다. 자신에게 확신이 없는 직사각형 유형의 사람은 삼각형과 잘 맞지 않는다. 삼각형은 우유부단한 사람을 신뢰하지 않는다.

   좋은 점은 삼각형은 사람들을 이끌어가길 좋아하고, 직사각형은 삼각형을 따르는 더할 나위 없는 지원자라는 데 있다. 직사각형은 삼각형처럼 세력 있는 사람을 따라 쉽게 좌지우지될 수 있다. 삼각형이 직사각형을 조정할 수 있겠다 싶으면 스트레스는 줄어든다. 힘의 균형이 조절되면 삼각형은 다시 통제하기 시작한다.

3. 원형. 삼각형은 원형을 삶의 비밀병기로 여긴다. 원형은 자신을 희생하여 상대의 힘을 북돋워주는 인내심이 강한 배우자다. 하지만 만일 이런 관계에서 삼각형이 자책감을 느낀다면 오히려 더 스트레스를 받을 수 있다(당신을 대학에 들어갈 수 있도록 단련시킨 사람이 누구인지 떠올려 보라. 당연히 원형이 보조의 역할을 했다).

삼각형과 원형은 직장에서 충돌하기도 한다. 원형은 직장에서 사교적으로 지내는 반면, 삼각형은 일만 고집한다. 그래서 삼각형은 원형이 너무 사적이고 일을 신중하게 처리하지 않는 사람이라고 비난하곤 한다. 원형이 점심시간이 너무 길고, 일하는 중간에 사적인 전화를 너무 많이 하는 것도 불만이다. 삼각형이 상사라면 당장 이런 짓을 하지 못하게 해서 원형을 괴롭힐 것이다. 이 둘은 단지 일의 목적이 다를 뿐이다.

▷ 삼각형의 스트레스 해소 단계

1단계 - 회피

1. 스트레스를 인정하지 않는다. 전형적인 'A 타입'으로, 삼각형은 일하다가 심장마비로 책상에 쓰러져 갑자기 죽을 수 있는 사람이다. 매일 자신의 한계에 다다를 때까지 일하고, 초반에 몸에 이상이 오는 위험신호를 무시한다.

2. 남을 비난한다. 삼각형은 다른 사람을 비난하거나 괜히 장소 탓을

한다.

3. 속도를 높인다. 일이 잘 풀리지 않으면 삼각형은 더 열심히 일한다. 처음에 스트레스를 받으면 작업 능률을 올리려고 애쓸 것이다.

4. 체력을 탓한다. 이미 체력의 한계에 다다른 상태인데 일이 잘 안 풀릴 때 삼각형은 자기 체력 탓을 한다. 일을 너무 급하게 처리하다 보면 피로감을 느끼는 경우가 많다.

5. 사회활동 거부. 자신이 선호하는 환경에서 삼각형은 주위 사람과도 즐거운 시간을 보낸다. 하지만 과중한 업무를 할 때는 무엇보다 일이 우선이다. 일이 가장 중요하다.

2단계 – 인식

삼각형이 스스로 스트레스를 받고 있다고 인정하면 스트레스를 해소할 수 있는 방법은 이미 마련되어 있다. 불행히도 대처하기에 너무 늦은 경우도 있다. 이미 삼각형은 심장발작을 일으켰거나 직장을 잃고 친구나 가족을 멀리 하고 있다.

1. 격한 운동. 삼각형 유형의 사람이 처음으로 스트레스를 느꼈을 때 하는 행동으로, 좋은 방법이라고 할 수 있다. 운동량을 늘림으로써 스트레스를 해소할 수 있다. 하지만 너무 과도한 운동은 좋지 않다.

2. 공신력 있는 스트레스 지수 테스트. 의학적 전문지식을 이용한 스트레스 테스트가 스트레스를 줄이는 효과적인 방법 중 하나다. 회사마다 전문 스트레스 테스트 방법이 있으며, 정기적으로 임원들이나 중간 관리자들이 테스트를 받는다. 스트레스를 받아

나타나는 육체적 문제를 정확하게 지적할 수 있다.

3. 의사의 지시. 삼각형은 자신의 전문 분야가 아닌 일을 할 때 그 문제를 해결하기 위해 회계사나 변호사 등 전문가에게 조언을 구할 줄 안다. 이런 삼각형이 스트레스를 인식하면 의학적인 조언을 구하고, 그 순간만큼은 조언에 충실히 따른다.

4. 건강. 안타깝게도 삼각형은 자신의 능력을 과신하고 있다. 큰 수술 후 며칠 되지도 않아 일하는 사람이다. 적당히 쉴 줄도 알아야 한다.

삼각형의 스트레스를 풀어주려면

1. 아이에게 하듯 균형 잡힌 식사와 충분한 수면을 취할 수 있도록 한다. 삼각형은 주로 점심을 거르고 저녁에 과식을 하며, 밤새도록 일할 수 있는 사람이다.

2. 스트레스 받았을 때 보이는 증상을 주시하라. 삼각형이 스트레스를 받을 때 나타나는 여러 가지 증상이 있었는데, 증상이 하나 정도 나타나면 괜찮지만 두세 가지가 같이 나타나면 심각한 문제를 초래할 수 있다.

3. 평정을 되찾을 수 있는 신호를 만들라. 팔꿈치를 툭툭 치거나 눈썹을 살짝 올리거나 헛기침을 하기도 하고, 한두 마디 소곤거리는 방법 등이 있다. 이런 신호를 만들어 삼각형이 흥분을 가라앉히도록 한다.

4. 유머를 이용하라. 재치 있고 눈치 빠른 삼각형에게 좋은 방법이 될 수 있다. 유머는 긴장을 푸는데 큰 도움을 준다.

5. 환경을 바꿔라. 주말 동안만이라도 잠시 사나운 맹수를 진정시킬 수 있다.

6. 오랜 친구들을 만날 기회를 만들라. 그리 바쁘지 않을 때 가끔 어린 시절을 회상해 보는 것도 좋다. 동창회가 이런 역할을 한다.

7. 에너지를 다른 곳에 쏟도록 유도하라. 삼각형에게 현재 일하고 있는 곳에서 벗어나 새로운 프로젝트에 참여해보라고 권하라. 자선단체나 청소년 선도운동에 참여하면 일에 대한 부담을 덜 수 있을 것이다.

8. 배우자나 친구는 삶에 지친 삼각형에게 혹독한 실패를 겪은 사람이 기대 이상의 성과를 거두는 내용을 다룬 영화나 연극을 보여줘라. 〈월스트리트〉나 〈브로드캐스트 뉴스〉 같은 영화가 적당하다. 〈케인호의 반란〉, 〈맥베스〉, 〈스크루지〉 같은 문학작품에는 어느 누구보다 뛰어난 삼각형의 이야기가 나와 있다. 다른 사람들이 겪는 문제를 보고 자신을 되돌아볼 수 있다.

9. 삼각형이 일상에서 벗어나 쉴 수 있는 곳으로 연수를 보내라. 훌륭한 시설을 갖춘 곳이 많다. '스트레스 관리'라는 제목이 붙은 곳도 있다. 책이나 테이프를 이용해도 된다.

10. 사람을 신뢰하는 법을 알려줘라. 자기충족만을 추구하는 삼각형에게는 어려운 일일 수 있다. 하지만 누구나 주위 사람들을 의지하며 살아간다. 스트레스 받고 있을 때 삼각형도 대화하고 자신을 도와줄 사람이 필요하다. 삼각형은 현재뿐만 아니라 미래에도 남에게 의지하는 법을 배워야 한다.

삼각형이 가장 편안해 할 때

1. 어떤 상황을 통제하고 있을 때

2. 단체에서 인정하는 대표자로 있을 때

3. 사람들이 자신을 의지할 때

4. 어떤 위기를 자신이 해결할 수 있을 때

5. 규칙을 정할 수 있는 위치에 있을 때

6. 일의 시작과 끝을 조정할 때

7. 영향력 있는 인물들이 자신의 의견을 따를 때

8. 세력 있는 그룹의 구성원일 때

9. 상을 받는 등 인정받을 때

10. 상사나 동료, 부하 직원의 존경을 받을 때

|Final Note| 박스형처럼 삼각형도 직장에서 일을 수행하는데 있어 굉장히 영향력 있는 위치를 차지하고 있다. 하지만 박스형과 다른 점은 삼각형은 모든 일을 자신이 책임지고 싶어 한다는 것이다. 저돌적으로 일을 추진해가는 삼각형은 속도를 늦춰야 할 때를 모르고, 또한 자신도 모르게 스며든 스트레스를 해소할 줄도 모른다. 만약 당신이 삼각형 유형에 속한다면 초기에 스트레스를 받았을 때 나타나는 증상들을 유심히 살펴라. 현재 삼각형을 지지하고 있는 사람이라면 스트레스 받은 삼각형을 도와줄 수 있다. 열심히 일하고 놀자는 철학을 가진 전형적인 삼각형에게는 어려운 일이겠지만 속도를 늦추고 여유를 가질 수 있도록 독려하라. 삼각형은 자신의 행복을 위해 다른 사람들의 말에 귀 기울이고, 여유를 부리고, 도움을 받을 줄도 알아야 한다.

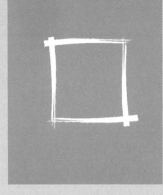

제3부

갈팡질팡 직사각형

10 지금은 과도기 직사각형

□ △ ▯ ○ ⁄⁄⁄

신　조 : 저 무지개 끝에는 황금단지가 있을 거야. 난 알 수 있어.

속마음 : 내 인생에 더 좋은 일이 생길 거야. 그 일이 무엇인지 찾아내고 얻어
내는 방법을 알아낸다면 말이야.

직사각형은 자기 자신을 잘 안다. 그러니 앞으로 나올 내용이 그리
놀랍지 않을 것이다. 오히려 자신이 직사각형에 속한다는 사실에 아
주 기뻐한다. 이들은 자신이 왜 이렇게 별스럽고 산만하며, 진정한 자
신의 모습이 무엇인지 계속 궁금해 하고 있었다. 자신을 직사각형이
라고 인정하면 현재 나타나고 있는 이런 변화의 모습을 이해할 수 있
을 것이다. 직사각형에 속하는 사람은 앞으로의 내용을 읽어나가면
서 다른 유형보다 더 많은 사실들을 알게 될 것이며, 이 안내서가 가
장 유용하게 느껴질 것이다.

▶ 직사각형이란

직사각형은 스스로 자신이 과도기에 처해 있다고 말한다. 직사각형에게 어떤 중요한 변화가 일어날 때 나타나는 증상들이 있다. 이미 마음은 평정을 잃은 상태이다. 매일 놀라울 정도로 활기차지만 동시에 혼란에 빠져 있다. 개인적으로 겪고 있는 변화일 수도 있고, 직장을 옮기는 중일 수도 있다. 혹은 개인적, 사회적으로 모두 변화를 겪고 있을 수도 있다.

직사각형은 과도기 동안 끈기 없고, 예측할 수 없는 사람이 된다. 계속 뭔가를 찾고 성장해 나간다. 이들은 일상생활과 직장에서 새로운 것을 찾는다. 새로운 뭔가를 항상 시도하고 있다. 혹시 이렇게 새로운 것을 추구하는 사람이라면 직사각형을 의지해도 좋다. 직사각형 유형의 사람은 매일 매일 변화의 기복이 크다. 그래서 좀 더 자세히 살펴보면 그 사람에게 직사각형 말고 다른 네 유형의 특징도 볼 수 있을 것이다. 항상 더 나은 뭔가를 원하는 직사각형은 과도기에 접어들었을 때 자긍심이 낮아져 힘들어 한다.

직사각형이 과도기에 보이는 가장 바람직한 특징은 새로운 것을 발견하는 과정에서 나오는 용기와 호기심이다. 직사각형은 예전에 경험하지 못한 새로운 것에 도전한다. 또한 용기가 없어 물어보지 못한 질문도 해볼 것이다. 실제로 과도기에 직사각형은 마음을 열고 어떤 것에도 쉽게 영향 받을 수 있으며, 누군가의 조정을 받기도 한다. 그러니 직사각형은 이에 대비해야 한다.

직사각형의 특징

언어

주로 쓰는 단어 설명하다, 기다리다, 분석하다, 고려하다, 불확실한, 아마도, 양자택일, 선택권, 왜?

주로 하는 말 "난… 그렇게 생각해."

"그것에 대해서 당신은 어떻게 생각하십니까?"

"결정 못하겠어요."

"아주 새로운 방법을 찾아야겠어요."

"왜 이런 식으로 해야 하죠?"

"이게 중요한가요? 적어야 하나요?"

외모

남성과 여성 매일 변화를 준다. 오늘은 정장을 입고, 내일은 와이셔 츠 차림이나 미니스커트를 입는다. 과도기 때 남자는 수염과 콧수염 을 기르고, 여자의 경우 머리 모양을 확 바꾸기도 한다. 선형인 직사 각형은 스스로 변화할 계획을 세운다. 돈을 흥청망청 쓰거나 밤새 옷 장을 완전히 다시 정리하기도 한다. 남들 눈에는 분별없어 보이지만, 직사각형은 자신이 세운 모든 계획을 수행하고 있는 중이다.

직사각형의 행동은 예측할 수 없다. 유동적인 상태로, 나머지 네 유 형의 기본 모습 중 어느 하나에도 속하지 않는 사람이다(나는 스타일 이 완전히 다른 신발을 신고 출근하는 직사각형 유형의 한 여성을 알고 있다). 또 어떤 직사각형 유형의 남자는 다양한 모자를 가지고 있는데, 이는 매일 모자를 바꿔 쓴다는 사실을 의미한다.

사무실

사무실에는 직사각형의 혼란스런 심리상태를 보여주는 결정적인 증거들이 많다. 컴퓨터가 정원 한가운데 있기도 하며, 가족사진은 책상 뒤에 떨어져 있다. 멀쩡한 서류가 어떤 날은 쓰레기통에 들어 있기도 해서 수위가 그 쓰레기통에서 중요한 메모를 발견하기도 한다. 소지품은 어디에 두었는지 전혀 모를 때가 많다. 서류 캐비닛에 어제 점심이 들어있을 수도 있고, 그 캐비닛 문 뒤에는 세탁해야 할 옷이 떨어져 있기도 하다. 사무실에는 여러 개의 우산이 있을 것이다. 비가 올 때마다 새 우산을 사야 했으니까. 책상 위에는 볼펜, 연필, 형광펜 등 각종 필기구들이 널려 있다. 직사각형은 처음으로 자기 사무실이 생겼다는 사실에 굉장히 자랑스러워한다. 처음에 사무실을 꾸밀 때 상사인 삼각형을 따라 한다. 하지만 여전히 박스형의 영향을 강하게 받는 직사각형에게는 삼각형과 박스형의 모습이 뒤섞여 있다.

습관

1. 잘 잊어버린다. 직사각형은 물건을 잘못 두거나 회의에 필요한 중요한 서류를 빠뜨리고 오기도 한다. 너무나 많은 일이 발생하기 때문에 이 모든 일을 빠짐없이 관리하기란 힘들다.
2. 불안해한다. 자신이 어떻게 처신해야 할지 모르는 곤란한 상황일 때 직사각형은 초조해한다.

3. 너무 느리거나 빠르다. 정말 변덕스러운 사람이다.

4. 강박관념에 사로잡힌다. 과도기 때는 과식이나 과음을 하고, 담배도 많이 피운다.

5. 갑자기 감정을 표출한다. 수일 동안 쌓아두었던 감정을 갑자기 주위 사람들에게 내뱉는다.

6. 쓸모없는 잡동사니를 모두 모아둔다. 직사각형은 언제 무엇이 필요할지에 대비하여 무엇이든 모아둔다. 필요 없는 것을 버릴 줄 모른다.

7. 의견대립이 생길 것 같으면 피해버린다. 자신이 어떻게 처신해야 하는지 확신이 서지 않을 때 나타나는 현상이다. 자신 말고 문제를 더 잘 해결할 수 있는 사람에게 의지한다.

8. 변화가 많다. 소소한 일에 이르기까지 쉴 새 없이 모든 것에 변화를 준다. 예를 들어 오늘은 담배를 피우고, 다음날은 일부러 담배를 끊는다. 직사각형과 함께 일하고 있다면 롤러코스터를 탈 수도 있다는 기분으로 대비하고 있어라.

9. 직사각형은 작은 모임보다 대규모 모임을 좋아한다. 큰 모임에서 자신의 본모습을 숨길 수 있다고 생각한다. 직사각형은 결정을 잘 내리지 못하고, 잘 모르는 사실에 대해서는 일대 일로 대면하기 싫어한다.

10. 불쑥 의견을 제시한다. 회의 내내 조용히 앉아 있다가 무심코 아이디어를 내는 사람은 아마 직사각형일 것이다. 그러나 때는 이미 지나갔다.

직사각형의 표정과 동작

1. 어설프다. 직사각형은 서투른 모습이 그대로 나타난다. 발에 걸려 넘어지거나 갑자기 문으로 뛰어들기도 한다.

2. 돌출 행동을 한다. 한 쪽 눈을 실룩거리거나 팔이 몸과 따로 움직인다. 머리를 홱 돌리기도 한다.

3. 신경질적인 행동을 자주한다. 헛기침을 하고, 테이블을 쿵쿵 치거나 연필을 톡톡 두드리고, 얼굴을 쓰다듬는다. 긁는 것은 일상이다.

4. 얼굴에 홍조를 띠고 눈물이 어린다.

5. 시선을 이리저리 정신없이 움직인다. 모든 일에 참견하고, 쉬지 않고 이리저리 바쁘게 움직인다. 집중이 필요한 사람의 정신을 흐트러뜨리는 행동이다.

6. 목소리가 크다. 불안할 때 나타나는 증상으로 심하게 귀에 거슬리는 소리를 낸다.

7. 신경질적으로 낄낄대며 웃는다.

8. 말할 때 목소리 고저의 변화가 크고, 속도가 빠르다.

9. 조용하다가 갑자기 활발하게 변하는 등 예상치 못한 행동을 한다.

참고▶▶▶ 직사각형을 제외한 나머지 네 유형은 어떤 모습을 보이는지 읽어보라. 직사각형은 때에 따라 다른 유형처럼 행동한다. 직사각형은 선형으로 박스형이나 삼각형의 특징이 처음에 나타나다가 원형이나 지그재그형의 모습을 보일 수도 있다.

요약

　지금 직사각형은 삶에서 중요한 변화를 겪고 있다. 지금까지 경험해보지 못한 흥분되고 혼란스런 일이 한꺼번에 일어나고 있다. 사람들은 직사각형을 이상하게 보기도 하지만 개의치 말라. 누구나 과도기의 시기가 있으며, 직사각형은 당연한 일을 겪고 있을 뿐이다.

　만일 직사각형이 지금 변화의 시기에 최대한 발휘할 수 있는 능력이 무엇인지 주위 사람들에게 알려준다면 도움이 될 것이다. 그래야 직사각형의 변덕스럽고 예측 못한 행동들에 대해 이해할 것이다. 사람들은 이런 모습을 좋아하지 않을 수도 있지만 굳건히 유지한다면 당연히 받아들일 것이다.

　삶의 과도기에 처한 사람을 너무 나쁘게 보지 말라. 산에 올라가다가 중간에 평평한 곳에서 휴식을 취할 필요도 있다. 안정적인 상태 그대로 머무르는 사람도 있지만 다음 평지에 이르기 위해서는 일어나 다시 올라가야 한다. 이것이 사람이 살아가면서 겪는 일반적인 과정이다. 새로운 곳에 이를 수 있는 선택을 하는 게 좋다. 일을 훌륭히 해내고 후퇴하진 말라. 정상에 이르렀을 때 바라보는 풍경이 얼마나 아름다운지 모를 것이다.

11 직사각형의 가정생활

□△⊓○ᵂᵂ

직사각형에게는 안정적인 가정환경이 가장 필요하다. 감정적인 혼란을 겪고 있는 직사각형이 안정을 취할 수 있는 최적의 장소는 집이다. 직사각형이 과도기에 처해 있긴 하지만 평생 그렇진 않다. 그러나 직사각형과 함께 살고 있는 사람은 더 많은 노력을 기울여 과도기를 잘 극복할 수 있도록 돌봐줘야 한다.

집안 환경이 언제나 변함이 없다면 과도기를 극복하기가 훨씬 더 수월할 것이다. 직사각형과 오래 지낸 가족들은 앞으로 일어날 변화에 잘 대처할 수 있을 것이다. 반면 가족들 중 특히 자녀들에게는 이러한 변화가 충격으로 다가온다. 항상 확실하고 예측 가능한 모습을 보이던 엄마와 아빠가 평소와 달리 평정심을 잃은 것 같아 보이면 자녀들은 부모가 걱정될 것이다. 고군분투하는 부모에게 자신감을 되찾아주고, 도움을 줄 수 있어야 한다.

직사각형의 변화하는 성향이 드러나기 쉬운 '삶의 단계'가 있다. 결혼, 첫아이 출산, 이혼, 중년의 위기, 새로운 직장, 사랑하는 사람을 잃는 등의 경우를 들 수 있다. 이 모든 상황이 사람을 혼란 상태로 빠뜨린다. 지금은 새로운 환경에 도전하고 적응해야 하는 시기다. 앞으로 이런 상황에 처한 사람에게 필요한 조언을 해줄 것이다.

﹥직사각형 배우자

직사각형의 이상적인 집

1. 간소하게 꾸며라. 직사각형은 이미 마음이 혼란스러운 상태이니 더 이상 어지럽게 만들지 말라. 예전보다 더 많은 결정을 내려야 할 때이다.

2. 밝고 가볍게 꾸며라. 두세 가지 정도의 밝은 색을 이용해 꾸민다면 편안한 분위기가 된다. 어두운 색은 동굴처럼 우울한 분위기를 내지만, 밝은 색은 직사각형을 더 활기차게 만든다. 또 컵을 일렬로 늘어놓고 쓰는 것도 좋다. 직사각형은 선형이라는 사실을 기억하라.

3. 매일 정기적으로 하는 일을 정하라. 모든 일이 확실히 결정돼 있어야 한다. 집에서 항상 해야 할 일이 정해져 있어야 과도기에 새로운 규칙을 세우지 않아도 된다.

4. 직사각형이 좋아하는 메뉴가 포함되어 있는 간단한 식사를 준비하라. 또한 야식거리를 냉장고 가득 채워놓는 것도 좋다.

5. 생활비 예산을 정확히 책정한다. 직사각형은 자신의 문제를 해결하느라 필요하지도 않은 것에 돈을 다 써버릴 수도 있다.

6. 약을 빠짐없이 구비해 놓아라. 과도기인 직사각형은 우발 증상이 일어나기 쉽다. 신경성 두통에 많이 시달린다.

7. 깜짝 선물을 하라. 직사각형을 기운 나게 하는 좋은 방법이다. 직사각형 배우자에게 신경 쓰고 있다는 사실을 표현하라.

8. 인내심을 가지고 지켜보라. 직사각형 주위 사람들은 이들을 최대한 이해하고 격려해줘야 한다. 과도기는 지나간다.

직사각형의 여가생활

1. 점심식사는 직사각형에게 유용한 휴식시간이다. 일주일에 한 번 직사각형과 점심을 같이 하라. 이 때 직사각형 배우자를 격려하고 쉴 틈을 준다. 틀림없이 직사각형은 뭘 먹을지 고민할 것이다(맛있는 메뉴를 모두 모아놓은 콤비네이션 메뉴가 제격이다).

2. 과도기 때 취미생활에 많은 돈을 투자하지 말라. 대형 고속 모터보트 구매는 나중에 반품하게 될 후회되는 투자다.

3. 사교 모임을 많이 계획하라. 그렇지만 직사각형은 오랜 친구들보다 새로운 친구들을 만나고 싶어 한다는 사실을 기억하라. 그 이유는 간단하다. 현재 자신이 과도기에 처해 있다는 사실을 오랜 친구들이 간파할 거라고 생각한다. 그러나 오랜 친구들이 자신의 친구가 과도기라는 사실을 알면 직사각형을 충분히 도와주고 격려해줄 수 있다.

4. 장기 여행을 가는 것도 좋다. 조용하고 평화로운 장소로 택하라.

직사각형은 자신을 돌아보고 안정을 되찾을 조용한 시간이 필요하다.

5. 너무 격하지 않은 운동을 하라. 테니스나 골프 같은 가벼운 운동을 하라. 친구와 테이블 게임을 하는 것도 괜찮다.

6. 새로운 오락거리를 찾아라. 자주 하지 않은 오락거리를 찾아라. 연주회나 연극을 보러 가거나 크루즈를 타는 등 새로운 오락거리를 찾아라. 현재 자신을 시험하고 있는 직사각형에게 또 다른 출구가 될 수 있다.

7. 마지막 순간까지 일어날 변화에 대비하라. 직사각형은 순간적으로 마음을 바꾼다. 갑작스런 일에 대비하고 있어야 한다.

8. 학교로 돌아가기에 좋은 때이다. 한 강좌나 두 강좌 정도 듣는 게 적당하다. 과도기의 직사각형은 새로운 것을 배울 준비가 되어 있기 때문에 열정적으로 새로운 지식을 받아들인다. 학습 프로그램에서 누구보다 뛰어난 재능을 보일 것이다.

9. **충분한 수면을** 취하게 하라. 직사각형은 불면증에 시달리기도 한다. 수면 부족은 직사각형의 상태를 더 악화시킨다.

10. 긍정적인 사고방식을 가져라. 어디에서든 웃음을 잃지 말라. 웃음은 과도기에 가장 필요한 요소다. 직사각형의 사람들은 스스로에게 만족하지 않고, 불평하고 투덜대고 긍정적이지 않다. 이때 주위의 도움이 필요하다.

직사각형 배우자의 강점과 약점

【강점】 1. 활기 넘친다. 한 순간도 지루해 하지 않는다.

2. 실험 정신이 강하다. 어디에서든 스스로를 시험해보는 직사각형은 새로운 것을 시도한다.

3. 폭발적인 에너지를 쏟아낸다.

4. 유머 감각이 있다. 당황스런 상황에서도 직사각형은 웃을 여유가 있다.

5. 장난기가 넘친다. 놀리거나 장난을 잘 치는 시기이다. 기대하고 즐겨라.

6. 의외의 행동을 잘 한다. 좋을 때도 있고, 나쁠 때도 있다.

7. 질문이 많다.

8. 유달리 배우자를 잘 챙기고, 감정을 공유하고, 용기를 준다. 보통 사람들과 마찬가지로 직사각형은 배우자를 잘 챙긴다.

【약점】 1. 혼돈에 빠져 있다.

2. 변덕스럽다. 마지막 순간에 마음을 바꾼다.

3. 피로해하고 우울해한다. 우발적인 증상이 나타날 수 있다.

4. 감정기복이 심하다.

5. 남을 탓한다. 자신의 불만을 남의 탓으로 돌린다.

6. 금세 흥미를 잃고, 집중력이 짧다.

7. 잘 잊어버린다. 너무나 많은 일이 일어나서 잊어버리는 것이니 이해하라. 일부러 잊는 게 아니다.

8. 선입견이 있다. 직사각형은 남들이 하는 얘기를 잘 듣지

않는다. 이미 자신의 머릿속이 복잡하다.

직사각형 배우자와 원만한 관계를 유지하려면

1. 오래 대화하라. 대화를 통해 직사각형을 설득할 수 있다면 서로에 게 좋다.

2. 여유를 가져라. 무리한 요구를 하지 말라.

3. 오래된 습관은 그대로 유지하라. 과도기 때는 집에 큰 변화를 주지 말라. 안정적인 것이 필요하다.

4. 강하게 반응하라. 어떤 일에도 맞설 준비가 되어 있어야 한다. 하지만 그 일이 계획대로 진행되거나 익숙할 거라는 기대는 버 려라.

5. 직사각형의 업적을 상기시켜줘라. 자신에게 반감을 품고 있는 직사 각형도 있다. 이런 사람들에게는 과거에 어떤 성공적인 일을 했 는지 상기시켜주는 게 좋다.

6. 사랑하고 격려하라. 명백한 실수를 저질렀더라도 심하게 비난하 지 말라.

7. 유머 감각을 잃지 말라. 항상 유머 감각을 유지하기는 어렵지만 직 사각형과 직사각형 배우자에게 유머 감각은 꼭 필요하다.

8. 스트레스를 받을 때 상태가 어떤지 보라. 과도기에 처한 사람들이 스트레스를 받는 것은 아주 당연하다. 자세한 사항은 13장을 읽 어보라. 직사각형에게 일어난 변화에 대처할 수 있는 유용한 정 보들이 많다.

> 직사각형 이성찾기

당신이 왜 직사각형 배우자를 원하는지 정확한 이유를 알기란 당연히 어렵다. 하지만 만약 그 이유를 정확히 안다면 아마도 당신이 직사각형 유형이거나, 당신이 원하는 사람은 친구일 것이다. 당신은 항상 누군가를 도와주는 원형이 되기도 하고, 누군가를 지배하려는 삼각형이 되기도 한다. 어쩌면 벌써 직사각형 유형의 사람을 찾아서 그 사람에 대해 이해하고 있는지도 모른다.

다음 내용들이 직사각형 유형의 이성을 찾는데 도움이 될 것이다.

직사각형 이성을 만날 수 있는 곳

1. 독신남녀들이 모이는 술집(직사각형은 주로 갓 들어온 독신자다)
2. 한밤중 지하철
3. 오후 3-4시 정도의 호텔 바
4. 전문학교 야간강좌
5. 공개 세미나 맨 마지막 줄
6. 성령의 도움을 바라는 교회
7. 복잡한 문제에서 벗어나기 위해 찾은 영화관
8. 아무도 없는 집

직사각형과 대화하기

1. "당신에 대해서 말해주세요." 이 요구는 그 순간 원하는 유형이 되고 싶어서 하는 말이다.

2. "그럼 자라서 뭐가 되고 싶어요?" 조건 없이 희망을 말할 수 있다.

3. "그렇게 하자." 당신이 결정하고, 그 결정을 따르길 강요한다.

첫 데이트

1. 영화나 연극을 보러 간다. 일종의 도피수단이다.

2. 직사각형의 성향을 숨길 수 있는 대형 파티에 참석한다.

3. 제스처 게임이나 그림사전 게임을 하라. 역할수행이나 위험수위를 낮춘 게임이어야 한다.

4. 강의를 들어라.

5. 주의를 전환할 수 있고 대화가 필요 없는 스포츠 행사에 참여한다.

성적 접근법

1. 이미 혼란에 빠진 직사각형에게 성적인 것에 관해 말하지 말라.

2. 처음부터 확실한 제안을 해둬라.

3. 처음 몇 번은 주위 사람들과 함께 어울려서 만나고, 사교 모임을 계획하라. 해변 콘도에서 아늑하게 저녁을 먹는 것도 좋다. 쓸데없이 시간을 허비할 필요 없다. 직사각형은 유혹에 쉽게 넘어가는 만만한 사람이다. 게다가 지금은 누군가의 애정이 절실하다.

4. 언제나 직사각형을 격려하라. 직사각형은 힘든 시기를 보내고

있으니 그리 친하지 않아도 모른 체 하지 말라.

주의 ➡➡ 직사각형은 지금 인생의 과도기에 오히려 얻을 수 있는 게 많다. 정말 직사각형의 사람을 아낀다면 천천히 다가가라. 처음 관계를 가진 후에 강요하지 말라. 직사각형이 관계를 진전할 수 있게 두고 보라. 결혼을 하자고 하기에는 더욱 적절한 시기가 아니다. 직사각형이 과도기를 지나 확실한 자기 유형을 찾을 때까지 결정을 미뤄두라.

✏ 직사각형 자녀

직사각형 자녀만이 문제의 시기를 겪는 것은 아니다. 자녀가 항상 문제를 일으키거나 혼란스러워 하고 이상한 행동을 한다면 이 부분을 읽어봐야 아무 소용없다. 이런 경우에는 부모나 자녀 모두 전문가의 도움이 필요하다.

그러나 대부분의 자녀들이 전문가의 도움을 받을 정도는 아니다. 실제로 자녀는 지극히 평범하며, 자녀가 거쳐 가야 할 문제의 시기를 겪고 있을 따름이다. 어린 시절은 내내 문제를 일으키는 시기인 것 같다. 어린 시절은 육체적, 정신적으로 갑자기 성장하는 바로 격정의 시기이다. 이 성장 과정에도 나름대로 규범이 있다. 어른이 되기 전에 누구나 겪어야 할 변화의 시기가 있다. 그러므로 자녀는 진정한 어른이 되기 위해 여러 단계를 거쳐야 할 것이다.

당신 자녀가 평범하다는 가정 하에 이제부터 자녀가 당연히 겪어야 할 과도기에 부모가 아이를 어떻게 키워야 하는지 그에 대한 정보를 알려줄 것이다. 과도기에 주로 일어날 수 있는 일에 대해 더 많은 정보를 얻고 싶다면 아이 발달에 관한 책을 읽기 바란다.

문제 시기와 해결책

문제 시기1: **학교에 입학했을 때.** 유치원이나 초등학교에서 고등학교에 이르기까지 입학했을 때는 어떤 아이라도 적응하기 힘들다.

해결책: **가능하면 학기 초에 학교로 담임선생님을 찾아가 자녀의 변화를 완화할 방법을 함께 논의하라.** 자녀가 초등학생이라면 잘 적응하고 있는지 학급으로 찾아가 보라. 이웃에 자녀와 같은 반 아이가 있다면 미리 친분을 쌓아서 첫날부터 함께 등교할 수 있도록 계획하라.

문제 시기2: **사춘기.** 가장 심각한 문제가 발생하는 시기이다. 사춘기 때 상처받지 않고 지나가는 자녀는 거의 없을 것이다. 당신의 사랑스런 자녀가 갑자기 당신과 주위 어떤 사람도 존중하지 않는다. 보통 여자 아이의 사춘기는 11세에서 14세 정도로 빨리 오고, 13세에서 16세에 이르러 나타나는 남자 아이의 사춘기는 여자 아이보다 느린 편이다. 이 때 직사각형의 성격이 표출된다. 준비하라.

해결책: **잠시 혼란한 시기라고 여겨라.** 지금은 자녀의 본모습이 아니다. 당신의 자녀는 맞지만 아이 스스로 또 다른 자아를 경험하고 있는 중이다. 즉, 정체성을 확립하는 시기이다.

자녀에게 계속 애정을 표현하는 게 가장 중요하다. 애정을 겉으로 표현하라는 뜻이다. 작은 골칫거리를 안고 있다 느끼더라도 자녀에게 이런 애정표현이야말로 필요하다.

또 한 가지 중요한 사항은 사춘기 때는 자녀의 친구들을 잘 살펴봐야 한다. 자녀가 유혹에 쉽게 흔들리는 시기이므로 행실이 바르지 못한 아이들이 하는 나쁜 짓에 쉽게 동요할 수도 있다. 친구 관계를 확실히 관리해줄 필요가 있다.

문제 시기3: 이사 갔을 때. 새로 학교에 들어가고 친구를 만나 친해져야 하기 때문에 혼란스러울 수밖에 없다.

해결책: 가족과 함께 하라. 새로운 환경에 적응하기까지 가족이 서로 의지하며 단결해야 한다. 환경에 맞는 조건을 충족시켜주는 것이 가장 좋은 해결책이다.

문제 시기4: 독립할 때. 아이가 집을 떠나는 것은 어쩌면 자녀보다 부모에게 더 힘든 일이 될 수 있다. 그렇지만 대부분 직사각형 시기에 세상 속으로 들어간다.

해결책: 자녀와 유대관계를 유지하라. 전화통화라도 꾸준히 하라.

직사각형 자녀의 특징

1. 양면가치가 공존한다. 직사각형 자녀는 모든 것에 확신이 없다.

2. 친구의 영향을 많이 받는다. 자신보다 강하고 자신감 있는 친구에게 정체성을 찾는다.

3. 영웅을 숭배한다. 과도기에 록 스타나 우주비행사를 숭배한다. 하지만 곧 시들해진다.

4. 엄마에게 의존한다. 자녀가 부모에 대한 애착이 강하면 더 이상 불안해하지 않는다.

5. 성적이 좋지 않다. 과도기 때 성적이 좋을 리 없다. 학업에 집중하기에는 너무나 혼란스러운 상태이다.

6. 동생에게 우월감을 과시한다. 직사각형 자녀가 지배하려는 속성을

표출하는 유일한 방식이다.

7. 형과 똑같이 행동한다. 자신의 목표가 확실치 않은 아이는 형을 따라 하기 쉽다.

8. 끊임없이 질문한다.

직사각형 자녀 양육 방법

1. 가능하면 자녀의 결정을 존중하라.

2. 어떤 성과든 칭찬하라.

3. 문제가 있거나 확신을 갖지 못하는 일에 대해 대화를 하라. 직사각형 자녀에게 가장 필요한 요소다.

4. 집안 분위기를 아늑하게 만들라. 바깥세상이 혼란스러울지라도 집은 안정적이어야 한다.

5. 형제가 필요하다. 형제가 있으면 좋다. 직사각형 자녀 혼자는 문제를 일으키기가 더 쉽다.

6. 스카우트나 교회 등에서의 외부 활동을 권장하라.

7. 아이를 통제하라. 직사각형 자녀가 자기 멋대로 행동하거나 혹은 친구가 하는 대로 따라 하게 내버려두면 안 된다.

8. 조건 없이 사랑을 베풀고 격려해줘라. 과도기 때 아이를 넘치게 사랑해줘라. 그러면 건강하고 행복에 찬 아이로 자라날 것이다. 못난 오리 같았지만 사랑을 듬뿍 받은 직사각형 자녀는 자라서 멋진 백조가 될 것이다.

12 / 직사각형의 직장생활

□ △ □ ○ ⟋⟋

직사각형은 동료나 상사, 부하 직원 모두 유별나서 어떻게 대해야 할지 난감할 때가 많다. 어떤 날은 의욕에 차서 생기발랄하다가, 어떤 날은 꼭 트럭에 치인 사람처럼 행동한다. 직사각형은 감정기복이 심한 편이며, 날마다 성격이 바뀌기도 한다. 직사각형의 사무실 앞을 지나칠 때는 누구나 조용히 지나간다.

이와 같은 사실은 썩 좋은 소식은 아니지만 직사각형 단계에만 겪는다는 것은 다행이다. 직사각형은 이 변화의 단계를 극복할 것이다. 이 때 발생하는 일이 험난하지만 이 장에서는 직사각형에게 주로 발생하는 일과 그 원인에 대해 알 수 있을 것이다. 또 힘든 시기에 직사각형 사람들을 어떻게 대해야 하는지도 알려줄 것이다.

과도기에 처한 사람들은 대부분 탐구하고, 발전적이며, 호기심 많고, 활동적이며, 용기 있다. 반면에 혼란스럽고, 변화무쌍하며, 끈기가 없으며, 잘 속고, 진실하지 못하며, 돌출행동을 하기도 한다. 동료는 직사각형의 장점뿐 아니라 단점도 잘 받아들여야 한다.

다음은 직사각형 유형의 사람들이 주로 종사하는 직업의 유형이다.

직업 유형		
신임사장	신입사원/구직자	대학 신입생
고등학교 졸업생	승진/강등 사원	중년의 위기에 처한 사람
청년기	경영인	연극배우
영화배우	음악가	퇴직자

현재 함께 일하고 있는 사람이 직사각형의 성향을 지니고 있다면, 그 사람은 새로 부임한 상사이거나 신입사원이며, 갓 졸업했거나, 혹은 승진했거나 강등 당한 직원일 것이다. 언제라도 직사각형 성격을 지닌 사람과 함께 일하려면 어려움이 뒤따른다. 직사각형은 거쳐야 할 시기를 겪고 있다는 사실을 명심하라. 그 터널의 끝에서 빛을 볼 것이다.

▶ 직사각형의 직장 내 갈등 대처법

사실 직사각형이 갈등을 빚는 것은 전혀 새로운 일이 아니다. 지금도 자신 안에서 갈등을 겪고 있다. 그래서 실제로 갈등이 불거졌을 때 이미 복잡한 직사각형의 마음은 더욱 혼란스러워진다.

동료와 의견대립이 발생했을 때 직사각형 유형의 사람은 대부분 그 문제를 완전히 회피해 버린다. 현명한 선택이다. 이미 혼란에 빠져 있는 직사각형은 바로 문제에 개입하지 않는 편이 더 낫다.

그러나 지금 변화 단계에 있는 직사각형의 사람은 직사각형이기 전에 다른 유형에 속하는 사람이었다. 갈등이 불거지면 직사각형은 자연히 이전 유형의 모습으로 돌아가 그 문제를 처리한다. 예를 들어 만약 삼각형이거나 지그재그형이었다면 상황에 직접 맞설 것이고, 원형에 속한다면 합의를 보려고 할 것이다. 만약 박스형이었다면(박스형일 확률이 가장 높다) 논쟁을 피하려고 할 것이다.

그렇지만 직사각형은 박스형, 삼각형, 원형, 지그재그형 중 어느 유형에도 확실히 속하지 않기 때문에 갈등을 겪고 있는 동안 어떤 행동을 보일지는 아무도 예측하지 못한다. 직사각형의 동료는 직사각형이 하는 행동에 바로 대처해야 한다. 이처럼 모든 상호관계에서 충동적인 행동을 보이는 것이 직사각형의 본모습이다. 그래서 함께 일하기 어렵다.

▷ 직사각형과의 논쟁에서 이기는 법

1. 직사각형과 논의한 내용이 다음날 완전히 바뀌는 경우도 있다. 직사각형이 마음을 바꾸었거나 대화 내용을 완전히 잊어버렸을 수도 있기 때문이다. 이런 상황에 대비하여 모든 내용을 문서화해두는 게 현명하다. 직사각형과 일할 때는 회계사가 중요한 방어막

이 될 수 있다.

2. 태도를 확실히 하라. 혼란스럽고 확신이 없는 직사각형은 다른 사람들도 자신과 똑같다고 생각한다. 직사각형은 일을 확실히 잘 처리하는 사람의 의견을 쉽게 따른다.

3. 정면으로 맞서라. 직사각형은 대립을 피하는 사람이라는 사실을 잊지 말라. 해결해야 할 일이 있다면 계속 논의하자고 고집하라.

4. 중요한 문제와 중요하지 않은 문제를 구분하라. 직사각형은 별로 중요하지 않은 문제에 대해 격하게 논의할 때가 종종 있다. 무엇이 중요한지 확실히 모르기 때문이다. 중요하지 않은 문제는 기꺼이 양보하라. 정말 중대한 일이 생겼을 때를 대비하여 힘을 비축해둬라.

5. 논의의 초점을 맞춰라. 직사각형은 자신이 지고 있다는 생각이 들면 논점을 자주 바꾼다. 금세 문제를 다시 원점으로 되돌려야 할 때도 있다. 그러니 논점에 대한 명확한 정의를 내려라. 직사각형은 문제 자체가 정확히 무엇인지 잘 모를 수도 있다.

6. 가능한 한 회사 밖에서 논의는 자제하라. 직사각형은 사무실에서도 심란했던 사람이다.

7. 감정적인 문제로 확대하지 말라. 직사각형은 이미 자신의 감정을 그대로 드러내고 있다. 감정이 너무 과열되면 다음으로 미루어라.

8. 아무도 손해 보지 않는 안전한 해결책을 내자. 직사각형은 이미 스스로에게 실망한 상태이다. 직사각형이 최소한의 자존심이라도 지킬 수 있는 해법을 찾아라.

9. 시종일관 관계를 돈독히 하라. 나중에 직사각형이 과도기의 시기를

벗어났을 때 필요한 요소다. 그렇지 않으면 직사각형은 힘들었던 시기에 자신을 이용했던 사람을 비난할 것이다.

|Final Note| 꼭 필요할 때가 아니면 되도록 직사각형 유형의 사람과 싸우지 말라. 지금은 그 사람 본래의 모습이 아니다. 과도기 단계를 지난 후에 완전히 자기 모습을 되찾는다.

▷ 직사각형 동료

만일 당신이 일을 수행하는데 직사각형 동료의 도움을 요청하면 문제가 발생할 수 있다. 직사각형 유형의 사람은 끈기가 없고, 예상치 못한 행동을 한다. 회사에서 누구나 담당 업무가 있고, 동료의 도움을 받아야 할 때가 있는데 직사각형은 오히려 혼란만 일으킬 수 있다. 이들은 업무처리 방식을 익히지 않고, 동료들이 자신들에게 기대하는 바가 무엇인지도 파악하려 하지 않고 상황만 바꾸려고 한다. 또 할 일의 유형이나 분량에 대해 불평을 자주 늘어놓는다. 예전에는 자진해서 했던 일이었는데도 갑자기 모든 일과 사람에 대해 불만을 터뜨린다. 이런 자신을 깨닫지 못하는 자체가 문제일 수 있다(진짜 문제는 직사각형 안에 있다).

문제1: "그럼, 오늘은 대체 어떤 유형이야?" 직사각형은 날마다, 심지어 하루 사이에도 자신의 능력을 바꿀 수 있을 만큼 변덕스럽다.

해결책: 직사각형의 말을 먼저 들어보고 말하라. 지금 직사각형이 하고 있는 역할이 무엇인지 조심스럽게 파악하라. 그러고 나서 직사각형

에 맞춰 대응하라. 부담스럽더라도 그렇게 해야 한다.

문제2: "모든 과정이 바뀌고 있어요." 팀의 대표로서 직사각형은 전혀 어울리지 않는다. 직사각형은 결정을 확실히 내리지 못하고 중간에 갑자기 바꾸기도 한다.

해결책: 직사각형이 고민할 수 있는 질문을 제기하라. 직사각형이 내린 결정에 어떤 의미가 있는지 고민할 만한 질문을 하라. 좌뇌형에 속하는 직사각형이라면 이런 분석 방법도 괜찮다. 그러나 직사각형이 뒤로 물러나게 할 정도의 위협이 될 만한 질문은 하지 말라.

문제3: "당신, 실패했군요." 스스로 확신이 없는 일은 다른 사람에게 떠넘긴다. 자신이 한 실수나 판단을 남의 탓으로 돌린다.

해결책: 받아야 할 비난이라면 당연히 받아들여야 한다. 그러나 만약 합당하지 않은 일이라면 이성적이고 차분하게 자신의 의견을 강하게 주장해야 한다. 자신보다 지위가 높은 사람과 문제가 생기더라도 마찬가지다.

문제4: "당신은 어떻게 생각하십니까?" 직사각형 유형의 사람들은 자신의 일을 결정하는데 남의 조언을 구한다. 우유부단하고 확신이 부족해서이다. 문제는 당신이 제안한 아이디어가 좋지 않으면 직사각형은 나중에 당신을 비난할 것이다.

해결책: 도움이 될 만한 제안을 하라. 그러나 궁극적으로 결정에 책임을 져야 하는 사람은 직사각형 본인이다.

문제5: "우리, 얘기 좀 할까요?" 불행히도 현재 직사각형은 힘든 시기를 겪고 있다. 대화할 사람이 필요하다. 주위에 친한 친구나 가족이 많지 않으면 가까운 직장 동료와의 대화를 통해 마음의 짐을 덜고 싶어 한다.

해결책: **현명하게 처신하라.** 직사각형이 대화를 원할 때 일하는 시간을 뺏기지 않도록 하라. 회사 밖에서의 대화를 제안하라. 단호한 조언을 할 때는 조심스럽게 말하라. 직사각형의 의견을 잘 들어주고 동감해주기만 하면 된다. 만일 잘못된 조언을 한다면 나중에 비난을 받거나 직사각형과의 관계가 악화될 것이다.

주의 ➜➜ 당신이 직사각형의 고민을 들어주고 싶지 않다면 그럴 여지를 만들지 말라. 대부분 원형 사람들이 직사각형의 문제를 함께 고민하지만 결국 후회한다.

문제6: **"또 결근이야?"** 결근은 직사각형의 심각한 문제다. 이들은 진짜 자주 아프기도 하지만, 때로는 우발적이다. 무엇보다 이들이 자주 아픈 이유는 자신에게 생기는 문제에 대한 중압감 때문에 지쳐서 그렇다.

해결책: **기강을 바로 잡아라.** 가능하면 직사각형에게 책임진 일은 마치라고 충고하라. 최선의 방법은 직사각형이 결근을 해도 다른 동료들이 피해를 입지 않을 만한 위치에 직사각형을 두는 것이다.

❯ 직사각형 상사

신임 상사라면 누구나 직사각형의 시기를 겪는다. 새로 맡은 일에 정통하고, 리더로서 안정적으로 자리 잡기 위해 당연히 거쳐야 할 과도기이다. 발전하기 위해 배워가는 굴곡의 단계다. 이 때 부하 직원은 새로운 상사의 마음을 움직일 수 있는 좋은 기회가 생긴다. 상사는 직원의 아이디어와 제안을 선뜻 받아들인다.

솔직히 어떤 신임 상사는 직원들의 의견을 받아들여 초반에 필요한 변화를 이루어내기도 한다. 직사각형 유형의 상사는 대담하며 오래된 방식을 깨기도 한다. 이전 상사와는 전혀 다른 방식으로 일을 처리한다. 상사의 마음을 움직일 수 있는 기회는 이 때뿐이다.

직사각형 상사의 강점과 약점

【강점】 1. 새로운 위치에서 배우고 성장한다.

2. 질문이 많고, 의견을 잘 받아들인다.

3. 융통성이 있어 다른 사람의 영향을 잘 받는다.

4. 위험을 두려워하지 않을 정도의 용기가 있다.

5. 다재다능하다.

【약점】 1. 정치에 문외한으로, 잘 속는다.

2. 뜻밖의 변화를 시도한다.

3. 감정기복이 심하다.

4. 결정이 너무 빠르거나 느리다.

5. 배우고 있는 중이어서 일처리가 불확실하다.

6. 자신의 위치를 정확히 모른다.

주의 ➙➜ 감정기복이 심한 직사각형 유형의 상사는 까다롭다. 감정기복이 심해서 순간순간 성격이 변한다. 예를 들어 아직 안정되지 않은 신임 상사는 매일 다른 유형으로 변화를 시도한다. 투쟁할 준비를 하고 열정에 불타는 삼각형으로 출근해서 크게 야단을 치고 난 후 사무실로 돌아가 후회할지도 모른다. 혹은 유순한 원형의 모습으로 모든 이들과 과도하게 친하게 지내려고 한다. 직사각형 사람은 박스형이나 지그재그형의 성향을 드러내기도 한다. 그러므로 만일 상사가 직사각형 유형에 속한다면 매일 '오늘은 어떤 유형인지'를 확실히 결정하고 대해야 한다.

직사각형 상사에게 인정받으려면

1. 아무것도 기대하지 말고 앞으로 닥칠 모든 일에 대비하라.

2. 매일 상사의 기분을 점검하라. 지금 기분이 어떤지 비서에게 조심스럽게 물어보라.

3. 시간과 공간의 여유를 줘라. 너무 압박하지 말라.

4. 중요한 안건에 대해서는 문서화하여 준비하고 미리 제출하라.

5. 아이디어를 제시하라. 직사각형 상사는 새로운 제안을 잘 받아들인다.

6. 상대의 약점을 파악하라. 당신이 정말로 원하는 일이 있을 때 상대에게 치명타를 줄 기회를 노려라.

7. 항상 정보를 구비하라. 정치적 네트워크를 활용하라. 직사각형 상사는 이런 네트워크를 구성하지 않을 것이다.

8. 칭찬하라. 직사각형에게는 칭찬이 필요하다. 그렇지만 상사가 의심할 만한 겉치레 칭찬은 하지 말라.

9. 가능하면 대립하지 말라. 과도기의 시기가 끝나면 좋지 않은 영향을 끼칠 수 있다.

10. 비판하라. 방어할 필요 없다. 직사각형은 자아비판적인 사람이다.

11. 항상 최신 유머를 숙지하라. 사무실 분위기를 밝게 유지하는 게 모두에게 좋다.

12. 참고 견뎌라. 지금의 과도기는 곧 지나갈 것이다.

|Final Note| 직사각형 유형의 상사가 신임이 아니더라도 삶에서 이혼, 중년의 위기, 좌천 같은 과도기를 겪고 있을지 모른다. 실제로 이런 일을 겪고 있다면 직사각형은 아주 민감해져 있을 것이다. 직사각형 유형이 스트레스를 받았을 때의 상태는 13장에서 자세히 알 수 있다.

▶ 직사각형 고객

직사각형 고객의 특징

1. 자주 오는 손님으로 전에 본 적이 있을 것이다. 직사각형 고객은 결정을 잘 내리지 못하고 여러 번 왔다 갔다 할 것이다. 상품이나 서비스에 대해 같은 질문을 여러 번 할 수도 있다.

2. 주위가 산만하다. 직사각형의 불안한 모습은 어디에서나 드러난다.

3. 물건을 옮기거나 초조한 행동을 보이면 직사각형 고객은 떠날 것이다.

4. 직사각형 고객은 소심해서 처음에 이렇게 말할 것이다. "그냥 둘러보는 거예요." 기다렸다가 천천히 도와줘라.

5. 옷차림으로 직사각형 유형을 알아챌 수 없다. 옷차림에 따라 다른 유형으로 보일 수 있다. 날마다 분위기가 다르다.

6. 어떤 부류의 사람인지 파악하기 힘들다. 직사각형 유형의 고객은 어

떤 걸 원하는지 예측할 수 없다. 방문할 때마다 다른 모습을 보이기 때문이다.

7. 귀담아 듣지 않는다. 직사각형은 질문을 하고 나서 상대가 그 질문에 답하는 도중 또 다른 질문을 한다.

8. 물건을 다양하게 구매한다. 직사각형 고객은 백화점의 여러 매장에서 상품을 구매할 것이다.

9. 변덕스럽다. 직사각형 유형의 고객은 처음에는 친근했다가도 상품이나 서비스에 대해 얘기할 때는 갑자기 태도가 돌변하여 비판한다.

10. 시간 여유를 줘라. 직사각형 고객은 구매결정을 빨리 내리지 않는다. 그러나 만약 삼각형 유형의 성향이 있다면 충동적으로 구매결정을 내리기도 한다.

직사각형 고객에게 물건 팔기

1. 철저히 탐색하라. 구매결정에 필요한 질문을 많이 하라.

2. 결정을 내리지 못할 때 개입하라.

3. 명료하고 정확하게 의사를 전달하라. 혼란을 줄 만한 정보는 덧붙이지 말라. 간단하게 설명하라.

4. 상품과 서비스의 편리함을 증명하라. 직사각형은 복잡한 건 질색이다.

5. 많은 질문을 예상하라. 똑같은 질문도 계속 한다.

6. 인내심을 가져라. 물건을 구매하기까지 시간이 걸린다.

7. 잠깐 쉬는 사이에 구매의사를 물어보라. 처음에 대답하지 않으면 몇 번 더 물어보라. 절대로 구매를 강요하지 말라. 그냥 가버릴지도

모른다.

8. 직사각형 유형은 잘 속는다. 직사각형에게 상품이나 서비스에 관해 과대선전을 하고 싶더라도 너무 과장하지 말라.

9. 직사각형의 경제력이 어느 정도인지 확인하라. 직사각형 유형의 사람은 쇼핑으로 스트레스를 풀기도 한다. 그래서 돈이 없어도 물건을 살 때가 있다.

10. 설치 약속을 정확히 잡아라. 직사각형을 방문하기 전에 서비스 기사는 전화를 먼저 해야 한다. 직사각형은 약속을 잘 잊어버린다. 직사각형의 생활은 복잡한 일투성이다.

|Final Note| 직사각형 고객이 단골 고객이 될 거라는 기대는 하지 말라. 이들은 정말로 필요하지 않은 물건을 사고 나서 교환하기 일쑤다. 다양한 물건을 사기도 하지만 기분이 바뀌면 아무것도 사지 않는다.

13 / 직사각형과 스트레스

□ △ ⫿ ○ ⁓

직사각형은 스트레스를 받는 전형적인 유형이라고 할 수 있다. 삶에서 중대한 변화를 겪고 있는 사람이기 때문이다. 이 때 삶이 활력 있고 다양하기도 하지만 새로운 환경에 적응하려고 스트레스를 받는다.

앞으로 직사각형은 물론 이들과 함께 지내는 사람들에게 꼭 필요한 내용을 전개해나갈 것이다.

스트레스를 받으면 직사각형은

어느 유형이나 스트레스를 받으면 부정적인 성향이 가시적으로 나타난다. 직사각형의 경우 다음과 같은 행동이 강하게 드러난다.

1. 혼란에 빠진다. 직사각형 유형의 가장 전형적인 특징이다. 과거에 훨씬 자신감이 넘치고 자신에 대한 확신이 있었던 사람인데, 지금은 작은 결정 하나도 내리기 힘들어 한다. 직사각형의 사람은

항상 애매모호한 태도를 취한다. 오늘 확실히 하기로 했던 일을 내일은 하지 않는다고 한다. 직사각형은 스트레스를 받으면 잘 잊어버리고, 확신이 없으며, 혼란스러워 한다. 직사각형 유형이 원래 혼돈에 빠져 있긴 하지만 스트레스를 받으면 더 심해진다.

2. **자존심이 낮아진다.** 직사각형의 가장 본질적인 모습이다. 결국 낮은 자존심이 모든 문제의 궁극적인 원인이다. 직사각형 유형의 실제 모습이라고 할 수 있다. 보통 자존심과 자신감의 상실에는 원인이 있게 마련이다. 직사각형이 그 원인을 찾아낸다면 자존심을 회복하기 위한 구체적인 행동을 취할 수 있다. 그러나 직사각형 자신이 자존심을 잃은 이유를 확실히 파악하지 못하면 직사각형의 단계를 벗어나지 못할 것이다. 계속 이 상태를 유지하면 스트레스 지수는 더 높아질 것이다.

3. **감정기복이 심하다.** 직사각형은 스트레스를 받았을 때 폭력적인 기질을 나타냈다가도 극도로 기뻐하기도 한다. 이러한 감정기복은 순식간에 일어난다. 사소한 문제가 발단이 되기도 하고, 실제로 어떤 이유도 없이 나타나기도 한다. 직사각형은 이미 기분이 좋지 않은 상태로, 스트레스를 받으면 극단적으로 감정의 변화를 보인다. 당연히 친구들이나 직장 동료들은 직사각형을 대하기 매우 힘들어 한다.

4. **변덕스럽고 일관성이 없으며, 예상치 못한 행동을 한다.** 직사각형의 스트레스가 최고조에 달했을 때 나타나는 현상이다.

   a. **변덕스럽다.** 직사각형은 언제라도 다른 유형이 될 수 있다.

   b. **주관이 없다.** 직사각형은 어제 했던 말을 부인할 것이다. 진실

을 알고 있을지라도 직사각형은 단지 그 사실을 기억하지 못한다는 점을 이해하라. 스트레스를 받았을 때 직사각형을 믿으면 안 된다.

c. 돌발 행동을 한다. 감정기복이 심한 직사각형의 행동은 예측할 수 없다. 직사각형은 심각한 변화 상태이기 때문에 매일 성향이 변할 수 있다. 어쩌면 그의 행동을 예상한다는 자체가 어리석은 짓일 것이다. 직사각형 자신도 매일 어떤 모습을 보일지 모른다.

5. 잘 속는다. 뭔가를 찾고 성장하고 변화하는 시기에 영향을 가장 많이 받는 유형은 직사각형이다. 마음을 열고 언제나 새로운 것을 받아들일 준비가 되어 있다. 학교에서 체계화된 새로운 개념을 배울 수 있는 가장 적합한 사람이다.

그러나 이 때 직사각형을 이용하려는 사람들이 있다. 자신의 사욕을 위해 쉽게 속는 직사각형 사람을 조정한다. 스트레스를 받으면 직사각형은 어떤 것이라도 믿고, 뻔히 자기 인생에 해가 될 걸 알면서 변화를 추구하기도 한다. 이들이 나쁜 사람들과 지내거나 나쁜 단체에 속해 있다면 보호해줘야 한다.

6. 진짜 자신의 모습이 아니다. 직사각형은 변화를 통해 나온 자연적인 성향을 보인다. 직사각형의 특징은 역할놀이나 가장놀이를 통해 그대로 나타난다. 직사각형은 어느 날은 터프했다가 또 어떤 날은 내성적이기도 하다. 이런 역할놀이를 통해 자신의 정체성을 되찾으려는 목적을 이루기도 한다.

대부분은 저런 사람이 되면 어떤 느낌이 들까 하는 생각으로 단순히 가장을 한다. 실제로 직사각형은 친구나 부모, 영화배우를 그대로 따라 한다. 하지만 직사각형이 실제로 자신이 어떤 사람이라고 믿지 않는 이상 심각한 행동이 아니다. 일관성 없이 매일 변하는 직사각형이 어떤 한 유형으로만 고정되는 일은 거의 없다.

직사각형 유형의 사람은 전혀 알지 못했던 새로운 사람과 장소를 찾아내어 새로운 역할을 연습하기 위한 '시험의 장'으로 이용하기도 한다. 예를 들어 스트레스를 심하게 받는 직사각형이 매일 밤 퇴근하고 새로운 술집에 가서 만나는 사람마다 자신을 다르게 소개하는 경우도 있다. 어느 날 밤에는 트럭 기사가 되고, 다음 날은 교수, 그 다음 날은 비행 조종사가 되기도 한다. 이런 방법이 역할놀이를 하기에는 가장 안전하다. 그렇다고 결코 이들이 정신분열증 환자는 아니다. 직사각형 대부분이 자신의 새로운 모습을 보여줄 안전한 수단을 찾아서 얼마나 잘 맞는지 알아보려는 것뿐이다. 이처럼 직사각형은 자신의 필요에 따라 쉴 새 없이 변화를 추구한다.

그러면 과도기에 접어들기 전에 직사각형은 어땠는가? 예전의 모습도 아주 가끔 보이지만 직사각형이 좋아하지 않는 유형이기 때문에 바로 사라질 것이다. 삶에서 직사각형의 단계를 겪는 이유가 예전 자신의 모습이 싫기 때문이다. 직사각형이 새 친구를 사귀고, 새로운 인간관계를 맺으려고 하는 데는 이유가 있다. 오랜 친구들은 직사각형 이전의 예전 친구와 소통하려고 하기 때문에 직사각형은 이 친구들과 교류하지 않는다.

직사각형의 스트레스 원인

직사각형이 스트레스를 받는 주된 요인은 자신에게 있기 때문에 사람들과의 교류가 대부분 스트레스의 원인이 된다. 그러나 보통 사람이 심각한 직사각형의 상태로 빠지게 되는 몇 가지 환경이 있다. 이해를 돕기 위해 일과 개인생활로 분류하여 스트레스 원인을 다음과 같이 분석했다.

일과 관련된 스트레스 원인

1. **일의 변화.** 다음과 같이 분류될 수 있다.

   a. **업무 변화.** 업무가 변하면 새로 배우고 적응해야 한다. 만일 중년 이상의 직사각형 유형이라면 업무 변화는 엄청난 사건으로, 스트레스의 큰 원인이 된다. 직사각형에게 어렵고 한 번도 경험해보지 못한 일은 힘들다.

   b. **직장 이동.** 회사들 대부분이 정기적으로 직원들의 근무지를 이동시킨다. 그러나 회사는 그 직원이나 가족이 전근으로 인해 스트레스를 얼마나 받는지 잘 모른다. 결국 안정적인 곳은 회사뿐이다.

2. **지위 변화**

   a. **승진.** 누구나 승진을 바라고 명예롭게 여기는 반면 스트레스를 받는다. 가장 높은 자리인 신임 상사로 승진했을 때 스트레스가 최고조에 달한다. 이 때 직사각형은 새로운 업무를 익혀야 하고, 리더로서 자신의 위치를 확립해야 한다.

   b. **강등.** 스스로 자초한 일이라면 강등 당했어도 스트레스 받을

일은 없다. 사회는 보통 사회적 위치의 상승만을 수용한다. 그래서 누군가 강등되었다고 하면 사람들은 그 사람에게 무슨 문제가 있을 거라고 추측한다. 강등된 사람은 잠시 직사각형의 시기로 돌아가 자신을 다시 점검해볼 필요가 있다.

개인적인 스트레스 원인	
이혼	의무적인 결혼생활
사랑하는 사람의 죽음	첫째 아이의 출산
중병	아이의 독립
결혼	부모를 부양하는 가족
양육 문제	심각한 재정 문제

이렇게 개인 생활과 관련해서 일어나는 어떤 문제도 스트레스의 원인이 될 수 있다. 하지만 만약 한 가지 이상의 문제가 동시에 일어나면 스트레스는 더 심해진다.

직사각형에게 스트레스를 주는 유형

1. **삼각형.** 직사각형에게 가장 스트레스를 많이 주는 유형이다. 이유는 단순하다. 직사각형은 자신에게 부족한 삼각형의 자신감을 가장 필요로 한다.

   주의 ➡ 직사각형이기 전에 삼각형이었던 사람이 삼각형을 대할 때 가장 힘들어 한다. 잃어버린 자신감 때문에 예민하다.

2. **지그재그형.** 지그재그형은 직사각형의 혼란을 가중시킨다. 지그재그형은 순차적이 아니라 중간단계를 생략하고 뛰어넘는 우뇌

형으로, 좌뇌형인 직사각형은 지그재그형과 대화할 때 더 혼란 스러워 한다.

3. 박스형. 현재 직사각형이 삼각형이 되려고 과도기에 처한 진정한 박스형이라면, 박스형 사람들은 이 시기에 직사각형 사람에게 스트레스를 줄 것이다. 직사각형이 되고 싶지 않은 유형이다.

4. 오랜 친구들. 직사각형이 스트레스를 받는 주된 요인 중 하나가 오랜 친구들이다. 변화의 시기에 오랜 친구들은 직사각형이 보이고 싶지 않은 과거의 모습을 기억하고 있다. 과거의 모습을 강요하면 피할 수 없는 손해를 입게 된다.

주의 ➤➤ 직사각형이 스트레스 받았을 때 가장 긍정적인 영향을 미치는 유형은 바로 원형이다. 이해심 많고 인정 많은 원형은 직사각형을 기꺼이 도와주고 고민을 잘 들어준다. 과도기에 원형의 사람과 가까이 하는 것이 좋다. 과도기에 직사각형이 이혼을 하는 주된 원인은 원형의 배우자를 원하기 때문이다. 직사각형은 "지금 나에게 마음을 써줄 사람을 원해요."라고 말한다. 이 말의 진실 여부를 떠나 직사각형은 자신을 위해주는 사람을 강하게 원한다.

스트레스에 대한 직사각형의 반응

1. 매일 성격이 변한다. 직사각형은 언제라도 다른 유형의 사람이 될 수 있다는 뜻이다. 좀 더 나은 자신을 찾기 위해 쉴 새 없이 노력하는 직사각형의 모습이다. 실제로 직사각형은 각 유형별 역할 놀이를 한다. 만일 관객이 어떤 한 유형에 대해 지속적으로 칭찬을 해준다면 직사각형은 그 유형을 최종 선택할 것이다.

2. 아프거나 상처받는다. 과도기에 가장 일어나기 쉬운 현상이다. 즐거운 생각을 하지 않는 직사각형 유형의 사람들은 우발적이 된

다. 새로운 역할을 찾아내면 전에 해보지 않은 역할이라도 과감하게 용기를 낼 수도 있다. 그러나 충분히 준비하지 않고 시도하면 상처받기 쉽다.

3. **조울증으로 변덕이 심하다.** 과도기 때 직사각형과 함께 지내는 사람을 가장 힘들게 하는 증상이 조울증이다. 친구나 주위 사람들이 직사각형의 마음 상태를 잘 알지 못하면 감정기복으로 인해 서로 관계가 오랫동안 좋지 않을 수 있다. 직사각형이 고통스런 과도기를 잘 견뎌내고 자존심을 회복하고 나서 주위를 둘러보면 놀랍게도 남아있는 친구가 거의 없을 것이다.

4. **자살을 생각한다.** 아주 드문 일이긴 하지만 직사각형의 자긍심이 아주 밑바닥까지 떨어지면 자살을 생각할 수도 있다. 만일 직사각형이 자살할 기미가 보이면 즉시 전문가의 도움을 받게 하라.

직사각형의 스트레스를 풀어주려면

1. 직사각형의 사람이 갑자기 흥분을 하면 심리 전문가의 도움을 받아라.

2. 심각한 신체적 질병이나 우발적 행동의 징후를 보이면 의학적 도움을 받아라.

3. 과도기 동안 정신적 충격이 큰 사건을 경험했다면 직사각형을 유심히 보살펴줘라.

4. 직사각형의 가능성을 항상 독려하라. 자긍심과 자존심을 다시 살릴 수 있도록 격려해줘라. 자신감 회복은 직사각형 스스로 해야지 누구도 대신할 수 없는 일이다.

5. 일로 인한 변화가 필요하다면 직업을 바꾸도록 도와줘라. 유형별로

나와 있는 직업 관련 서적을 집으로 갖다줘라.

6. 되도록 직사각형의 경제적 부담을 덜어줘라. 변화가 필요한 직사각형의 부담을 덜어줄 수 있다.

7. 흥미로운 분야에 있는 새 친구들을 소개해줘라. 다른 분야의 일을 찾는 데 도움이 될 것이다. 또한 새로운 관객 앞에서 자신의 새로운 모습을 보여주는 직사각형의 역할놀이 욕구를 충족시켜줄 것이다.

8. 색다른 외부활동을 권하라. 골치 아픈 문제에서 벗어나 기분전환이 될 수도 있고, 새로운 것을 탐구하고 경험하고 싶은 욕구를 충족시킬 수도 있다.

9. 기분전환을 시켜줘라. 코미디 영화나 연극을 보라. 직사각형은 즐거운 사람들과 함께 하라. 즐거운 사람들과 함께 있으면 어느 정도 긴장이 풀릴 것이다.

10. 친구나 가족, 직장 동료들에게 지금 직사각형의 상태에 대해 알려줘라. 직사각형과 관계있는 사람들은 자신들과 직접 관계가 없는 문제라도 현재 직사각형의 상태를 알고 있어야 한다(특히 아이와 관련된 문제는 중요하다. 아이들은 자신을 비난하며 가책까지 느낄 수 있다).

직사각형이 가장 편안해 할 때

1. 새로운 것을 배울 때
2. 자신의 변화에 기분이 좋을 때
3. 어떤 문제에 대해 자신이 원하던 긍정적인 결과를 가져올 때
4. 새로운 일이나 관계를 통해 자신을 탐구할 자유가 주어졌을 때

5. 변화의 시기를 극복할 만큼 경제적 안정을 이루었을 때

6. 자극과 반성이 적절히 조화를 이루었을 때

7. 육체적, 정신적으로 건강할 때

8. 주위 친구와 가족, 동료들이 적극적으로 지지하고 아껴줄 때

9. 세상이 직사각형의 변화를 허용할 때

10. 미래가 전반적으로 희망적일 때

|Final Note| 이러한 도전의 시기에는 친구나 주위 사람들의 격려를 많이 받을 수 있는 지원 시스템을 보강해두라. 스스로 자신을 격려할 필요가 있다. 명심할 것은 문제가 심각해지더라도 지금은 과도기일 뿐이다. 곧 지나갈 것이다. 직사각형에게는 어느 때보다 주위의 격려가 필요하다. 주저하지 말고 조건 없이 직사각형을 지지해줘라. 그러면 과도기의 시기를 모두 겪고 나서 직사각형과 건전하고 긍정적인 관계를 맺을 수 있을 것이다.

제4부

다정다감 원형

14 애교만점 원형

$$\square \triangle \square C \text{ w}$$

신　조 : 사람들이 원하는 대로 해주자.
속마음 : 우리 모두가 서로 사랑하기만 한다면 더 살기 좋은 세상이 될 것이다.

　원형은 모든 사람의 연인이다. 원형의 최대 관심사는 사람으로, 어떤 희생을 치르더라도 사람들과 조화를 이루려고 애쓴다. 기하학 상으로 원은 조화의 상징으로, 사람들 사이에서 인기가 있다. 앞으로 많은 내용이 주위 사람들과 관련된 얘기라는 것을 알게 될 것이다. 원형이 기본적으로 사람에 중점을 두고 있기 때문이다. 그리고 최선의 노력을 다했는데도 왜 자기 편이 되지 않는 사람이 있는지 그 이유도 알수 있다. 또한 리더로서 원형이 얼마나 효과적으로 능력을 발휘할 수 있는지 알아둘 필요가 있다. 원형은 이처럼 자신의 성향을 파악하고 나서 노력을 할 때 부족한 부분들을 채워나갈 수 있다.

⟩ 원형이란

원형은 진심으로 사람들에게 관심을 쏟는 가장 다정다감한 사람이다. 사람들의 말을 가장 잘 들어주는 원형은 어느 누구와도 대화가 잘 통한다. 사람들의 마음을 잘 읽고, 공감대를 빨리 형성한다. 실제로 함께 있는 사람이 어떤 고민이 있는지 잘 감지하며, 되도록 다시 회복할 수 있도록 도와준다. 문제가 있는 사람은 자연히 원형에게 끌린다. 그래서 남에게 도움을 주는 전문가들 대부분이 원형에 속한다(16장의 직업 유형 참고).

원형은 사람들과의 갈등을 해결해야 할 때 가장 힘들어 한다. 모든 사람이 함께 잘 지내고 서로 좋아하길 바란다. 원형이 누군가와 갈등하고 있다면 먼저 양보하는 사람은 원형이다. 사람들과의 화합을 도모하는 일이 원형의 기본성향이다. 이런 성향으로 원형이 사람들을 기쁘게 하고 좋은 평판을 얻기도 하지만, 자존심을 잃을 수도 있다. 이런 일이 없도록 사전에 방지해야 한다.

원형은 도덕적이고 사람을 옳은 길로 이끌 수 있기를 진심으로 바란다. 원형은 자신이 하고 싶은 일에 대해서는 꽤 설득력이 있다. 삼각형의 기질이 강한 원형이라면 카리스마 있는 리더가 될 능력이 충분하다. 하지만 순수한 원형이라면 다른 선형 유형에 비해 좌뇌를 쓰지 못하고 체계적이지 못하다. 원형은 단체에서 리더보다는 조화를 이루는 역할이 더 잘 어울린다. 지도하는 것보다 화합에 더 많은 신경을 쓴다.

원형에 속하는 사람은 주위 모든 사람들에게 기쁨을 주려고 최선의 노력을 다한다. 그러나 원형은 이 과정에서 일이 잘못되면 후회하거나 자신을 책망하는 경향이 있으므로 자신에게 소홀하지 않도록 주의해야 한다.

〉원형의 특징

언어

주로 쓰는 단어 느끼다, 사랑스러운, 멋진, 칭찬하는, 편안한, 도움이 되는, 협동심 있는, 감정적으로, 팀

주로 하는 말 "우리처럼 화목한 가족은 없을 거야."

"문제 없어."

"나도 힘들지만 너를 도와줄 방법을 찾아볼게."

"앉아서 얘기해보자."

"사람이 가장 가치 있는 상품이다."

외모

남성 편안한 게 최고다. 원형 남성은 정장보다 스포츠 점퍼에 가죽을 댄 갈색 골덴 바지면 만족한다. 셔츠의 옷깃은 풀고, 넥타이는 매지 않는다. 원형의 남성은 갈색, 황갈색, 녹색 등의 자연색을 좋아한다. 파란색이나 자주색도 좋아한다. 유행이나 상표에는 관심이 없다. 오랜 친구처럼 시간이 흘러 자연스럽게 낡아진 옷을 좋아한다. 어떤

인상을 풍기든 개의치 않지만 상황에 따라 충분히 맞출 수 있다.

원형 남성은 고민에 빠진 여성을 만날 경우를 대비하여 손수건을 가지고 다닌다. 화려한 보석은 잘 하지 않지만 결혼반지는 꼭 끼고 다닌다. 사람들에게 헌신하는 것을 중시한다. 집에서는 터틀넥 스웨터에 편한 바지나 청바지를 입고 있다. 약간 살이 쪄서 편안해보일 정도의 토실토실한 어린 얼굴을 하고 있다. 얼굴에 근심거리가 없다.

턱수염을 자랑삼아 보이며 나이 들어 보이고 싶어 하는 원형도 있다. 15년 동안 턱수염을 기른 대학교수가 턱수염을 자르고 났더니 아내가 남편이 낯설게 느껴졌다고 한다. 10년은 젊어진 남편이 자신보다 더 어려 보여 아내는 당황했고, 친구에게 웃으면서 "남편의 진정한 모습을 몰랐네" 하고 말했다.

여성 남성과 마찬가지로 편안함을 중시한다. 남자든 여자든 원형은 차려입는 걸 싫어한다. 여성이 옷을 잘 입는다고 성공하는 건 아니다. 원형의 여성은 편한 옷을 선호하며 스웨터, 저지, 앙고라, 가벼운 모직 등 느낌이 좋은 천으로 된 옷을 입는다. 원형 여성은 나풀거리는 풀 스커트에 리본과 플러프가 달린 블라우스를 입는다. 보통 옷을 겹쳐 입는다. 색상은 옅은 파스텔 톤이나 자연색을 선호한다. 머리는 주로 짧은 웨이브를 하거나 길다. 여성들 대부분이 그렇듯이 원형 여성도 남성보다 유행에 민감하다. 손톱을 치장하고, 향수는 강하고 달콤한 향을 사용한다.

원형 여성도 남성처럼 자연스럽게 나이를 먹는다. 그러나 자매들에 비해 나이가 들어도 외모에 별로 신경 쓰지 않는다. 자연스러워 보이는 걸 좋아한다. 그래도 살아오면서 과도하게 웃어서 생긴 눈가와

입가의 주름은 이미 알고 있다. 주름을 없애려고 하지 않지만 점점 늙어가는 자신을 느낀다. 회사에서 스트레스를 받았을 때 원형의 여성은 헤어스타일을 약간 늘어뜨리거나 낡은 옷을 입기도 한다. 그러나 고민으로 생긴 깊어진 눈가의 주름은 미소로 사라질 것이다.

사무실

원형의 사무실을 방문하면 누군가의 집에 들어간 듯한 느낌이 들 것이다. 원형의 사무실에는 화분이 많으며, 부드러운 색과 자연색 톤으로 꾸며져 있다. 튼튼한 목조가구가 가득 차 있는데, 소파나 쿠션 여러 개가 놓인 2인용 의자가 주류를 이룬다. 방문자에게 편안함을 주는 분위기를 내는데 주력하여 사무실을 꾸민다.

작업공간은 여기저기 아무렇게나 널린 서류들로 약간 어질러져 있다. 책상에는 회사 야유회와 크리스마스 파티 때 사람들과 함께 찍은 사진으로 가득하다. 물론 다른 가족들과의 모임 사진도 있다. 책상 위에 꽃다발과 카드가 놓여 있을 때도 있다. 동료가 자신의 문제를 해결해준 것에 대한 보답으로 보내온 선물이다. 또, 문 뒤에는 여분의 점퍼나 비옷이 걸려 있다. 자신이 필요해서 구비해놓기도 하지만 그보다는 다른 사람들을 위해서이다. 원형은 언제나 남을 배려하는 마음이 깊다.

습관

1. 마주보고 대화한다. 원형은 누군가와 같이 있을 때 모든 감각을 사용하는데, 감각기관을 통해 사람의 심경을 읽어내기 위해 직접

사람들과 대면한다. 집중력이 강한 원형은 한 번에 한 사람만 상대한다.

2. 즐긴다. 원형은 명랑하고 즐길 줄 아는 사람이다. 가장 먼저 술집에 들어가 마지막까지 남는다. 사람들이 즐거우면 자신도 즐겁다.

3. 참여를 잘 한다. 클럽이나 단체에 참여해 활동하는 것을 매우 즐거워한다. 모임을 주도하지는 못하지만 항상 사교 행사에 참여한다.

4. 친한 친구 몇 명과 소규모로 모여 여가활동을 즐긴다. 골프, 자전거 타기, 카드 게임 등 경쟁적이고 속도감 있는 스포츠를 즐긴다.

5. 고전적인 것을 좋아한다. 원형에 속하는 사람들은 감성적인 편이다. 스크랩북, 편지, 코르사주, 가보, 오래된 옷 등을 모은다. 아마 처음으로 받은 지폐도 소장하고 있을 것이다.

6. 칭찬을 잘한다. 만일 당신이 정말 활력을 되찾고 싶다면 원형에게 달려가라. 원형은 사람들의 신뢰를 받고 있으며 칭찬을 많이 한다.

7. 항상 책을 가까이 한다. 〈피플〉〈라이프〉〈리더스 다이제스트〉〈내셔널 지오그래픽〉 등 다양한 잡지를 구독한다. 식료품점에서 〈내셔널 인콰이어러〉지를 몰래 읽기도 하고, TV 시청도 많이 한다(드라마에 쉽게 중독된다).

8. 취미. 수공예, 정원 가꾸기, 물건 고치기를 좋아한다. 시나 단편 이야기를 쓰기도 한다. 하지만 한 권의 책을 완성하기에는 아직 부족하다.

9. 지저분하다. 원형이 어질러 놓은 것을 따라다니면서 치워야 한다. 원형은 자신이 어지럽힌다고 생각하지 않는 것 같다. 깔끔하게

정리하는 일을 그다지 중요하게 여기지 않는다.

10. 요리를 잘 한다. 사람들을 기쁘게 하고 싶은 마음에서 저절로 우러나오는 솜씨다. 원형은 음식을 통해 사람을 사귄다. 스스로 미식가라고 생각하진 않지만 집에서는 훌륭한 요리사다(집에서 요리를 잘 해서 살이 더 찌는 경향이 있다).

원형의 표정과 동작

1. 아침 8시, 어김없이 누구에게나 미소 짓는다.

2. 고개를 끄덕여 사람들을 지지하고 수용하는 표시를 한다. 웃으면서 고개를 끄덕이는 원형은 아첨하는 것 같기도 해서 여성의 경우에는 경박해 보이기도 한다.

3. 다른 사람의 행동을 따라한다. 사람에게 강하게 집중하는 원형은 무의식적으로 상대방의 움직임을 그대로 따라한다. 실제로 많은 상담자들의 학습과정에 포함되어 있는 기술이다.

4. 눈을 똑바로 응시한다. 사람들이 서로 시선을 마주치는 비율이 평균 80%가 최고라는 조사 결과가 있는데, 이 수치를 넘는 원형의 시선은 가끔 사람들을 불편하게 한다.

5. 신체 접촉이 많다. 원형은 신체 접촉으로 애정을 표현하는 사람이다. 동료들의 팔짱을 끼고 있는 원형을 많이 보았을 것이다.

6. 두 손을 모두 이용하여 악수를 한다. 원형은 인사로 악수를 하는 것이 너무 형식적이라고 생각한다. 하지만 어쩔 수 없이 해야 할 때 두 손을 내밀어 악수한다. 또는 악수하는 동안 자신의 애정을 표시하는 의미로 팔을 잡기도 한다.

7. 활기차게 큰 걸음으로 걷는다. 원형의 자세와 걸음걸이를 보면 긍정적인 성향을 알 수 있다. 그리고 대체로 함께 걸어가고 있는 사람과 보조를 맞춰 걷는다.

8. 목소리가 부드럽다. 원형의 목소리는 음조가 낮고 고와 듣기 편하다. 막힘없이 천천히 말한다. 사람을 편안하게 해주는 목소리는 원형의 큰 장점이다.

9. 내배엽형의 체격이다. 인류학에 따르면 내배엽형은 큰 엉덩이에 몸이 길고, 골격이 우람한 편이다. 팔다리는 평균보다 짧은 편이며, 키는 중간 정도이거나 작다.

10. 매력적이다. 사람들은 원형의 체격을 상당히 매력적으로 여긴다. 확신하건대 매력의 요인은 원형의 외모뿐 아니라 성격의 영향이 크다.

원형은 모든 사람이 좋아하며, 주위 사람들에게 선을 베풀면서 살아간다. 원형은 화난 사람을 진정시키는 전문가이고, 사람들이 함께 화합하여 일할 수 있게 만든다. 원형은 주위를 배려하고 걱정하며, 팀 위주이며, 감성적이고, 분위기를 편안하게 만들며, 설득을 잘하고, 사려 깊어 누구나 좋아하는 사람이다.

원형은 이와 같은 성격을 다른 사람들을 위해 한없이 베풀지만 자신에게 항상 관대하지만은 않다. 일이 잘못되면 먼저 자신을 탓한다. 굉장히 우울해져서 자신을 책망하고 절망에 빠지기도 한다. 이런 성향이 원형을 가장 해롭게 하므로 대비할 필요가 있다.

원형은 공과 사를 잘 구분하지 않아 직장 동료가 친구가 되기도 한다. 좋은 일이기도 하지만 점점 일의 수행능력은 떨어질 것이다. 특히 직장이나 집에서 갈등이 일어났을 때 대처하기가 힘들다. 원형은 세상의 조화와 평화의 상징이다. 진정한 원형은 나중에 삶과 사람에 대해 믿을 수 없을 만큼 대단한 지혜를 발휘할 것이다. 원형이 통합의 상징이자 몸과 마음의 정신적, 더 나아가 영적인 전체론의 상징이라는 점에 더 깊은 의미가 있다. 원형은 세상에 기여하는 바가 크다.

결국 원형은 부러울 정도로 주위 모든 이의 칭찬을 줄곧 받으면서 살아간다. 집에서 만든 시나몬 롤빵에서 시작하여 생일축하 꽃다발에 이르기까지 원형과 함께 있으면 손해볼 일이 없다. 논쟁이 심각하게 전개될 때 분위기를 완화해줄 원형의 배려가 필요할 것이다. 원형과 잘 지내라. 세상을 움직이는 원천이 원형이다.

15 원형의 가정생활

□ △ ⫿ ○ ⺈⺈

원형의 성향이 강한 사람과 함께 살고 있다면 행운이다. 원형은 진심으로 남을 배려할 줄 아는 사람이다. 삶의 궁극적인 목적이 남을 돕고, 가르치고, 봉사하는 것이다. 집은 원형이 주로 활동하는 공간이다. 순수한 원형의 성향을 지닌 사람은 가정적이다.

지금 함께 지내고 있는 사람이 직장에서 원형의 성격을 보이지 않을지라도 집에서는 원형일 수 있다. 요즘처럼 바쁜 세상에서 집만이 느긋하게 쉴 수 있는 유일한 곳이며, 사람의 따뜻한 정이 흐를 수 있는 곳이다. 그래서 직장에서 가장 독재적인 삼각형도 집에서는 약한 모습을 보이기도 한다. 집은 삼각형이 방어를 풀고 쉴 수 있는 곳으로, 여유 있는 모습을 보이기도 하고, 연약해지기도 하며, 실수를 인정하는 곳이기도 하다.

사람들은 자신의 배우자들을 완벽한 원형으로 여기는 경우가 많다. 그러나 회사 동료들은 그들을 전혀 원형으로 여기지 않으며, 온전히 삼각형이나 박스형으로 생각한다.

집에서는 원형인 사람이 직장에서는 완전히 다른 유형의 사람으로 변한다는 것은 정말이다(사람은 직장과 집에서 각각 다른 유형으로 보일 가능성이 높다).

⟩ 원형 배우자

원형 배우자는 배려심이 깊고, 감수성이 예민하며, 남을 먼저 생각한다. 집에서 갈등이 생겼을 때 원형은 다른 가족들의 요구를 수용하는 편이다. 원형에 속하는 사람은 실수에 관대하며, 상대방에게 지나칠 정도로 헌신적이다.

원형은 항상 사람들과 함께 지내길 바라기 때문에 가족이 많길 바란다. 그렇지 못하면 친구들을 가족처럼 대할 것이다. 원형의 집을 방문해보면 언제나 친구나 이웃, 동료들이 있다. 사람이 많다고 개의치 말라. 원형은 모두를 주방 식탁에 앉혀 놓고 왕처럼 대접할 것이다. 원형은 집주인 역할을 최고로 잘 하니, 원형의 집에서는 언제나 편안함을 느낄 것이다.

원형의 이상적인 집

1. **편안함이 우선이다.** 집안은 원형의 특성을 반영하여 꾸며야 한다. 푹신한 의자처럼 부드럽고 우아한 분위기를 내는 가구들로 꾸며

야 한다. 화려한 금속성이나 차가운 유리제품은 따뜻한 성향의 원형에게 어울리지 않는다. 원형은 사람들을 접대하기에 편안한 공간을 원한다.

2. 자연색을 좋아한다. 원형은 갈색, 오렌지색, 빨간색, 자주색, 초록색 같은 따뜻한 색을 가장 좋아한다.

3. 고전을 좋아한다. 역사를 사랑하고 조상의 손길이 닿은 물건을 좋아하는 원형의 성향이 낳은 자연스런 결과다. 원형의 집은 온통 과거를 볼 수 있는 가보로 가득하다.

4. 집안 곳곳에 가족사진과 친구들이나 모임에서 찍은 사진으로 꾸며져 있다. 원형은 현관에서 침실로 가는 길에 사진을 전시해 놓는다. 벽난로 위에 가족 초상화를 걸어놓기도 한다(삼각형이라면 본인의 초상화를 걸어놓을 것이다). 그리고 원형은 편지를 보낼 때 꼭 최근 가족사진을 동봉한다.

5. 조그만 장식품과 도자기로 집안을 꾸민다. 원형은 허멜 작품을 사기도 하며, 인형을 수집한다.

6. 책이 많다. 로맨스나 역사, 미스터리 소설을 아주 많이 읽는다.

7. 원형은 많은 편지를 주고받기 때문에 방 한 쪽에 비서를 두어야 할 정도다. 원형은 무수히 많은 친구들과 끊임없이 편지를 주고받는다.

8. 원형이 깔끔하고 정돈을 잘 할 거라고 기대하지 말라. 물건보다 사람을 소중히 여기므로 주위에는 베개나 모포가 여기 저기 흩어져 있다. 명심할 것은 원형은 천성적으로 게으르다.

9. 규칙적인 일상을 보내지 않는다. 주위 사람들에 따라 상황이 어떻

게 변할지 모르기 때문에 원형은 규칙적으로 할 일을 정해놓지 않는다. 지금 원형을 찾으면 바로 당신 옆에 있을 것이다.

10. 연간 예산을 책정하지 않는다. 원형은 기념일, 생일, 집들이, 출산 등 생각지 못한 일을 챙기기 위해 항상 비자금이 필요하다. 원형은 선물을 잘 하는 사람이다. 일일이 신경을 못써 준다면 아마 돈이 없어서일 것이다. 원형은 돈이 없어도 그다지 신경 쓰지 않는다. 부자가 아닌 원형도 있다. 원형은 사람들의 마음만 사로잡으면 된다.

11. 1960년대에 스테이션 왜건을 타던 원형이 현재 밴을 타고 있다. 원형은 대형 자가용을 가지고 수많은 사람들의 운전기사 노릇을 하고 있다.

12. 항상 집에서 다양한 음식을 만들어준다. 손님들마다 어떤 음식을 좋아할지 모르기 때문에 원형은 집에 다양한 간식거리를 갖추어 놓고 있다. 또한 모든 사람이 충분히 먹을 수 있도록 많은 분량의 음식을 제공한다. 원형은 비싼 고급식당보다 집에서 만들어 먹는 음식을 선호한다.

원형의 여가생활

1. 원형은 가족과 함께 파티를 자주 여는데 친구들도 부른다(원형에게 친구는 가족과 같은 존재이다). 원형은 집에서 파티 하는 걸 더 좋아한다. 5명에서 50명에 이르기까지 다양한 규모로 파티를 연다. 사람이 많으면 많을수록 더 좋아한다.

2. 캠핑을 좋아한다. 원형은 모닥불에 둘러앉아 얘기를 나누거나 노

래 부르기를 즐긴다. 다양한 사람들과 새로운 만남을 갖는 것을 좋아한다.

3. 음식을 통해 사교활동을 한다. 손님들이 여유 있게 즐길 수 있도록 천천히 음식을 내온다. 원형은 야외에서 바비큐를 해먹거나 따뜻하게 데운 멀드 와인과 치즈, 퐁듀 같은 음식을 좋아한다.

4. 주제가 있는 파티를 좋아한다. 원형에게 할로윈은 언제나 즐거운 파티다. 원형은 제스처 게임을 즐기고, 최근에 인기 있는 머더 파티에 빠져 있다.

5. 비경쟁적인 스포츠를 좋아한다. 단체로 함께 즐기고 승부와 상관없는 스포츠를 즐긴다.

6. 클럽 활동을 많이 한다. 스키, 브리지, 여행, 사우나 등 여가선용 클럽의 회원이다. 원형은 사람들과 함께 하는 여가활동을 할 때 즐겁다.

7. 취미활동은 별로 없지만 사람들에게 도자기를 만들어 선물하기도 하고, 물건을 수집하기도 한다. 돼지를 수집하고 있는 원형도 있는데 (원형들은 대부분 뚱뚱하다), 이들은 모든 종류의 애완동물을 좋아한다.

8. 신앙심이 깊다. 원형이 교회에 다닌다면 주로 교회활동에 적극적으로 참여한다. 십일조도 꼬박꼬박 낼 것이다.

9. 모든 일에 열정이 넘친다. 어떤 단체나 시민협회에서 도움을 바라면 원형은 가장 먼저 나선다. 금전적 도움이 아닌 시간을 할애하여 많이 도와준다. 이처럼 실제적인 도움을 통해 사람들의 인정을 받는다.

10. TV를 많이 본다. 원형의 구미를 당기는 방송 프로그램은 끝이 없다. 원형은 역사 영화보다는 시트콤을 더 좋아한다.

11. 많은 잡지를 구독하며, 독서 클럽 회원이다. 〈피플〉지와 〈리더스 다이제스트〉를 잘 읽으며, 〈내셔널 지오그래픽〉의 특별 회원이다.

12. 휴가로 클럽 행사나 여행을 계획한다. 크루즈는 더할 나위 없이 좋다. 바하마 쇼도 좋아한다.

13. 집회에는 주축을 이루어 참석한다. 일을 더 배우러 가는 것이 아니라 동료들이나 새로운 관련자들과 함께 밤새 가담하려고 간다.

14. 원형은 여유롭게 아무것도 안 하고 지낼 수 있다. 여유로운 원형 때문에 삼각형과 박스형은 화를 낸다. 하지만 원형은 하루 종일 해변에 누워 있거나 주말 내내 특별한 계획 없이 집 근처에서 빈둥거리며 지내는 일에 아주 만족한다.

원형의 이런 여유로운 태도 때문에 세상은 더욱 분주해진다. 원형은 도시의 아버지들이 오후 내내 이발소에 앉아 끊임없이 이야기하고, 엄마들은 한가롭게 오전 10시에 커피를 마시며 즐겼던 때를 기억한다. 원형은 가족 가운데서 언제나 분위기를 주도하는 중요한 사람이다. 초고속 사회의 생활은 과거의 전통가치와 습관을 거부하므로 의도적으로 피한다.

원형 배우자의 강점과 약점
【강점】 1. 많은 사랑을 베푼다.

2. 진심으로 남을 배려한다. 원형은 당신을 가장 먼저 생각할 것이다.

3. 적극적으로 남의 말을 들어준다. 당신이 아무리 지루하게 얘기해도 끝까지 들어줄 것이다.

4. 이따금씩 마음대로 놀고 싶을 때 외에는 항상 성실하다.

5. 헌신적이다. 원형에게 아주 중요한 의미를 지닌 말이다. 어떤 단체의 구성원으로서 클럽, 조직체, 회사에 헌신하는 게 아니라 그 단체에 속해 있는 사람들에게 헌신적이다.

6. 잘 보살핀다. 원형은 어머니와 같은 존재로서 사람들에게 필요한 존재가 되길 바란다. 모든 상처받은 생명체를 양육하고, 보살피고, 돌본다.

7. 타협을 잘 한다. 의견충돌이 있을 때 원형은 누구도 손해 보지 않는 해결책을 찾는다. 때로는 너무나 쉽게 상대방의 요구를 들어준다.

8. 관대하다. 시간과 물질, 모든 것에 관대하다. 하지만 조심하라. 원형 배우자는 사람들이 요구한다면 남의 것이라도 가져다줄 것이다.

9. 믿음이 강하다. 원형은 거짓말도 믿는다. 이런 원형은 이용당하기 쉽다.

【약점】 1. 죄책감을 갖는다. 원형은 죄책감으로 고통스러워하고, 가끔은 남에게 떠넘긴다.

2. 자기 비판적이다. 일이 잘못 되어갈 때 원형은 먼저 자신 탓을 한다.

3. 우유부단한 부모가 되기 쉽다. 확고한 목표의식과 엄격함이 필요한 아이에게 좋은 부모가 되지 못한다.

4. 비논리적인 결론을 내린다. 원형 자신이 감정적이며, 다른 사람의 의견에 이끌려 결정을 내린다.

5. 말이 많다. 원형은 얘기하는 걸 아주 좋아한다. 대부분의 배우자들이 "원형인 제 배우자는 한시도 쉬지 않고 얘기한다"라고 말한다.

6. 입이 가볍다. 원형과 대화할 때는 조심하라. 항상 얘깃거리가 필요한 원형에게 그 대상이 바로 당신이 될 수도 있다.

7. 교묘하다. 원형은 자기 뜻대로 유도하고 싶을 때 사람을 이용하기도 한다.

8. 지나치게 감정적이다. 원형 여성은 별 이유도 없이 울고, 남자의 경우는 걸핏하면 부루퉁해진다.

9. 잘 속는다. 사람을 잘 믿는 원형의 약점으로, 거짓말에도 쉽게 넘어간다.

원형 배우자와 원만한 관계를 유지하려면

1. 가정의 중대사 결정은 당신이 책임을 져라. 식구들이 반대하는 경우 특히 그렇게 하라. 가족이 반대하는 결정은 원형이 덜어내고 싶은 부담이다. 원형은 사람들이 싫어하는 일에 죄책감을 느끼고

싶어 하지 않는다.

2. 진심을 보여라. 원형은 사람들의 솔직한 마음을 알고 싶어 한다. 그러나 말이 없고 속을 알 수 없는 사람은 불편하다. 원형에게 당신의 솔직한 모습을 보여줘라.

3. 정직하라. 원형은 사람에 대한 믿음이 강하다. 사람을 쉽게 믿지만 신뢰가 깨지면 복수심에 타락할 수도 있다.

4. 용서를 구하라. 실수를 했다면 인정하고 원형에게 용서를 구하는 게 훨씬 낫다. 원형은 용서는 잘 해주지만 거짓말은 절대 용서하지 않는다.

5. 사람에 관한 한 원형의 판단을 믿어라. 원형은 사람의 마음을 잘 읽고, 사람들을 평가하는 눈도 예리하다. 자녀나 친구도 마찬가지다.

6. 재정문제를 관리해줘라. 원형은 재정에 관한 한 문외한으로 신경 쓰지 않게 해주면 아주 기뻐할 것이다. 사소한 지출이라도 신경 써라.

7. 감정에 일일이 신경 쓰지 말라. 원형이 어떤 일에 화가 나 있을 때 더 화나게 하지 말라. 괜히 화를 더 돋우지 말고 잠시 그대로 두라.

8. 원형의 잘못이 아니라고 알려줘라. 무슨 일이든 자기 탓으로 돌리는 원형은 문제가 있을 때 객관성을 잃어버리는 경우가 종종 있다. 이 때 옆에서 객관적인 시각으로 이성적인 판단을 해줄 필요가 있다.

9. 가족문제에 관해서는 솔직하게 얘기하라. 가족에게 문제가 있으면

감추지 말고 가족 모두 모여 숨김없이 상의하라.

10. 흠 하나 없는 깔끔한 집을 고집하지 말라. 어제 나온 설거지 그릇을 그대로 두라. 그렇지 않을 거라면 당신이 설거지를 하라.

11. 원형의 과도한 동정심을 조절해줘라. 원형은 주위 사람들의 문제나 사회문제에 지나치게 간섭한다.

12. 자녀들이 어리광부리며 조른다고 다 들어주지 말라. 아이들은 어떤 식으로 부모를 이용할지 금방 안다. 어리광을 다 받아주면 몇 년 후에 자녀에게 문제가 생길 수 있다.

13. 외부활동을 권유하라. 원형은 가정적인 사람으로 집에만 은둔할 수 있다. 상투적인 습관에서 벗어나 새로운 것을 접하게 하라. 운동을 잘 하지 않는 유형이므로, 꼭 충분한 운동을 시켜라.

14. 자신만의 개인시간을 가져라. 여건만 주어진다면 원형은 당신뿐만 아니라 모든 사람을 독차지하려고 할 것이다.

15. 여유를 갖고 당신과 다른 'B 타입'의 원형과 즐겨라. 원형 배우자에게 강요하지 말고, 큰 기대도 갖지 말라. 원형은 패기 넘치는 사람이 아니다. 주위에 저돌적이고 열정이 넘치는 사람이 있으면 불안해한다. 만일 당신이 'A 타입'이라면 원형 배우자와는 당연히 다르다.

16. 원형 배우자는 본인 자체로 사랑받고 있으며 필요한 존재라는 사실을 항상 인식시켜줘라. 이러한 사실은 원형 배우자와의 지속적인 관계유지에 필요한 사항이다.

원형 이성을 만날 수 있는 곳

1. 자주 들르는 이웃집 거실

2. 원형이 주최하는 깜짝 파티

3. 지역 술집

4. 친척이나 친구들과 함께 간 휴가지

5. 이발소나 미장원

6. 요양원이나 열악한 환경의 병원

7. 걸/보이 스카우트, 비행 청소년 지도부

8. 학교나 교회의 여름 캠프

9. 집회에서의 술 판매대 앞

10. 고래, 동성애자, 노숙자 등을 보호하자는 데모 행렬에서 피켓을
    들고 있는 사람

11. 집의 TV 앞

원형과 대화하기

1. "난 가족과 아주 잘 지내는데, 당신은 어때요?"

2. "시골에서의 어린 시절은 어땠어요?"

3. "첫 번째 결혼의 진짜 문제는 뭐였어요?" (원형은 사적인 문제를
    쉽게 물어본다)

4. "정치 후보자들의 공약은 괜찮나요?"

5. "어린이 학대와 아내 폭행을 다룬 ABC 특집 프로 봤어요? 너무 끔찍하지 않아요?"

6. "오늘의 별자리 운세는 어땠어요? 멋진 상대를 만난대요?"

7. "〈바람과 함께 사라지다〉를 다시 영화화하면 어떨 것 같아요?"

8. "사회주의 국가와의 관계가 개선될 수 있을 것 같아요?"

9. "인종차별은 정말 개탄할 일 아닙니까?"

10. "당신 친구들에 대해 얘기해 주세요."

첫 데이트

1. 계속 얘기하라.

2. 자신의 비밀이나 두려워하는 것에 대해 얘기하라.

3. 가족사진을 보여줘라.

4. 부도덕한 사회상을 그린 영화를 보고 나서 충분히 토론하라.

5. 눈물이 나도록 슬픈 어린 시절 얘기를 하라.

6. 지난 주에 참석했던 파티에서 있었던 일을 얘기하라.

7. 원형의 삶에 대해 질문하고 어떤 얘기를 하는지 유심히 들어라.

8. 집으로 가는 길에 아이스크림 가게에 들러라.

9. 집 앞에서 헤어지기가 아쉬운 듯 포옹하고 헤어져라.

성적 접근법

1. 먼저 원형과 모든 상의를 해야 한다.

2. 원형이 허락할 만한 행위를 준비하라.

3. 이성 관계에 대한 최신 글을 읽고 그 내용을 계속 활용하라.

4. 영원히 변치 않고 아껴주겠다고 맹세하라(처음부터 사랑이란 말은 하지 말라).

5. 적당한 날 밤에 낭만적인 사건을 만들라. 원형에게는 구식으로 구애해야 한다.

6. 청혼하기 일주일 전부터 계속 꽃을 보내라.

7. 결혼식은 최소한 6개월 전부터 준비하라. 원형은 결혼준비를 촉박하게 하고 싶어 하지 않는다. 모든 과정에서 일어나는 일을 즐기고 싶어 한다.

8. 원형의 부모님과 가족을 빨리 만나 좋은 인상을 심어줘라. 원형은 가족들의 영향을 많이 받는다.

9. 결혼식에 마을 사람을 모두 초대하라. 돈을 아끼지 말고 결혼식을 준비하라. 원형과 살아가면서 중요한 이벤트는 이런 식으로 치러야 할 것이다.

|Final Note| 당신의 사랑스런 원형 배우자와 즐겁게 지내라. 원형은 배우자로는 최고다. 원형 배우자에게는 당신이 가장 우선이다. 시인들이 말했듯이 "그게 바로 사랑이다."

∴ 원형 자녀

원형 자녀처럼 사랑스럽고 애정을 숨김없이 표현하는 아이도 없다. 어느 부모에게나 원형 자녀는 기쁨이다. 하지만 이런 원형 자녀에게도 문제가 있게 마련이다. 가장 예민한 이 아이의 신경을 건드리지 않고 문제를 해결하는 방법을 제시한다.

문제1: **사람들을 기쁘게 해야 한다는 의무감이 있다.** 처음에 이런 모습은 긍정적으로 보이고, 실제로도 그렇다. 하지만 원형 자녀의 의무감은 극단으로 치닫기도 한다. 원형 자녀는 사람들이 기뻐하지 않으면 굉장히 실망한다. 또한 이 의무감 때문에 사춘기 때 또래 집단이 가하는 사회적 압박에 상처받기 쉽다.

해결책: **항상 모든 사람을 기쁘게 해줄 필요는 없다고 자녀에게 가르쳐라.** 원형 자녀가 받아들이기 힘든 내용이지만 깨달아야 한다. 원형 자녀는 자기 자신을 아낄 줄 알고, 손해를 볼 수도 있는 남의 요구를 거절할 정도로 강해져야 한다. 부모는 자녀가 친구들 때문에 마약 같은 것에 빠지지 않는지 유심히 살펴야 한다. 어떤 10대 소녀는 기쁨을 주기 위해 임신을 하는 경우도 있다. 원형 자녀가 자신을 방어해야 할 때는 인기가 없을 때도 있다는 사실을 알아야 한다. 이 사실을 빨리 깨닫지 못하면 나중에 커서 사람들의 질책을 받게 된다.

문제2: **지나치게 예민하다.** 원형은 눈물이 많고, 감정을 숨김없이 드러낸다. 어릴 때는 장난감에 마음을 빼앗기고, 십대에는 세상이 아이들의 마음을 잡으려고 애쓰지만 원형 아이는 아무도 자신을 좋아하는 것 같지 않다.

해결책: **아무리 예민한 아이일지라도 받아들여야 할 교육이 있다.** 그러나 생각보다 아이를 더 혹독하게 훈련시켜야 한다는 사실을 알게 될 것이다. 이런 점을 염두에 두고 마음의 상처를 받지 않도록 주의하라. 논리정연하게 문제를 해결해 나가라. 원형 자녀들의 좌뇌를 자극하

여 감정적 문제를 해결하라.

문제3: **외로움을 못 참는다.** 원형은 주위에 항상 사람들이 있길 바란다. 원형 자녀가 독자이거나 홀로 보내야 하는 시간이 많다면 힘들어할 것이다. 그래서 원형 자녀들은 상상의 놀이친구나 동물인형과 친구가 된다.

해결책: **자녀를 더 낳거나 아니면 놀이친구라도 많이 만들어줘라.** 또한 부모가 자녀의 상대가 될 수 있도록 많은 노력을 기울여야 한다. 특히 배우자가 없는 부모는 더 많은 노력이 필요하다. 이 때는 다른 가족들과 친하게 지내는 것도 좋다. 원형 자녀는 부모의 사랑이 절실히 필요하므로 이혼은 정말 좋지 않은 영향을 미친다.

문제4: **끊임없는 관심을 바란다.** 즉, 원형 자녀는 사람들의 관심을 원한다. 하지만 학교에 들어가기 전까지는 힘든 일이다. 원형 아기는 많이 울기도 하고, 좀 더 크면 관심을 끌려고 이상한 행동을 할 수도 있다.

해결책: **원형 자녀 주위에 사람이 많으면 많을수록 더 많은 관심을 쏟아** 주어야 하고, 그 관심에 더해지는 부담도 감당해야 한다.

문제5: **부모를 이용한다.** 자녀들 대부분이 어느 정도 부모를 이용하는데, 원형의 경우는 미묘하고 간접적으로 이용하기 때문에 그 정도를 분별하기가 어렵다. 원형 자녀는 징징대거나 졸라서 자신을 방어한다. 어떤 때는 거래를 하기도 한다. "저는 엄마를 위해 이걸 할 건데, 엄마는 절 위해 뭘 해주실 거죠?"

해결책: **처음부터 엄격한 규칙을 세워라.** 그리고 그 규칙을 확실히 지켜라. 감정에 휘둘려 자녀가 원하는 대로 다 따라주면 안 된다. 한 번 규칙을 깨기 시작하면 부모만 점점 힘들어진다. 또한 원형은 사람들

에게 기쁨을 주고 싶어 한다는 사실을 기억하라. 부모가 자신이 한 행동을 싫어한다는 사실을 안다면 원형 자녀는 더 이상 반항하지 않을 것이다. 원형 자녀에게 종종 싫은 감정을 드러내라.

원형 자녀의 특징

1. 원형 자녀는 애정표현을 많이 한다.
2. 협동심이 강하고 남을 잘 돕는다.
3. 장난감 등 자기 물건을 다른 아이들과 공유한다.
4. 주위 사람들의 관심을 원한다.
5. 혼자서 역할놀이를 한다.
6. 친구가 많다. 원형은 어렸을 때부터 여러 부류의 친구가 있다.
7. TV를 너무 많이 본다. 조절이 필요하다.
8. 정직하다. 원형은 자신이 손해볼 줄 알면서도 진실만을 말한다.
9. 방이 지저분하다. 선천적으로 게으른 탓이다.
10. 일상 행동이 뻔하다. 원형 자녀를 한 번 파악하면 어떤 행동을 할지 쉽게 알 수 있다.

원형 자녀 양육 방법

1. 형제나 놀이친구를 꼭 두어라.
2. 아기를 돌보게 하라. 원형 자녀는 누군가를 도와주고 어른 흉내 내기를 좋아한다.
3. 인형을 많이 사줘라. 아이 인격 형성에 많은 영향을 미친다.
4. 아주 어릴 때부터 스카우트, 교회, 4-H 클럽 같은 조직적으로 구성된

청년회에 참여시켜라.

5. 침실을 크게 꾸며라. 많은 친구들이 오며, 자고 가기도 한다.

6. 자녀들이 할 수 있는 팀 스포츠를 권하라. 팀을 이루어 하는 스포츠는 원형 자녀들이 감정을 표현할 수 있는 좋은 수단이다. 많은 사람들과 교류도 하고, 싫어하는 운동도 할 수 있다.

7. 좋은 성적을 기대하라. 원형 자녀는 부모를 기쁘게 하고 싶어 좋은 성적을 받을 것이다. 하지만 부모가 기뻐하지 않으면 바로 포기할 것이다. 원형 자녀는 학교 성적보다 또래 친구들과 잘 지내는 데 더 치중한다. 그러므로 성적이 좋은 아이들과 사귀는 게 좋다.

8. 친인척과 가깝게 살아라. 엄마 혹은 아빠하고만 사는 자녀에게 꼭 필요한 요소다.

9. 인간 중심의 직업을 갖도록 도와줘라. 초등학교 때 사람 얼굴이 삽화로 들어간 책을 보는 것부터 시작해서 고등학교 때 영어, 역사, 심리 과목에서 'A' 학점을 받을 수 있도록 하는 등 인간에 대한 관심을 증대시켜라. 사람들과 지속적인 교류가 필요한 일을 체험하게 하라. 회계나 공학과 관련된 일은 적합하지 않다(원형에게 어울리는 직업 유형은 16장 참고).

10. 원형 자녀가 무슨 생각을 하고, 어떤 감정인지 귀 기울여 들어줘라. 원형 자녀는 자신이 겪은 모든 일을 말하고 싶어 한다. 시간을 내서 자녀와 깊은 대화를 나누어라.

|Final Note| 이와 같이 부모가 노력하면 미래에 원형 자녀가 기꺼이 늙으신 엄마나 아빠와 함께 많은 시간을 보내는 기대 이상의 성과를 얻

을 수 있다. 어른이 된 원형 자녀는 자기 가족들끼리만 크리스마스를 보내지 않을 것이며, 원형의 부모는 손자를 자주 볼 수 있어서 기뻐할 것이다. 이처럼 인격 형성 시기에 원형 자녀가 부모에게 받은 사랑과 관심은 다시 부모에게 돌아갈 것이다. 원형 자녀를 위한 부모의 노력은 그 만큼 가치가 있다.

16 / 원형의 직장생활

□ △ ⊔ ○ ⌇⌇

원형과 함께 일하고 있다면 당신은 운이 좋은 편이다. 원형은 직장에서 분위기를 즐겁게 만들려고 최선을 다한다. 원형은 다정다감하고, 아이를 잘 키우며, 설득을 잘하고, 환경에 적응을 잘 하며, 안정적이고 사려 깊다. 동료나 상사가 원형이라면 직장생활에 적합하다.

이와 같은 원형의 성향을 지닌 사람에게 적합한 직업 유형은 다음과 같다.

직업 유형		
비서	상담자/정신건강 전문가	간호사/의사
주부	교사/트레이너	인력 양성 전문가
교수/컨설턴트	인사 관리 분석자	판매원
수녀	보이/걸 스카우트 대표	웨이트리스/점원
사학자	캠프 상담자	점성가

원형의 성향이 강한 사람들이 관리 감독하는 자리에 있다면 분명히 힘들어 할 것이다. 진정한 원형은 권력이 아닌 사람과의 관계에 많은 중심을 두고 있다(권력에 중심을 두는 유형은 삼각형이다). 원형은 주로 조력자 역할을 한다. 원형은 운이 없고 세상에 상처받은 사람들을 돕는다. 원형은 더 살기 좋은 세상을 만들어 가는데 애쓰고 있다.

﹥ 원형의 직장 내 갈등 대처법

사람들 사이에서 일어나는 갈등만큼 원형에게 끔찍한 악몽은 없다. 그래서 원형은 조화롭지 못한 세상이 삶을 가장 혼란스럽고 불행하게 만든다고 생각한다. 동료 사이든 국가 간이든 어떤 갈등이라도 원형은 걱정할 것이다.

실제로 원형이 누군가와 갈등을 빚는다면 어느 유형보다 상처를 많이 받을 것이다. 누가 옳고 그른지는 상관없다. 갈등 그 자체가 불행이다. 원형은 혼자 그 고통을 받아들인다.

원형은 먼저 갈등을 피하려고만 하고, 빨리 해결되길 바란다. 원형은 상대방이 의심스러워도 선의로 해석해주고, 심지어 이성적이지 못한 행동까지도 용서해준다. 그렇지만 원형은 문제를 해결해 다시 화합을 이루길 바라기 때문에 어쩔 수 없이 갈등에 맞서야 한다. 원형은 자신이 문제 해결사 역할을 하는 자체에도 자부심을 갖는다.

이렇게 어떤 충돌이 있거나 인간관계에 얽힌 문제에 봉착했을 때 원형이 해결하는 방법이 두 가지 있는데, 바로 양보와 타협이다.

양보: 원형은 언제나 상대방의 요구를 먼저 들어주는 사람이다. 상대방은 자신이 바라던 것을 얻게 되어 행복하겠지만 양보가 행복을 위한 최선의 방법은 아니다.

상대방이 바라는 대로 모두 들어주면 오히려 부서 전체에 손해를 입히거나, 대다수가 원하는 해결 방안을 망치거나, 한 사람의 욕심 때문에 모두가 지키는 규율이 깨질 수도 있다. 그래서 원형은 불평하는 한 사람의 요구를 들어주려다가 여러 사람에게 피해를 주는 등 처음 의도와는 다르게 문제를 더 심각하게 만들기도 한다.

어떤 일에 대해 원형이 동료와 의견대립이 발생하면 원형이 먼저 양보하기 쉽다. 이처럼 가장 먼저 자기주장을 굽히고 남의 의견을 좇을 때가 문제다. 양보를 해서 오히려 원형은 인간관계보다 일 관계에 중점을 두는 동료들 사이에서 존중받지 못한다.

이처럼 원형이 자기주장을 쉽게 포기하면 문제가 해결되기보다는 그저 관계가 더 이상 악화되지 않을 뿐이다. 원형은 어떤 말에 화가 나면 화가 난 이유를 찾지 않고, 화가 난 감정에만 신경을 쓴다. 이럴 때 문제가 발생한다.

설령 자신이 손해를 보고, 어떤 것이 옳은지 알고 있어도, 화를 누그러뜨리는 데에만 신경쓸 것이다. 극단적으로 보면 원형은 동료들의 존중을 받지 못하고, 자존심마저도 잃어버리는 최악의 상황에 처하게 된다.

타협: 현명한 원형은 문제를 해결할 때 양보보다는 타협을 택한다. 적어도 타협을 하면 원형은 최소한의 자존심은 유지할 수 있다. 원형

은 어느 누구도 손해 보지 않는 타협점을 찾을 것이다. 하지만 타고난 천성 때문에 원형이 상대방을 이길 확률은 적다.

❯ 원형과의 논쟁에서 이기는 법

1. 확실히 다른 유형에 비해 원형과 벌이는 논쟁은 어렵지 않다. 의견대립이 생기면 가장 먼저 양보하는 사람은 원형이기 때문이다. 하지만 인신공격은 참지 못한다. 원형은 가장 감정적으로 반응하는 사람이다. 상황에 따라 원형이 보이는 반응에 대비할 필요가 있다. 당신이 옳더라도 원형에게 상처를 주었기 때문에 결국 나쁜 사람이 되기도 한다. 이런 상황을 피하려면 누구도 피해를 보지 않는 해결책을 찾아야 한다. 완전히 당신 의견에 원형을 동조시키지 말라. 결국 대가를 치르게 된다.

2. 처음부터 둘 다 성인이니 서로 의견 차이를 인정하자고 타협하라. 원형이 기분 나쁘게 생각하지 않게 의도를 정확히 얘기하라. 그러면 원형은 두 사람 간의 관계가 아닌 문제 자체에 집중할 것이다.

3. 논의 문제의 비밀을 확실히 유지하라. 항상 주위 사람들의 반응에 예민한 원형은 사람들이 논쟁에 개입하면 아주 싫어할 것이다. 게다가 원형은 비밀을 잘 유지하지 못하는 사람이기 때문에 다른 사람들도 자신과 마찬가지로 비밀을 유지하지 못할 것이라고 생각한다.

솔직히 당신은 원형과 벌인 논쟁을 비밀로 유지하기 위해 최선을 다할 것이다. 그런데 만일 당신이 유리한 입장이 아니라서 다른 동료들의 마음을 사로잡으려 한다면 논쟁에서 질 게 뻔하다. 궁지에 몰리면 원형은 많은 동료들과 합심하여 다수가 동의하는 의견을 만들어낸다.

4. 사적으로 나눌 논쟁은 따로 해라. 그래야 다른 사람의 개입을 배제할 수 있다. 원형은 자신을 지지해줄 증인을 데려오기도 한다.

5. 부차적인 논쟁거리에 대해서는 처음부터 원형의 동의를 얻어라. 원형과 한 가지라도 의견일치가 이루어진다면 주요 논쟁에서 성공할 확률이 높다.

6. 당신이 낸 해결책에 사람들이 얼마나 만족스러워 하는지 원형에게 보여줘라. 원형이 가장 중시하는 사항이다. 또한 원형과 함께 내린 결론에 신뢰를 표현하라. 회사에서 원형의 체면이 다시 설 것이다.

7. 문제 자체에 논쟁점을 두라. 원형은 현재 논하고 있는 문제 외에도 다른 화제나 사람들 일에 관여하려고 한다. 사람들의 의견을 이용하는 경우도 종종 있다. 지금 봉착해 있는 문제에만 집중하고 다른 문제는 신경 쓰지 말라.

8. 공개토론을 하라. 공개토론을 싫어하는 원형은 그 토론을 취소하려 할 것이다. 문제를 제시하고, 그 문제를 해결하고 싶은 뜻을 표하라.

9. 결론과 상관없이 동료들에게 원형과 합의한 모습을 보여줘라. 원형은 관계유지를 가장 중시한다는 사실을 기억하라. 그래서 어쩌면

원형과 계속 싸우면서 살아가야 할지도 모른다.

주의 ➡ 논쟁을 할 때 원형은 상대방을 설득하는 능력이 있는 사람이라는 사실을 염두에 두어라. 그래서 원형이 예상과 달리 능숙하게 논쟁을 잘 해결할 수도 있다. 원형이 상대방의 감정을 유발하여 설득력을 높인다는 점을 알면 도움이 될 것이다. 원형에게 설득당하지 않아야 이길 가능성이 높다.

⫸ 원형 동료

원형은 일하는 내내 유쾌한 사람이지만 고질적인 문제가 있다. 지나치게 사적이고, 감성적이고, 교묘하고, 수다스러우며, 자신을 비판하고, 정치에 무관심하며, 우유부단한 데다가 게으르다. 이러한 원형의 부정적인 성향 때문에 일할 때 다음과 같은 문제가 발생한다.

문제1: **"존경하지 않는 사람과 함께 일할 수 없어요!"** 이 말은 거짓말이다. 실제로 원형은 "나를 좋아하지 않는 사람과는 일하고 싶지 않아요!"라는 속마음을 이렇게 표현했을 뿐이다(원형은 정말 소중한 사람에게 '존경'이란 말을 자주 사용한다).

해결책: 무언의 메시지를 보내라. 과거에 동료가 진심으로 원형을 좋아한 상황을 그대로 재연하라. 그리고 누굴 좋아하느냐는 중요한 문제가 아니라는 사실을 분명히 알려줘라.

문제2: **"이 일은 샘과 한번 검토해봐야겠어요!"** 원형은 동료가 찬성하지 않은 일에 대해서는 결정을 잘 내리지 못한다. 동료와 합의라는 검증 절차를 밟아야 한다.

해결책: 다른 사람과 검토한 후에 원형의 의견을 지지하라. 당신이 사람

들의 지지를 확실히 받을 때 원형은 만족하며, 원형과 의견이 같다는 의도를 보여줄 수 있다. 또한 그 문제를 결론짓기 전에 다시 원형과 검토해야 한다.

문제3: "일이 너무 많아요." 원형이 빈번히 하는 말이다. 그 이유는 간단하다. 원형은 사람들을 기쁘게 해주고 싶은 마음에 자신의 일은 제쳐놓고 동료의 일부터 해주는 경우가 더러 있다. 원형은 "아니오" 라고 거절하지 못한다. 일이 지나치게 많으면 원형도 화를 내고 불평을 한다. 그러나 그렇게 일을 만든 건 원형 자신이다.

해결책: 원형이 맡은 일을 확실히 경계지어 주라. 그리고 일에 우선순위를 매겨라. 동료들 일까지 맡게 하지 말고, 일을 얼마나 해내는지 지켜보라. 원형은 상사의 일만 처리할 때 최상의 능력을 발휘하지만, 여러 사람의 일을 해결할 수 있는 사람이 아니다.

문제4: "잠시 쉬었다 하죠." 원형은 사교성이 있어 얘기하길 좋아한다. 그래서 어느 누구와도 이야기가 잘 통하고, 이런 점이 강점이기도 하다. 그런데 일은 안 하고 수다만 자주 떤다면 회사에서 문제가 될 수 있다.

주의: ➜ 원형은 자신의 개인적인 문제가 있을 때 빈번히 자리를 비우고, 사적인 전화를 하거나 때로는 지각하기도 한다.

해결책: 원형이 사적으로 당신의 도움을 바랄 때 잘 들어주되 '엄마' 와 같은 역할은 해줄 수 없다고 확실히 말하라. 원형에게 문제가 생기면 당신의 시간을 모두 빼앗길 수도 있다. 당신도 일을 해야 하는데 말이다. 좋게 받아들이되 당신의 시간을 너무 많이 뺏기지 않도록 조심하라.

문제5: "비밀을 지킬 수 있나요?" 원형을 신뢰하고 있지 않다는 사실을 단적으로 보여주는 말이다. 원형은 아주 수다스러운 사람이다. 남의 얘기가 흥미로울지 모르지만 내일은 어쩌면 당신이 가십거리가 될 수도 있다.

해결책: 당신 얘기를 남이 알기 바라지 않는다면 원형에게 아무것도 말하지 말라. 그러나 원형은 사적인 얘기를 해야 당신을 믿을 것이다. 당신에 대해 원형과 얘기를 하더라도 어느 정도 거리를 두라.

주의 ➡ 회사가 정치적으로 관련되어 있다면 주위에 원형 한두 명 있는 것도 썩 괜찮다. 원형은 비공식의 정보망과 접촉한다. 이러한 비밀 정보망이 있으면 회사 내에 정치조직이 어떻게 구성되어 있는지 알 수 있다. 하지만 모든 정보가 정확하지는 않다. 근거가 확실한 정보와 좋은 정보를 가려낼 줄 알아야 한다.

문제6: "그 일을 할 시간이 없었어요." 원형은 게으른 편이다. 능수능란하게 얘기를 잘 하는 원형을 꼼짝 못하게 만들기란 어렵다. 원형은 그 일을 못한 이유를 백 가지라도 댈 것이다.

해결책: 다시 한 번 원형이 할 일을 확실히 분리해야 이 문제를 해결할 수 있다. 일정 기간 안에 어느 정도 일을 해낼 수 있는지 약속을 받아내라. 모든 것이 확정되었을 때 일을 맡겨라.

문제7: "전부 제 잘못입니다." 원형의 자기비판은 가장 해결하기 힘든 문제다. 원형은 일의 잘못을 자기 탓으로 돌린다. 잘못된 일을 인정하는 것은 좋지만 고뇌에 빠질 정도로 자기 비난이 지나치다.

해결책: 원형이 숨김없이 실수를 인정하도록 내버려두라. 그리고 적당히 벌을 주고 잊어버려라. 그리고 아무 일도 없었던 듯이 여느 때와 같이 일을 하라. 원형을 귀찮아하거나 배려하지 않는다는 인상은 주지 말

아야 한다.

≫ 원형 상사

원형도 충분히 사람들을 통제할 수 있는 능력이 있는 사람으로, 상사로서 탁월한 재능이 있다. 의사소통 능력이 탁월한 사람으로 직감력이 뛰어나다. 회사가 지위나 계급 위주가 아니면 상사로서의 능력을 제대로 발휘한다. 원형은 자신이 팀을 잘 이끌고 있다고 믿는다. 상사로서 원형은 직원들의 요구사항을 잘 들어주며, 의사결정 참여, 품질관리 그룹, 경영기반 같은 시대에 뒤떨어지지 않는 관리 제도를 이용할 줄도 안다. 하지만 다른 유형과 마찬가지로 원형 상사도 강점과 약점이 있다.

원형 상사의 강점과 약점

【강점】 1. 사람을 믿고 직원에게 여러 번 기회를 준다.

2. 의사결정을 할 때 직원의 의견도 반영한다.

3. 문제에 대해서 주의 깊게 듣고, 차분하다.

4. 팀을 이루어 조직하는 경영방침을 신뢰한다.

5. 설득과 동기부여 능력이 뛰어나다.

6. 일과 밀접한 사교활동을 권장한다.

【약점】 1. 직원을 혼내거나 쉽게 해고하지 못한다.

2. 의사결정이 늦고, 자신감이 부족하다.

3. 다수의 의견만을 따른다.

4. 정치활동이 취약하다.

5. 직원들에게 확신을 주지 못한다.

6. 대표가 아닌 팀원처럼 행동해 권위를 확고히 세우지 못한다.

원형 상사에게 인정받으려면

1. 지금 하고 있는 일을 멈추고 언제라도 대화할 태세를 갖춰라. 원형은 얘기하길 좋아하고, 직원들을 개인적으로 알고 있다는 사실에 자부심을 느낀다. 원형 상사는 모든 직원에게 똑같은 마음으로 기회를 준다(당신도 원형 상사에게 마음을 열어야 한다는 뜻이다).

2. 기꺼이 사적인 정보를 공유하라. 원형 상사와 효과적으로 일하고 싶다면 인간적인 신뢰를 보여줘라.

3. 모임을 자주 계획하라. 원형 상사는 주위에 사람이 많으면 많을수록 좋아한다.

4. 거짓말을 하지 말고, 신뢰를 깨뜨리지 말라. 혹시 원형 상사가 당신에게 거짓말을 하더라도 당신은 부하 직원에 지나지 않는다.

5. 실수를 빨리 인정하라. 원형은 용서를 잘 해주긴 하지만 거짓말은 봐주지 않는다. 솔직히 원형 상사 밑에서 일하는 게 좋은 기회일 수도 있다. 어려운 일을 맡아하고 맞서라. 원형 상사는 다른 상사라면 용납하지 않을 실수를 용서해준다.

6. 신뢰를 쌓아라. 원형 상사는 직원이 팀원으로 역할을 잘 수행하고, 동료와 잘 지내기를 바란다.

7. 원형 상사를 친구, 동료, 조언자로 대하라. 원형을 함께 일하는 동료라고 소개하고, 성이 아닌 이름을 불러도 된다.

8. 그러나 원형 상사보다 높은 지위의 경영진 앞에서 상사의 권위를 떨어뜨리는 실수는 하지 말라. 이런 상황에서도 원형 상사를 친구처럼 대해도 된다고 생각할지 모른다. 하지만 잊지 말아야 할 사실이 있다. 갈등이 발생하면 원형 상사도 더 이상 친구처럼 대하면 안 된다.

9. 신속한 결정을 기대하지 말라. 원형 상사는 무슨 일이든 명확한 태도를 보이지 못하고, 직원들의 확인을 받은 후에 결정을 내린다. 직원들 사이에서 리더의 역할을 하고 있는 사람의 제안이 채택될 확률이 높다. 직원들의 의견을 수렴하여 안건을 제시하라.

10. 사교활동에 필요한 기술을 익혀라. 회식에 빠지지 말라. 원형 상사 대부분이 회식에 직원들이 얼마나 참석하느냐가 자신의 지도력을 평가하는 타당한 본보기라고 여긴다. 원형은 다음날 정각에 출근하는 것보다 회식에 참석하는 것을 훨씬 더 중요시한다.

참고▶▷▶ 여유를 가져라. 원형 상사는 초조해하거나 문제를 일으키는 사람을 별로 좋아하지 않는다. 원형은 진취적인 사람이 아니다. 그저 현재 상태를 유지하며 안정을 추구한다. "원형 주위 사람들은 모두 행복한 대가족을 이룬다"는 점을 기억하라.

원형 상사에게 배울 점

1. 팀을 이루어 하는 공동작업의 진정한 의미

2. 문제해결에 유용한 협동의 가치

3. 참여경영의 효과

4. 자신의 발전보다 다른 사람의 발전을 위해 진심으로 노력하는 조언자로서의 역할(원형 상사 대부분이 직원들을 훈련시키는 관리자 역할을 한다. 각자 해야 할 업무가 정해지면 그 일을 능숙하게 해내기 위한 훈련기간이 필요하다)

5. 모범적인 경영자로서의 역할 모델

6. 훌륭한 선생님의 지도하에 자신의 분야에서 배우고 성장해나갈 수 있는 능력

❯ 원형 고객

원형 고객의 특징

1. 단번에 원형 고객에게 호감을 갖게 될 것이다. 물건을 팔고 싶다면 원형 고객에게 호감을 보여라.

2. 원형 고객은 쉽게 알아볼 수 있다. 원형은 단골손님이다.

3. 편한 옷차림에 미소를 지으며 온화한 표정을 하고 있다.

4. 혼자가 아닌 친구나 가족들과 함께 다닌다.

5. 주로 원형이 거래를 시작한다. 미소를 지으며 따뜻한 악수를 청할 것이다.

6. 원형 고객은 쇼핑도 일종의 사회생활이라고 생각하며 절대 서두르지 않는다.

7. 친구를 대신해서 쇼핑을 하기도 하고, 선물을 고르기도 한다.

8. 쇼핑하는 도중에 원형은 친구를 만나거나 지나가는 사람과 인사를 나누기도 한다.

9. 상품이나 서비스에 관해 주인에게 사적인 질문을 많이 한다.

10. 바로 살 거라고 기대하지 말라. 원형은 집에 가서 주위 사람들과 상의한 후에 살 것이다.

원형 고객에게 물건 팔기

1. 당신에게 호감이 생기면 바로 물건을 사기도 한다.

2. 원형 고객에게 개인적인 관심을 보여라.

3. 본인이 이 상품을 사용하고 있다고 증명해 보여라. 설득력 있는 방법이다.

4. 자꾸 사라고 강요하지 말라. 대화하면서 자연스럽게 가격과 품질에 대해 언급하라.

5. 개인적인 질문을 통해 편안한 분위기를 만들라. 원형은 자신의 모습을 드러내길 좋아하며, 개인적인 얘기를 하면서 상품에 관해서도 자연스럽게 말을 꺼낼 수 있다.

6. 상품의 인기가 어느 정도인지 설명해줘라.

7. 경쟁상품이나 서비스를 비난하지 말라.

8. 가능하면 상품이 사교활동에 얼마나 유용하게 쓰일 수 있는지도 설명해줘라.

9. 커피나 음료수를 대접하면서 편안한 분위기를 조성하라.

10. 물건을 팔고 싶으면 나중에 전화를 해라. 원형은 자신에게 신경써

주면 좋아한다.

주의 ➡➡ 원형 고객이 불만이 있어 찾아오면 무슨 문제가 있는지 주의 깊게
들어줘라. 원형은 거의 불평을 하지 않는 사람인데, 불만을 얘기할 때는 심각
한 문제가 있다는 말이다. 가볍게 넘기지 말고 문제를 정확하게 해결해줘라.
문제를 확실히 해결해줘야 원형이 평생 고객이 될 수 있다.

17 / 원형과 스트레스

□ △ ▯ ○ ⁓

원형과 박스형은 둘 다 'B 타입'에 속한다. 두 유형 모두 스트레스를 쉽게 받지 않는 유형이므로, 어느 타입에 속하는지 알아야 스트레스 받았을 때 어떤 성격이 드러나는지 파악할 수 있다. 그렇다고 원형과 박스형이 스트레스를 받은 적이 없다는 의미가 아니라 스트레스 받은 모습을 잘 드러내지 않는다는 뜻이다. 'B 타입'에 속하는 사람들은 대부분 낙천적으로, 안정된 삶을 원한다.

그러므로 원형과 함께 일하거나 사는 사람이라면 이번 장에서 중요한 정보를 많이 얻을 것이다. 원형이 언제 스트레스를 받았는지 가장 먼저 알게 될 것이다. 이 때 원형이 어떤 반응을 보이며, 또 원형이 스트레스 받았을 때 어떻게 도와줘야 하는지 구체적인 방법도 제시할 것이다.

스트레스를 받으면 원형은

1. 갑자기 화를 낸다. 원형이 원래 약간 변덕스럽긴 하지만 사람들에게 통명스럽게 대하는 일은 거의 없다. 혹시 이런 태도를 보인다면 뭔가 맘에 들지 않는 일이 있는 것이다.

2. 꿍하고 말을 안 한다. 수다스런 원형에게는 잘 일어나지 않는 반응이다.

3. 사람들의 말을 주의 깊게 듣지 않는다. 사람들의 말을 경청하는 게 원형의 강점이다. 대화에 집중하지 않는다는 것은 스트레스를 받고 있다는 신호다.

4. 사람들과의 관계를 소홀히 한다. 사람들과의 교류를 통해 삶의 활력소를 얻는 원형이 관계를 소홀히 한다는 것은 스트레스를 심하게 받고 있다는 징조다.

5. 자신에게 더 몰두한다. 자신보다 사람들을 더 챙기는 원형이 자신만을 생각한다면 문제가 있는 것이다. 원형은 자신의 얘기만 하지 않는 사람이다.

6. 불면증이 생긴다. 매일 운동을 충분히 하지 않는 원형에게 불면증은 어쩌면 자연스런 현상이다.

7. 낮에 피로를 느낀다. 항상 앞장서서 사람들을 행복하게 해주려고 애쓰는 원형이 낮에 피로를 느낀다면 평소 모습은 아니다.

8. 사교 모임을 취소한다. 원형이 평소의 즐거운 상태가 아니라면 파티를 하고 싶지 않을 것이다.

9. 문을 굳게 닫는다. 원형은 항상 문을 활짝 열어놓고 누구나 환영한다. 문을 닫아놓았다면 사람들을 만나고 싶지 않다는 뜻이다.

10. 지각한다. 원형은 일찍 활동을 시작하는 사람이다. 직장에서의 진정한 동료애에 기뻐하는 사람이다.

원형의 스트레스 요인

원형이 스트레스 받는 원인은 가정과 직장으로 나누어 전개된다. 원형은 직장에서 스트레스를 받으면 애써 참지만 가정에서 스트레스를 받으면 참지 못한다. 가정은 원형의 안식처로 평온하고 안정감이 있어야 한다. 가정에 문제가 있으면 원형은 아주 부정적인 반응을 보인다.

가정에서 받는 스트레스

1. 가족 간의 불화. 가족문제는 원형이 스트레스를 받는 가장 큰 원인이다. 원형은 가족의 화목을 위해 노력한다. 화목이 깨지면 원형은 불화의 원인을 제공한 가족 구성원보다 더 괴로워한다.

2. 배우자와의 갈등. 참을성 있고 정이 많은 원형에게 이혼은 최악의 상황이다. 이혼을 한 원형은 거의 없으며, 이혼을 생각하지도 않는다. 아무리 작은 문제라도 원형이 인식했다면 해결하려고 애쓸 것이다. 그러나 성공적으로 문제를 해결했다 해도 그 과정에서 고통이 뒤따른다.

3. 버릇없는 자녀. 원형이 자녀들 때문에 스트레스 받는 일은 꽤 빈번하다. 원형의 부모는 자녀들을 엄하게 키우지 않기 때문이다. 그래서 자녀가 쉽게 부모를 이용하기도 한다.

4. 친구와 불화가 생겼을 때. 다른 어떤 관계보다 친구와 불화가 생겼

을 때 스트레스를 많이 받는다. 원형은 친구와 좋은 관계를 유지하는 일에 큰 비중을 두고 있다. 친구와의 관계가 좋지 않으면 원형은 스트레스를 굉장히 많이 받는다.

주의▶▶ 원형이 불화의 원인 제공자라면 아마 신뢰가 깨졌기 때문일 것이다.

5. **사랑하는 사람이 아프거나 죽었을 때.** 사실 사랑하는 사람이 아프거나 다치면 원형은 다른 유형들만큼 스트레스를 많이 받지 않는다. 오히려 이 때 원형은 사람을 보살피는 본성을 발휘한다. 그러나 아주 가까운 사람이 죽으면 원형은 심각한 충격에 빠져 버림받은 느낌을 받는다. 원형이 사랑하는 사람을 잃었을 때 정신과 상담을 받는 것은 당연하다.

원형이 스트레스를 많이 받는 일을 순서대로 정리하면 다음과 같다.

1. 아이의 죽음
2. 남편/ 부모/ 형제의 죽음
3. 이혼/ 유기
4. 친구의 죽음
5. 사랑하는 사람의 중병/ 중상
6. 결혼생활의 위기
7. 아이와의 갈등
8. 아이의 가출
9. 부모/ 형제/ 친구와의 갈등
10. 사랑하는 사람과의 갈등

11. 새 집으로 이사(오랜 친구들과의 헤어짐)

위와 같이 원형은 일과 관련되었을 때보다 가정에 문제가 있을 때 스트레스를 더 심하게 받는다. 가정이 직장보다 더 소중하기 때문이다.

직장에서 받는 스트레스

원형이 직장에서 받는 스트레스가 집보다 심하진 않지만, 가끔 사소한 일로 스트레스를 받는 경우가 있다. 원형은 직장에서 스트레스를 받았어도 화목한 가정으로 돌아가면 스트레스가 풀린다.

1. 동료나 상사와의 의견충돌. 어떤 의견충돌이 일어나든 가정이나 직장에서 화합을 이루기 위해 애쓰는 원형에게는 유쾌한 일이 아니다. 원형은 직장에서 모든 사람을 친구로 만들려고 노력한다. 친구처럼 지내고 싶지 않으면 원형은 실망한다. 그러나 누구나 원형과 친구가 될 수 없다는 사실도 인정해야 한다.

2. 직장에서의 고립감. 원형은 항상 사람들과 함께 지내길 바란다. 사람들과 떨어져 혼자 일한다면 원형은 불행해질 것이다. 하루 종일 사무실에서 사람들과 교류하면서 일하길 바란다. 원형은 사람들과 함께 있을 수만 있다면 고객의 불만을 들어주는 소비자 상담원 업무를 맡을 수도 있다.

3. 업무의 과소평가. 원형은 야망이 큰 사람은 아니지만 누구나 그러하듯이 원형도 자신이 맡은 일이 가치 있고 좋은 평가를 받길 바란다. 또, 원형 직원에게 "좋아!" "잘했군!" 같은 칭찬을 해주는

것도 좋다.

원형에게 스트레스를 주는 유형

1. 원형에게 가장 많은 스트레스를 주는 유형은 박스형이다. 이유는 간단하다. 박스형은 감정적이지 않고, 냉정하고 냉철하며, 일하면서 즐거움을 찾지 않는다. 사람들이 자신을 좋아하건 싫어하건 상관하지 않는다. 박스형은 사람들이 자신을 좋아해주기보다 존경받길 바란다. 이처럼 박스형은 원형과 완전히 반대되는 사람이다. 원형은 박스형 동료와 친구가 되려고 많은 시간을 할애하지만 대부분 성공하지 못한다. 박스형과 친구가 되지 못하면 원형은 박스형에게 화를 내거나 자기 탓을 하는 등 스트레스를 받는다.

2. 박스형 다음으로 원형에게 스트레스를 많이 주는 유형은 삼각형이다. 삼각형은 자신에게 도움이 되는 사람하고만 지낸다. 자신의 목적을 위해 사람을 이용하는 삼각형은 원형이 보기에 아주 야비하다.

지금까지 삼각형은 원형을 정보원으로 이용했다. 원형은 동료들의 사적인 정보들을 잘 알고 있기 때문이다. 사람들은 삼각형에게 잘 하지 않는 얘기를 원형에게는 털어놓는다. 그래서 삼각형은 필요에 따라 원형이 가장 최근에 들은 소문들을 이용한다. 삼각형이 자신을 이용했다는 사실을 알면 원형은 더욱 삼각형을 경계할 것이다.

직사각형과 지그재그형은 원형과 별 문제가 없다. 원형은 인간이 다르다는 점을 쉽게 받아들인다. 그래서 지그재그형의 기이한 행동도 전혀 문제 삼지 않으며, 혼란에 빠져 있는 직사각형은 오히려 원형에게 기쁨을 준다. 원형이 자신보다 자심감이 부족한 사람을 도와주고, 돌봐주고, 지도해줄 수 있기 때문이다.

그렇지만 박스형과 삼각형은 원형에게 스트레스가 되는 유형이다. 직장에 이 두 유형의 사람들이 대부분이라면 원형은 어쩔 수 없이 적응해야 하지만 일하면서 행복감을 찾을 길은 거의 없다.

원형이 박스형이나 삼각형과 결혼한다면 둘이 함께 조정해 나가야 할 부분들이 있다. 박스형은 마음을 열어 자신의 마음을 표현할 줄 알아야 한다. 가정에서 삼각형은 지배하려는 자신의 욕구를 억누르고 원형 배우자와 상의하여 결정내릴 줄도 알아야 한다. 서로 이런 노력을 한다면 원형의 박스형이나 삼각형과의 결혼생활은 성공할 수 있다. 하지만 당연히 처음에는 많은 갈등이 일어날 것이다.

스트레스에 대한 원형의 반응

1. 자기 탓을 한다. 원형이 스트레스를 받으면 먼저 솔직하게 자기 책임으로 돌린다. 내면에서 발생하는 분노 단계이다. 원형은 모든 문제를 주관적으로 해결하려 한다.

2. 스스로를 벌한다. 원형의 '희생 증후군'을 보여주는 단계이다. 원형이 자신에게 내리는 벌은 그리 심하지 않다. 그저 파티에 가지 않고 집에 머무르면서 부루퉁해 있는 정도다. 그러나 만일 원형이 심하게 가책을 느낀다면 신체 상해를 가할 수도 있다. 가까운

친구나 가족은 원형이 스트레스를 받고 있으면 어떤 행동을 하는지 주시해야 한다. 실제로 자해를 한 사람도 있다. 과식이나 금식을 하고, 과음을 하기도 한다.

3. 주위 사람들을 귀찮게 한다. 언제나 모든 얘기를 해야 하는 원형이 보이는 일반적인 행동이다. 스트레스를 받으면 원형은 그 일에 대해 쉴 새 없이 얘기한다. 매일 스트레스 받은 얘기를 듣다보면 어느새 인내의 한계를 느끼기 시작한다. 더 이상 자신의 얘기를 들어줄 사람이 없으면 우울한 원형은 자신의 얘기를 들어줄 또 다른 사람을 찾는다. 얘기를 한다고 해서 문제가 해결되진 않지만 그 자체로 원형은 기분이 훨씬 좋아진다.

4. 혼자 지낸다. 원형이 스트레스를 받았을 때 나타나는 마지막 증상이다. 원형이 가장 우울할 때 쓰는 최후의 수단이다. 모든 사람들과의 관계를 끊는다. 이 때 원형은 전문가의 도움을 받아야 한다. 원형 혼자서는 도저히 극복할 수 없다.

원형의 스트레스를 풀어주려면

1. 경청하라. 원형이 하는 얘기를 잘 들어줘라. 원형은 자신이 받은 스트레스에 대해 얘기할 사람이 있으면 스트레스가 풀린다.
2. 객관적인 **충고**를 해줘라. 원형은 상당히 감정적이고 주관적인 사람이다. 냉철하고 이성적인 친구의 중재가 필요하다.
3. 자기 처벌을 내리지 못하게 하라. 문제를 해결할 수 있는 방법이 아니라 더 악화시킬 따름이다.
4. 곁에 있어줘라. 전화도 자주하고, 잠깐 들러 원형의 상태를 점검

하라. 새벽 3시에 전화해서 집에 오고 싶다고 해도 받아줘라.

5. 화가 나면 화를 내라고 하라. 무슨 일이든 잘 되길 바라고 사람들에게 상처주기 싫어하는 원형은 화를 잘 내지 않는다. 그렇지만 스트레스를 받고 있는 상태라면 화를 내야 할 필요도 있다.

6. 운동을 시켜라. 원형은 어떻게든 운동을 하지 않으려고 한다. 하지만 스트레스를 받았을 때 가장 필요한 것이 바로 운동이다.

7. 원형의 긍정적인 성격을 강조하라. 스트레스를 받으면 원형은 침울해지므로 버텨낼 힘이 있어야 한다.

8. 사람들을 멀리 하려고 한다면 전문가의 조언을 구하라. 원형이 사람들을 기피한다는 것은 아주 위험한 징조다.

원형이 스트레스를 받았을 때 원형에게 애정을 쏟고 격려해준다면 나중에 몇 배로 보답할 것이다. 원형은 아량이 넓은 사람이다. 스트레스를 다 해소하고 나면 원형은 두고두고 자신을 도와준 사람에게 보답한다. 기쁠 때나 슬플 때나 원형만한 친구는 어디에도 없다.

원형이 가장 편안해 할 때

1. 가정이나 직장에서 모든 일이 순조롭게 진행될 때
2. 사랑이 넘치고 화목한 가족을 만드는데 자신이 중요한 역할을 할 때
3. 많은 친구나 친척들과 친할 때
4. 세상이 평화로울 때
5. 범죄율과 실업률이 낮을 때

6. 상사가 공정하고, 운이 없는 사람들에게 관심을 보일 때

7. 고등학교 동창회가 다가올 때

8. 크리스마스 때 줄 선물이 많을 때

9. 휴일에 가족이 모두 집에 모일 때

10. 모든 사람이 원형을 사랑할 때

제 5 부

예측불허 지그재그형

18 / 통통 튀는 지그재그형

□△┌○〃

신 조 : 세상은 복잡하고 호기심을 자극하는 것이 많은 곳이다. 배우고 싶은 것도 많고, 하고 싶은 것도 많다.
속마음 : 나는 커서 뭐가 되고 싶은지 아직도 잘 모르겠다. 운이 좋으면 아무것도 하지 않아도 될 텐데.

지그재그형은 카멜레온처럼 변하고 있으며, 항상 새로운 변화를 모색한다. 지그재그형이 지금 이 책을 구입해서 읽고 있다면 아주 기쁜 일이다. 지그재그형이 책을 읽는다는 자체가 보통 일이 아니며, 아주 바람직한 현상이다. 보통 지그재그형은 새롭고 흥미로운 주제의 책을 사지만 읽는 경우는 거의 드물다. 금세 싫증이 나서 책을 내려놓고 또 새로운 일을 찾는다.

그러나 지그재그형이 끈기 있게 버텨나간다면 이 책에서 자신에 대한 흥미로운 점들을 발견하게 될 것이다. 앞으로 지그재그형의 관심을 끌기 위해 흥미롭고, 빠르고 간결하게 내용을 전개해 나갈 것이다. 혹시 중간에 지루해지면, 지그재그형을 이해하고 싶은 다른 유형의 사람들도 이 내용을 읽고 있다는 사실을 기억하라. 지그재그형을 이해하는 게 쉬운 일은 아니다.

⧉ 지그재그형이란

"이러면 어떨까?" 지그재그형은 이런 식으로 말한다. 지그재그형은 끊임없이 새로운 생각을 해내는 사람이다. 우뇌가 가장 발달된 유형으로, 논리적이거나 선형으로 정보를 도출해내지 못한다. 대신, 창의적이고 개념적이며 직관적으로 정보를 처리한다. 지그재그형은 박스형과는 정반대 유형으로, 섬세하지 못하다. 맡은 일은 하지만 기본적으로 조직에 적응하기 힘든 사람들이다. 아이디어는 풍부하지만 실생활에 큰 도움을 주지는 못한다. 직장이나 가정에서 지그재그형과 함께 일을 하면 일이 잘 풀리지 않는 경우가 대부분이다. 지그재그형은 일을 끝까지 잘 추진하지 못하는데, 의도적인 게 아니라 단지 방법을 모를 뿐이다.

지그재그형은 미래지향적이다. 무엇이든 새롭고 색다른 일에 흥미를 갖는다. 그래서 이들이 살아가는 방식이 비현실적이고, 현실에서 도피하려는 것 같아 보인다.

성격상으로 볼 때 지그재그형은 즐거움 그 자체이다. 천성적으로 감정표현을 잘 하며, 항상 활기가 넘친다. 또 지그재그형은 유머 감각이 풍부하고 감각이 있어서 파티에서 사람들의 호감을 산다.

▶ 지그재그형의 특징

언어

주로 쓰는 단어 왜? 이러면 어떨까? 아이디어, 경험, 시도하다, 도전
하다, 굉장한, 터무니없는, 창조하다, 개발하다, 시작
하다, 출발하다. 과장하여 말하다

주로 하는 말 "아니라고 대답하지 못합니다."

"서류작업은 시간낭비다."

"그는 몇 년간 독창적인 아이디어를 내지 못했어요."

"당신은 왜 눈앞에 있는 것도 정확히 보지 못합니까?"

"정말 대단하군요!"

"이 사실을 들을 때까지 기다리세요."

"좋은 아이디어가 떠올랐어요."

외모

남성: 금방 잠에서 깨어난 듯 단정치 못한 편한 옷차림을 하고 있다.
지그재그형은 물리적인 겉모습보다 아이디어를 더 중시한다. 지그재
그형도 직업에 따라 복장 규정을 지켜야 한다. 예를 들어 대학 교수라
면 줄무늬와 격자무늬가 섞인 옷을 입고 출근을 하면서 자신이 색맹
이라는 핑계를 댈지도 모른다. 전형적인 지그재그형 엔지니어는 녹
색 폴리에스테르 바지에 구식 흰 벨트를 하고, 구겨진 짧은 소매의 흰
셔츠를 입고 있다. 셔츠 주머니의 펜 뚜껑이 열려서 잉크 자국이 나

있다는 사실을 바로 알 수 있으며, 옛날 서류가방을 다시 살 생각은 하지도 않을 것이다.

물론 유행에 민감하여 외모를 꾸미는 지그재그형도 있다. 너무 과도하게 꾸며서 문제가 되기도 한다. 큰 다이아몬드 반지를 끼는 것은 자연스럽고, 심한 경우에 배꼽까지 셔츠 단추를 풀고 금목걸이를 치렁치렁 걸고 있기도 한다.

여성: 지그재그형 여성의 모습은 각양각색이다. 만일 자기가 원하는 대로 입는다면 "고래를 보호하자", "오존층을 보호하자"와 같은 최근 구호가 적힌 T셔츠에 낡은 청바지를 입을 것이다.

불행히도 일하러 갈 때는 이런 옷을 입을 수 없다. 직장에 어울리는 옷을 입어야 한다. 지그재그형 여성은 몸에 맞지 않는 길게 늘어뜨린 스커트에 편하고 무난한 블라우스를 주로 입는다. 좀 더 꾸미길 좋아한다면 밝은 색의 옷이나 MTV에서 최신 유행하는 화려한 옷을 입기도 한다. 어느 날 저녁에는 자주색 머리에 검정 가죽 옷을 입고 펑크룩으로 꾸미기도 하는데, 특별한 이유는 없다.

흥미롭게도 지그재그형 여성은 아주 뚱뚱하지 않으면 마른 체형이다. 뚱뚱한 체형의 여성은 크고 어두운 색상의 긴 옷으로 몸매를 감추지만, 마른 여성은 편하게 입는다.

사무실

지그재그형이 지내는 사무실은 태풍이 휩쓸고 지나간 것처럼 어지럽다. 서류는 여기저기 흩어져 있고, 전화는 끊임없이 걸려오며, 사람들은 안팎으로 정신없이 뛰어다닌다. 지그재그형은 이런 환경을 아주 좋아한다. 삶에 다양한 자극을 필요로 하는 성향이 사무실에도 그대로 드러난다. 사무실 주인이 보기에는 정리가 잘 된 상태이며, 쌓아놓은 더미가 모두 무엇인지 정확히 말할 수 있다. 그러나 다른 사람이 보기에는 뒤죽박죽 어질러져 있는 곳이다.

지그재그형은 마닐라지 서류철을 사용하는데, 그 이유는 사용한 후에 쉽게 버릴 수 있기 때문이다. 정교하게 만든 펜텔사 행잉 서류철은 어쩔 수 없이 가끔 사용한다. 집에 이 서류철을 가져갈 때마다 쇠쇠 끝에 스웨터가 걸려 찢어진다. 물론 옷이 찢어졌다고 신경쓸 지그재그형이 아니다. 그냥 옷일 뿐이니까.

사무실 내부는 삭막하기 그지없다. 배우자가 신경 써서 먼지 쌓인 책장에 올려놓지 않으면 가족사진 한 장 없다. 지그재그형이 꾸미는 일에 관심이 있다면 최근의 전시회에서 사 온 포스터가 걸려 있을 수도 있고, 회전의자 뒤에 아기 만화 캐릭터를 걸어놓기도 한다.

심한 경우 중대한 프로젝트를 끝마칠 때까지 소포와 우편물을 뜯지도 않은 채 책상 서랍 속에 방치해 놓기도 한다. 지그재그형 사무실에는 어제 먹은 야식 그릇이 남아 있다. 회사의 청소부는 지그재그형의 사무실이 아주 지저분할 때까지 두었다가 청소하곤 한다. 그렇다고 지그재그형이 항상 이런 식으로 야근을 하는 건 아니다. 좋아하는 고전음악 아니면 재즈, 뉴에이지 음악을 들으며 심각한 고민을 하면서 늦게까지 있을 수 있는 사람이다.

습관

1. 급하다. 지그재그형은 항상 서두른다. 복도에서 내달리다가 사람

들을 쳐서 넘어뜨리기도 한다. 가다가 멈춰 동료들에게 인사하는 법이 없다. 진지한 면이란 없는 사람인 것 같다.

2. 대화 도중에 끼어들고, 남의 말을 잘 듣지 않는다. 지그재그형 친구들의 불만이 가장 많은 부분이다. 지그재그형이 이기적이어서가 아니라 사고 중심의 사람이기 때문이다. 자기 의견을 얘기할 때까지 참고 기다릴 줄 모른다.

3. 잘 잃어버린다. 산만하고 정리할 줄 모르는 유형으로 어디에 뭘 두었는지 잘 잊어버린다. 언젠가 지그재그형 친구가 혼잡한 출근시간에 고속도로에서 다시 집으로 돌아가 8시 회의에 쓸 중요한 자료를 가져오는 것을 본 적이 있다. 당연히 회의에는 늦었고, 자료는 회의 내내 그 친구 사무실에 놓여 있었다.

4. 항상 공상에 잠겨 있다. 끊임없이 공상을 한다. 지그재그형의 삶에 한계란 없다. 마음 속에서 그려낼 수 있는 상상력이 무한하다. 몽상가도 지그재그형이 분명하다.

5. 자극제를 찾는다. 지그재그형은 공적이든 사적이든 끊임없이 자극제가 필요하다. 새로운 환경, 사람, 일, 활동을 찾는다. 직장을 바꾸면서 아내와 헤어진 극단적인 지그재그형도 있다. 불행히도 항상 남의 떡이 커 보이지 않는다는 사실을 알게 되지만, 지그재그형은 항상 새로운 시도를 한다.

6. 반란을 일으킨다. 지그재그형은 남과 달리 자신이 독특해보이길 바란다. 평범한 것을 거부한다. 그래서 발 벗고 나서서 자신이 평범하지 않다는 사실을 증명하기도 한다. 지그재그형으로 보였던 노조연합회 간부들은 스스로를 '반란자'라고 했었다.

7. 혼자 일한다. 지그재그형은 새로운 프로젝트를 맡으면 자극을 받아 의욕적으로 일을 시작하는데, 홀로 오랜 시간을 들여 일을 마친다. 지그재그형은 변덕스러운 사람으로, 팀의 구성원으로 일하기에 적합하지 않은 유형이다. 팀이 지그재그형의 제안을 좋다고 받아들이더라도 그 프로젝트가 지루하냐에 상관없이 혼자서 일하려고 할 것이다.

8. 파티를 즐긴다. 유머 감각을 타고난 지그재그형은 왕성한 사교활동을 한다. 며칠 동안 프로젝트에 온갖 신경을 쓰느라 사무실에 틀어박혀 있던 사람이 회식에서 분위기 메이커가 된다. 동료들은 마치 지킬 박사와 하이드를 보는 것만 같다.

9. 낯을 가리지 않는다. 원형처럼 많은 사람들과 지내지는 않지만 자신의 얘기를 잘 들어준다면 어느 누구와도 자연스럽게 대화를 나눈다. 술집에서 지그재그형과 원형 사람을 쉽게 구분할 수 없을 것이다. 굳이 구분한다면 주로 얘기를 들어주는 사람은 원형이고, 말을 하는 사람은 지그재그형이라고 볼 수 있다.

10. 자연스럽게 행동한다. 지그재그형 사람은 자신의 감정에 솔직하다. 당황스런 질문을 많이 하기도 한다. 그러나 지그재그형의 성격을 파악하면 동료들은 어떤 당황스런 상황에도 놀라지 않을 것이다. 또, 동료들은 지그재그형이 하는 말에 쉽게 동조하지만 과감하게 반대할 용기는 없다.

지그재그형의 표정과 동작

1. 행동이 빠르고 유연하다. 직사각형처럼 돌출 행동을 하진 않지만

삼각형처럼 여유롭지도 못하다. 하지만 확실한 목적이 있으면 빠르고 정확하게 행동한다.

2. 표정이 수시로 변한다. 얼굴 표정이 잘 바뀐다. 순간 새로운 아이디어가 떠오르면 미소를 크게 짓다가도 복잡한 문제를 해결할 때는 심각한 표정이 된다.

3. 산만하다. 지그재그형은 재빨리 주위의 모든 것을 둘러본다. 한 사람과 대화하면서도 그 사람에게 잘 집중하지 못한다. 하지만 갑자기 무슨 생각이 떠오른 것처럼 눈을 깜박거리기도 한다. "눈은 마음의 창이다"란 말처럼 지그재그형의 마음은 눈에 그대로 나타난다.

4. 역동적으로 움직인다. 지그재그형은 팔을 여러 방향으로 심하게 움직인다. 대화를 시작하고 얼마 되지도 않아 10가지 이상의 동작을 볼 수 있다. 바로 눈앞에서 곡예사를 보는 듯하다. 재미있기도 하지만 산만하기도 하다.

5. 목소리가 다양하다. 목소리의 풍부한 변화를 통해 열정적인 모습을 보여준다. 성량, 속도, 억양이 끊임없이 바뀐다.

6. 쉴 새 없이 움직인다. 지그재그형은 한 번 움직일 때 몸 전체가 움직인다. 한시도 가만히 있질 못한다. 잠잘 때도 마찬가지다.

7. 신경성 경련을 일으키기도 한다. 지루하고 꽉 짜인 회의를 오래 하면 지그재그형은 불편하여 경련을 일으키기도 한다. 그럴 때면 소리 내어 발을 질질 끌거나 자세를 바꾼다.

8. 성적인 행동이 엿보인다. 어떤 사람들은 지그재그형의 과장된 행동을 성적으로 본다. 팔을 벌리는 것은 공공연히 그 사람을 환영

한다는 뜻을 표현하는 것이다.

9. 에너지가 넘치지 않으면 부족하다. 지그재그형의 변덕스러운 성향은 모두 행동에 나타난다. 어떤 일에 집중하기 시작하면 끝날 때까지 꼼짝하지 않는다. 그러나 주위에 사람들이 있으면 끊임없이 움직인다.

10. 외배엽형이다. 관찰해본 결과 지그재그형 대부분이 작고 마르고 뻣뻣하다. 아무 때나 먹고 싶은 걸 먹어도 살이 찌지 않는다. 누구나 부러워하는 신진대사 기능을 갖추고 있다.

|Final Note| 지그재그형은 사회에 쓸 만한 아이디어를 많이 내는 사람이다. 이들의 도전정신이 우리를 현재 상태에 머무르지 않고 더 발전할 수 있게 만든다.

지그재그형 사람은 우뇌형으로 창조적이고, 직관적이며, 모든 일에 통합적이고 총체적으로 접근하며, 개념적이다. 사람들과의 관계에서는 자극을 주고, 유머가 넘치며, 섹시하기까지 하다.

지그재그형은 누군가 자신을 제압하려 하면 타고난 열정과 넘치는 에너지로 방어한다. 사람들은 지그재그형의 변덕스런 성미에 당황할 때가 많다. 모든 행동이 충동적이다.

지그재그형은 조직적이고, 논리적이며 순서대로 일을 처리하는 선형의 생활은 하고 싶지 않을 것이다. 지그재그형은 꼼꼼하지 못하고 질서정연한 방식이 맞지 않으므로 당연히 조직체에서는 문제가 발생한다. 지그재그형은 규범이 철저하고, 틀에 박히고 조직적인 직장에서는 일하지 못한다. 자유를 바라고 매일 다양한 자극제가 필요한 사람이다. 도전할 일이 있을 때 지그재그형은 좋은 아이디어를 내고 사회에 공헌한다.

19 지그재그형의 가정생활

지그재그형의 사람과 함께 살고 있다면 지루할 일은 없다. 항상 새롭고 흥미로운 것을 찾는 가장 행복한 사람이다. 또, 새로운 게 아무 것도 없다면 만들어낸다. 지그재그형 사람은 좋아하며 특별하고 색다른 것에 빠져 산다. 또한 미래지향적으로 보통 사람의 몇 배 이상 앞서가는 생각을 하고 있다. 지그재그형은 우뇌형으로, 독창적인 생각으로 가득 차 있다.

지그재그형 사람을 더 잘 이해하려면 다른 유형의 사람들과 어떤 비슷한 면이 있는지 알아보는 게 도움이 된다.

1. 삼각형과 지그재그형은 강인하다. 하지만 이 둘의 강한 성격은 서로 다른 면에서 드러난다. 삼각형이 자기중심적이고 야망이 많다 면, 지그재그형은 새로운 발상을 떠올리는 열정이 넘치는 직장 인이다.

2. 박스형과 지그재그형은 외로워 보인다. 지그재그형은 자신만의 아이디어 세계에 빠져 있고, 박스형은 일을 하느라 회사에서만 보내서 그렇다.

3. 원형과 지그재그형은 변덕스럽다. 그러나 감정이 변하는 원인은 다르다. 원형은 사람들과의 관계에서 생기는 문제 때문에 우울해하지만, 지그재그형은 사람들이 자신을 어떻게 생각하는지에 대해서는 그리 개의치 않는다. 지그재그형은 환상에 사로잡혀 기분이 좋았다가도 실생활로 돌아오면 우울해진다. 아이디어가 떠오르면 그야말로 무아지경에 빠졌다가도 새로운 이론을 접하거나 복잡한 문제를 분석할 때면 말이 없어지고 은둔 생활을 한다.

4. 직사각형과 지그재그형은 겉으로는 아주 비슷해 보이지만 실제로 그렇지 않다. 둘 다 엉뚱하지만 그 원인은 다르다. 과도기에 처해 있는 직사각형은 현재 자신의 정체성을 파악하지 못해 혼란스러워하는 반면, 지그재그형은 매일 매일이 혼란스럽다. 지그재그형은 보기보다 무모하지 않지만, 직사각형의 사람은 누가 보더라도, 그리고 자신도 예상치 못한 행동을 한다.

결국 만일 다른 유형이 지그재그형과 함께 지낸다면 위에서 설명한 유형별 공통점을 통해 지그재그형을 이해하는 동시에 아주 다르다는 점도 파악할 수 있을 것이다. 누구나 다섯 가지 유형의 속성을 내재하고 있다는 점을 유념하라. 사람마다 이 중에 특히 한 가지 성향이 두드러지는 것이다.

⫶ 지그재그형 배우자

지그재그형의 이상적인 집

변화는 지그재그형에게 있어 삶의 활력소다. 그러니 집안 분위기도 다양해야 한다. 다음과 같이 집을 꾸미면 지그재그형의 욕구를 채워줄 수 있을 것이다.

1. 방마다 다르게 꾸며야 한다. 지그재그형은 같은 것을 오래 쓰면 지겨워한다. 목재에 금속과 유리를 조화시킬 수도 있겠지만 그보다는 현대식으로 꾸며라. 지그재그형은 미래지향적인 사람이다 (다각형으로 짜 맞춘 둥근 천장은 꼭 있어야 한다).

2. 자극적인 색을 사용하라. 지그재그형은 극적인 걸 좋아하므로 붉은 색이나 오렌지색, 자주색 등 밝은 빛깔을 이용하여 집안을 꾸며라. 부드러운 색은 어울리지 않는다.

3. 예술가 기질이 있는 지그재그형은 미술작품이나 조각품을 수집한다. 어떤 것이든 가장 최근 작품이어야 한다. 현재는 줄리안 슈나벨, 데이빗 살르, 키스 해링, 브라이언 헌트 같은 작가들의 작품이 적당하다. 1960년대에 태어난 지그재그형은 리히텐슈타인, 워홀, 존스, 라우센버그, 드 쿠닝을 좋아할 것이다. 블랙 벨벳을 입은 엘비스 초상화나 싸구려 바다 그림은 선호하지 않는다.

4. 집에 오락거리가 많으면 좋다. 피아노, 컴퓨터, 당구대, 기포식 욕탕 같이 다양한 즐길 거리가 있으면 지그재그형은 만족한다.

5. 조용한 공간이 필요하다. 지그재그형은 생각할 공간이 필요하다.

서재 정도가 사색하기에 적당하다.

6. 다양한 읽을거리가 필요하다. 지그재그형은 직업과 관련된 서적이나 과학 잡지 〈Omni〉나 경제잡지 〈Trend Letter〉 같은 비판적인 정기간행물을 구독한다. 형이상학적인 측면을 충족시킬 수 있는 〈Crack in the Cosmic Egg〉나 〈Out on a Limb〉 같은 뉴에이지 책들도 괜찮으며, 과학소설도 좋다.

7. 최신식 가전제품을 좋아한다. 복잡한 제품일수록 더 좋아한다. 지그재그형은 가전제품을 조합하고 사용방법을 파악하는데 오랜 시간을 들인다(삼각형은 구색을 맞추느라 가전제품을 살 뿐 어떻게 사용하는지 알려 하지 않는다).

8. 매일 같은 계획을 세우지 말라. 지그재그형은 깜짝 계획을 좋아한다. 멋지게 저녁식사를 차려놓고 있으면 지그재그형은 집에 와서 말한다. "오븐 끄고, 오늘은 외식하자." 지그재그형과 잘 지내려면 이런 상황에 융통성 있게 대처해야 한다.

9. 핵가족을 선호한다. 사람과의 관계를 중시하지 않는 지그재그형은 몇몇 친구들이나 지인들하고만 지낸다. 친척들은 더 자주 보지 않는다.

10. 저축하라. 지그재그형은 절약하지 못한다. 매달 요금을 내고 적금을 붓는 것도 질색한다. 회사의 퇴직 계획을 일부러 피한다. 지그재그형은 투기성의 증권에 무모하게 도전하고, 위험부담이 큰 투자를 한다. 때로는 큰 손해를 가져오기도 한다.

참고▶▶ 다섯 유형 중에서 삼각형과 지그재그형이 백만장자가 될 가능성이 가장 높다. 삼각형은 철저하게 계획을 세우는 반면, 지그재그형은 운이 따르기만을 바란다. 지그재그형은 복권을 많이 사므로 복권 당첨 확률이 당연히 높다. 하지만 지그재그형은 어느 날 백만장자가 되었다가도 하루아침에 빈털터리가 될 가능성도 높다.

지그재그형의 여가생활

1. **평범하지 않은 취미를 즐긴다.** 바다열대어를 기르고, 소형 모형물을 만들며, 금속조각품이나 폭발물 등을 만든다. 애완동물을 좋아하면 러시아산 사냥개, 미니어처 치와와, 보아구렁이 같은 특이한 동물들을 기를 것이다.

2. **지그재그형 배우자와 함께 하는 휴가는 신난다.** 지그재그형은 시베리아로 여행계획을 세울 것이며, 인도 전역이나 아프리카의 사파리로 도보여행을 떠나기도 한다. 전쟁 중인 벨파스트나 예루살렘을 방문하고 싶어 할지도 모른다.

3. **독특한 주제의 최신 영화를 즐겨본다.** 공상과학, 스파이 영화나 공포 영화를 즐긴다. 밤에는 록키 호러쇼를 즐겨 본다. 그러나 신파조의 영화는 절대 보지 않는다.

4. **소규모 모임이나 광란의 파티를 즐긴다.** 지그재그형은 세계 평화를 논의하는 지식인들의 모임에 참여하기도 하고, 대형 야외 콘서트장에서 소리를 지르고 있을 수도 있다. 이런 극단적인 모습은 토요일 밤 집에서 산더미처럼 많은 책 속에 파묻혀 있는 지그재그형을 보면 알 수 있다.

5. **독서광이다.** 지그재그형은 책이나 TV, 사람들을 통해 새로운 정보를 얻고 즐거워 한다. 지그재그형에 속하는 사람이 새로운 것

을 배우는 게 특별한 일이 아니다. 평생 배우며 살아가는 사람이다.

6. 이색 스포츠를 즐긴다. 단체 스포츠나 일반적인 운동경기에는 관심이 없다. 하지만 열기구나 행글라이딩 같은 이색 스포츠는 지그재그형의 관심을 끌기에 충분하다.

7. 시나 음악을 항상 가까이 한다. 지그재그형 중에는 아마추어 연극을 해본 사람이 있을 것이다. 지그재그형의 창의성이 예술로 발현되는 것은 자연스런 현상이다.

8. 수집하는 걸 좋아한다면 특이한 소품들을 모을 것이다. 코끼리 도자기, 고풍스런 모자 핀, 주크박스, 1940년대 음악, 앤디 워홀의 기념품 등을 주로 수집한다.

9. 심리 게임을 즐긴다. 브리지, 수수께끼, 체스, 오목, 스크래블, 낱말 맞추기 등 심리를 이용한 게임을 선호한다. 지그재그형의 상대가 될 만한 적수를 찾기란 어렵다.

10. 컴퓨터를 즐겨한다. 어릴 때는 아타리, 닌텐도에서 던전드래곤까지 섭렵한다. 성인이 되어서는 소프트웨어 시스템을 개발하여 즐긴다. 지그재그형 집에 개인 컴퓨터가 없는 일은 드물다.

11. 다양한 종류의 박물관을 방문한다. 과학, 산업, 우주, 항공전자공학 같은 종류의 박물관을 선호한다. 디즈니랜드에 있는 엡콧센터도 좋아한다(지그재그형은 인정하지 않지만 공상 파크도 좋아할 것이다).

12. 가족과 함께 즐길 만한 여가활동 목록을 정한다(물론 성적인 것은 제외한다). 가족과 함께 여가활동을 보내는 것이 지그재그형

성향과 잘 맞지는 않는다. 친목 모임이나 뒤뜰에서의 바비큐 파티가 화끈하지 않거나 독특하지 않으면 흥미를 잃는다. 지그재그형은 생일 같은 중요한 기념일을 잘 잊어버린다. 생각이 나면 미안해하지만 그렇다고 다시 잘 기억하지는 못한다. 지그재그형과 결혼한다면 40번째 생일에 깜짝 파티를 열어줄 거라는 낭만적인 기대는 하지도 말라. 그러나 생일이 지난 다음 주에 지중해 크루즈 여행 티켓 두 장이 저녁 식탁에 놓여 있을 것이다.

|Final Note| 지그재그형이 다섯 유형 중에서 독신으로 남아있을 확률이 가장 높다. 꽤 많은 지그재그형이 평생 혼자 살면서 다양한 부류의 사람들과 관계를 맺으며 지낸다. 여러 번 결혼한 사람도 있을 것이다. 또 아주 전형적인 지그재그형이라면 이혼을 원하지 않기 때문에 혼외 관계를 통해 자신의 욕구를 충족시키기도 한다.

지그재그형 배우자의 강점과 약점

【강점】 1. 예측하기 힘들 정도로 끊임없이 변한다.

2. 고무적이고 활력이 넘친다.

3. 에너지와 활기가 넘친다.

4. 유머 감각이 뛰어나다.

5. 예상 밖의 성공을 거둔다.

6. 정직하고 솔직하다.

7. 분위기 메이커다.

8. 깜짝 놀랄 일을 많이 만든다.

9. 창의적이다.

10. 어릴 때부터 특출나다. 지그재그형은 어릴 때부터 창의
력이 뛰어나 성공 가능성이 엿보인다. 어떻게 성공하는
지 그 진가를 확인해보라.

【약점】 1. 변덕스럽다.

2. 이사를 자주해서 정착하지 못한다.

3. 활기 넘치다가도 갑자기 지루해 한다.

4. 인생에서 성공하려다가 큰 실패를 여러 번 경험한다.

5. 혼자만의 시간을 갖는다. 종종 모임에 빠지며, 분위기가
가라앉는다.

6. 친구가 많지 않다. 지그재그형은 인기 있는 사람이 아
니다.

7. 감정 표현이 서툴다.

8. 체계적이지 못해 무슨 일을 벌일지 모른다.

9. 단정치 못하다.

10. 성급하다. 자녀 양육이 서툴다.

지그재그형 배우자와 원만한 관계를 유지하려면

1. 생활비 예산을 엄격하게 세우고 충동구매를 막아라.

2. 가족에게 헌신하게 하라. 강제적으로라도 시켜라.

3. 다양한 이벤트를 계획하여 집에서 많은 시간을 함께 보내라(하지만
결국 취소될 수도 있다는 사실을 잊지 말라).

4. 지그재그형이 하는 일에 관심을 보여라.

5. 지그재그형이 낸 새로운 아이디어에 관심을 보여라. 그렇지만 내일 생각이 바뀔 수도 있다.

6. 새롭고 흥미로운 아이디어를 내라. 그러면 지그재그형은 관심을 보인다.

7. 침울해 하지 말고 조용히 지내라.

8. 실패했을 때 곁에 있어줘라. 지그재그형이 과거에 성공한 경험을 상기시켜주며 용감하게 미래에 맞서라고 용기를 북돋워줘라(실패한 후 성공을 만끽하게 될 것이다).

지그재그형의 돌발행동에 당황하지 않으려면

1. 정해진 대로 일을 진행해 나갈 거라고 기대하지 말라. 지그재그형은 일을 계획대로 수행하지 않고 항상 수정한다.

2. 각자의 전문 분야를 명확하게 구분하라.

3. 가정의 기반을 닦아놓아라. 저축하고, 집을 마련하고, 신용을 쌓고, 퇴직 계획을 세워라.

4. 유별난 행동에 당황하지 말라. 지그재그형은 가끔씩 특이한 행동을 한다. 단호하게 하지 말라는 경고도 필요하다.

5. 아이들에게 평범한 가정환경을 만들어줘라.

6. 의지가 되는 친구를 만들라. 지그재그형 배우자에게 정신적 도움을 받으려고 하지 말라.

7. 지그재그형에게 의지하지 말고 자기 일을 가져라.

8. 파티에서 지그재그형의 보조역할을 해주고, 가끔은 집에도 데려다

줘라.

9. 사랑해주고 격려해줘라. 단, 똑같이 되돌려 받을 생각은 하지 말라.

10. 유머 감각을 갖춰라.

⟫ 지그재그형 이성찾기

지그재그형 이성을 만날 수 있는 곳

1. 자정 무렵 슈퍼마켓

2. 첨단기업

3. 글라이더, 요트, 낙하산을 타는 곳

4. 과학이나 미술 박물관

5. 연극, 연주회, 발레 등 공연장

6. 대학가

7. 스테인드글라스 창문으로 된 강의실

8. 나체주의자 캠프 주변 수영장

9. 독서하며 집에서

지그재그형과 대화하기

1. "좋은 아이디어가 떠올랐어!"

2. "당신의 사고방식이 맘에 듭니다."

3. "내년 경제 전망은 어떻습니까?"

4. "칼 세이건의 오존에 관한 의견에 동의합니까?"

5. 당신은 Futurist Society 회원으로 가입될 것입니다."

6. "클로즈 인카운터, 에일리언, 2001 시리즈 중에서 어떤 영화가 가장 재미있었습니까?"

7. "콤팩트 디스크에 관해 어떻게 생각합니까?"

8. "당신은 보통 사람과 다르군요!" (지그재그형은 자신이 특별하길 바란다)

첫 데이트

1. "E.T. Lives"라고 씌어진 T셔츠를 입어라.

2. 대형 파티에 가서 지그재그형의 공연을 즐겨라.

3. 미술관에 가라.

4. 현대 건축가 벅민스터 풀러의 강의를 들어라.

5. 집에서 모자이크 장식을 꾸며라.

6. 술을 함께 먹고 취하라.

7. 캐나다 퀘백 주나 메인 주의 바하버로 단거리 비행 여행을 다녀와라.

성적 접근법

1. 단도직입적으로 솔직하게 성적으로 유혹하라. 극적인 효과가 나타난다. 지그재그형은 섹시하고 파격적이다.

2. 철저히 준비하라. 남자는 삼각팬티를, 여자는 검정바탕에 빨간색이 섞인 가터벨트를 입어라.

3. 어느 정도의 변태 행위는 괜찮다. 성 관련 상품을 사러 가야 할지

도 모른다. 색다른 요구를 할지도 모른다.

4. 성인영화를 보는 것도 분위기 형성에 도움이 된다.

5. 체력을 단련시켜라. 지그재그형은 오랜 시간 동안 관계를 맺는다.

6. 즐거워하라. 지그재그형은 금방 지루해한다.

7. 지그재그형과 사랑에 빠졌다면 더 이상 끌지 말고 구애하라. 지그재그형은 주말 해변에서 치안판사 앞에서의 서약으로 지체 없이 구애하는 스타일이다.

8. 즐겨라. 지그재그형은 가장 성적으로 매력 있는 파트너다. 말할 필요도 없이 앞으로 성적인 자극이 부족할 일은 없을 것이다. 성적인 자극이 있으면 지그재그형은 흥미를 잃지 않는다. 지그재그형은 변덕스러운 사람이라는 사실을 잊지 말라.

▷ 지그재그형 자녀

미취학 자녀들은 대부분 지그재그형의 성향이 있다고 보면 된다. 학교 들어가기 전의 아이는 창의적이고, 직관적이며, 거침없이 표현하고, 체계적이지 못하며, 비현실적이고, 비논리적이고, 버릇없고, 순진하다. 그래서 지그재그형은 어린아이 같다고들 한다.

그렇다고 미취학 자녀가 모두 지그재그형에 속한다고 성급하게 단정 지을 수는 없다. 아이는 자라면서 박스형, 삼각형, 원형의 성격이 더 두드러지게 나타날 가능성이 크다.

만약 학교에 다니는 자녀가 확실히 지그재그형에 속한다면 부모가 맞서야 할 지그재그형 자녀와의 전형적인 문제와 해결책에서 도움을 얻을 수 있을 것이다.

문제1: 성적이 좋지 않다. 지그재그형 자녀라고 성적이 다 나쁜 건 아니다. 싫증을 잘 내는 아이이기 때문에 성적이 좋지 않은 편이다. 그렇다고 아이가 똑똑하지 않은 건 아니다.

해결책: 자녀가 영재반에 들어갈 수 있는지 어릴 때 시험해보라. 영재반에 가면 좀 더 의욕이 생길 것이다. 자녀의 소질을 개발하려면 선생님도 신중하게 선택하라. 집에서 아이와 숙제를 항상 함께 하여 학업 성취도를 높여라.

문제2: 끈기가 부족하다. 의욕이 생기지 않는 일이거나 부담스런 과제가 있으면 지그재그형 자녀는 금세 포기한다.

해결책: 자녀의 수준에 맞는 행동을 하도록 지도하라. 친구들과 함께 과제를 풀도록 유도하라. 여러 아이들과 함께 경쟁할 때 지그재그형 자녀는 오랫동안 흥미를 느낀다.

문제3: 자신의 물건을 아무렇게나 다룬다. 창의적인 성향을 지닌 지그재그형 자녀는 무엇이든 어떻게 작동하는지 직접 해보고 싶어 한다. 그래서 실험삼아 분리하고, 분해했다가 다시 조립하기도 한다. 하지만 한번 분리하면 다시 원상태로 잘 돌려놓지 않는다.

해결책: 창의력을 요하는 장난감을 사줘라. 화학실험 용품, 집짓기, 천문학 도구, 퍼즐 같은 것이 좋다. 깨지기 쉬운 장난감은 사주지 말라.

문제4: 규칙을 지키지 않는다. 어릴 때부터 지그재그형은 규칙을 지키거나 체계에 따르는 일을 싫어한다. 엄격한 규칙을 싫어하므로 지그재그형 자녀는 박스형이 되고 싶지 않다(박스형 부모는 자신과 정반대인 지그재그형 자녀를 키우기 힘들다).

해결책: 매일 해야 할 일을 정하라. 자녀가 규칙을 따르지 않으면 벌을 주라. 하지만 너무 규칙에 얽매이게 하지 말라. 창의력이 발휘되지 않을 수도 있다.

문제5: 일반논리에 순응하지 않는다. 지그재그형 자녀는 사람들이 일반적으로 생각하는 논리나 전통적인 가치와 믿음을 잘 따르지 않는다. 아마 "우리 엄마가 그랬어." 혹은 "주위 사람들이 다 이렇게 하던데" 라고 말하면서 그대로 따르지 않을 것이다.

해결책: 자녀가 해야 할 일에 대해 좀 더 독창적인 이유를 덧붙여야 한다. 지그재그형 자녀는 새로운 아이디어나 게임에는 호의적으로 반응한다. 게임에서 편을 평소와 다르게 나눈다면 지그재그형 자녀는 잘 따를 것이다. 그러나 버릇없는 행동은 단호하게 혼낼 필요가 있다. 또한 자녀의 장래를 위해 윗사람을 공경하는 법도 가르쳐야 한다. 어른을 공경할 줄 모르면 나중에 직장에서 상사와 문제를 일으키기 쉽다.

문제6: 제멋대로 행동한다. 원형 자녀는 징징대고, 삼각형 자녀는 조건을 붙여서 거래를 하지만, 지그재그형 자녀는 순전히 자기 의견을 내세워 뜻대로 하려고 한다. 지그재그형은 자기주장이 강하고, 남을 설득하는데 탁월한 재능이 있다(그래서 복음 전도사가 지그재그형에 속한다).

해결책: 지그재그형 자녀가 요구하는 것에 논리적으로 접근하라. 절대로 지그재그형 자녀의 현란한 말솜씨에 넘어가지 말라.

지그재그형 자녀의 특징

1. 방이 지저분하다.

2. 물건을 잃어버리거나 잘 깨뜨린다.

3. 규칙이나 약속을 잘 잊어버린다.

4. 사고방식이 긍정적이다.

5. 에너지가 넘쳐서 몹시 흥분하기 쉽다.

6. 집중력이 약하다.

7. 취미와 흥밋거리가 다양하다.

8. 절친한 친구는 몇 명뿐이다(약간 특이한 친구들도 있다).

9. 아주 열성적이었다가 금세 지루해 한다.

10. 사람이나 어떤 상황에 대한 직관적인 육감이 있다(예지력이 있는 지그재그형도 있다).

지그재그형 자녀 양육 방법

1. 집에서 해야 할 일과 예절에 대해 확실한 규칙을 세워 지키게 하라.

2. 실수하도록 내버려둬라. 창의력 있는 아이로 자라는데 필요하다.

3. 자녀가 옆집 아이 같을 거라는 기대를 버려라. 지그재그형 자녀는 평범하지 않다. 다른 아이들과 비교하지 말라.

4. 자녀에게 맞는 학교를 선택하라. 총명한 아이이기 때문에 어느 정도 도전의식이 있다면 다른 아이들보다 뛰어날 것이다.

5. 친구나 놀이친구를 만들어줘라. 지그재그형 자녀는 자신만의 세계에서 보내는 시간이 많다. 그러면 반사회성이 나타나기 쉽다. 사람들과의 교류가 얼마나 소중한지 알려줘라.

6. 단체 활동에 참여시켜라. 무기력한 지식인이 될 가능성이 있으므로 단체 스포츠를 하면 효율적이다.

7. 용돈은 주마다 줘라. 지그재그형은 돈에 대한 개념이 없다. 쉽게 충동구매를 하기도 한다. 자녀가 바라는 대로 사주지 말고, 분별력을 길러줘라.

|Final Note| 지그재그형 자녀는 몽상가다. 자신만의 상상 세계에 빠져 있다. 부모는 자녀의 꿈을 함께 공유해야 한다. 때로는 엉뚱하고 이상하지만 실현가능한 것도 있다. 꿈을 키워줄 때 아이가 더 발전한다. 지그재그형 자녀의 꿈은 종종 실제로 이루어질 수도 있다는 사실을 명심하라.

20 지그재그형의 직장생활

□ △ ⊓ ○ ⁴⁄₁

　지그재그형이 자신의 적성에 딱 맞는 일을 한다면 아무 문제없이 즐겁게 일을 완벽하게 해낼 수 있다. 하지만 틀에 박히고 지극히 구조화된 조직에서 평범한 일을 해야 한다면 분명히 문제가 생길 것이다. 지그재그형은 활기 넘치고 다채로운 삶을 원한다. 자유를 누리고 여러 부류의 사람을 만나는 일을 하고 싶어 한다.

　물론 시간이 지나면서 자신이 처한 환경에 적응해 나갈 수 있다. 매일 정해진 일은 하겠지만 퇴근 후 지그재그형을 유심히 살펴보라. 매일 저녁 시내 술집에 있는 것을 목격할 수 있을 것이다. 본인 가게일지도 모른다(지그재그형은 자신이 좋아하는 분야에서 부업을 많이 한다). 직장에서 자극받을 일이 없으면 지그재그형은 퇴근해서 자신의 욕구를 충족시킬 방법을 찾는다.

　그러나 만일 지그재그형이 잠재력을 충분히 발휘할 수 있는 일을 하고 있다면 창의적인 발상은 고용주에게 득이 될 것이다.

　다음은 지그재그형에게 적합한 직업 목록이다.

직업 유형		
전략 기획자	점성가	화가/연기자/시인
발명가/요리사/사업가	음악가	성직자/전도사
실내 장식가	대학교수/이론가	생산 전문직
공인 중개사	과학자/연구원	국제 판매상/상인
인공지능 전문가	창립자/PR 관리자	

⫶ 지그재그형의 직장 내 갈등 대처법

　지그재그형은 대립되는 의견이 자신에게 큰 영향을 미치지 않으면 대체로 의견충돌을 피한다. 동료들이 공격할까봐 무서워서 피하는 게 아니라 회사에는 사소하게 발생하는 문제가 너무 많기 때문에 그리 중요치 않은 갈등은 피하고 싶어 한다. 그런데 문제는 지그재그형이 갈등을 해결하는데 동참하지 않으면 회사는 가치 있고 창의적인 의견을 얻지 못한다는 점이다.

　만약 지그재그형이 무시할 수 없는 문제가 생겨 확실히 해결할 수 있으면 직접 문제에 맞설 것이다. 삼각형 다음으로 경쟁심이 강한 유형이 바로 지그재그형이다. 자신이 낸 아이디어가 채택될 것 같지 않으면 강하게 투쟁할 것이다. 그리고 설득력이 강한 자신의 재능을 이용하여 경쟁에서 이길 것이다.

만일 지그재그형과 싸워야 할 상황에 처한다면 경쟁에 도움이 될 만한 도구를 모두 동원하라. 지그재그형은 싸움을 시작하면 최소한 삼각형만큼은 강해진다. 자신의 의견에 대한 믿음이 강할 때는 오히려 삼각형을 압도한다. 지그재그형은 단지 승리만을 위한 승리를 할 뿐이다.

⫸ 지그재그형과의 논쟁에서 이기는 법

1. 먼저 지그재그형의 강한 에너지와 복음 전도사 같은 독단주의에 동요 되지 않게 마음가짐을 단단히 하라. 지그재그형은 강하게 의견을 내 세워 논쟁에서 상대를 제압하는 경우가 많다.

2. 논의를 두 번으로 나누어 할 계획을 세워라. 첫 번째 논의에서는 지 그재그형의 의견을 들어주라. 고함을 치는 등 지그재그형이 논 쟁하고 싶은 대로 두라. 자기 의견을 할 수 있는 한 맘껏 얘기하 면 지그재그형은 다음 번 논의에서 상대편 의견을 더 잘 들어주 기도 한다.

3. 지그재그형의 혼란스런 사무실에서 벗어나 논의를 잠시 중단할 장소 를 찾아라. 다른 곳보다 당신 사무실로 데려가면 심리적으로 유리 하다. 지그재그형이 거절한다면(그렇게 하기 쉽다) 회의실이나 레스토랑 같은 중간 장소를 제안해보라.

   첫 번째 논의는 당신의 주도하에 점심식사를 함께 하면서 얘기 하면 좋다. 본인이 회원으로 있는 사교 클럽에 지그재그형을 데리고 가서 값비싼 점심을 대접하라. 지그재그형은 후람베 같은 이국적인 음식을 좋아한다. 식사를 마칠 때까지는 논의할 시간을 벌 수 있다. 지그재그형이 의견을 모두 제시했으면 바로 회의 장소를 옮겨라. 첫 번째 논의에서 아직 합의에 이르지 못했기 때문에 두 번째 논의에서 확실히 이길 수 있는 기회가 올 수 있다.

4. 첫 번째 논쟁은 지그재그형에게 양보하라. 처음에 승리를 맛본다면 다음 번 논의할 때는 경계를 늦출 것이다. 그러면 당신에게 유리하다.

5. 두 번의 논의 사이에 간격을 두지 말라. 지그재그형은 중간에 마음이 변하거나 완전히 잊어버릴 수도 있다. 변덕이 심한 사람이다.

6. 두 번째 논의에서 전세를 역전시켜라. 먼저 어떤 암시도 주지 말고 지그재그형을 놀라게 하라. 지그재그형 사무실 앞에서 문을 닫고 점심 때 논의하던 내용을 계속 논의하자고 제안하라.

7. 그리고 나서 자신의 의견을 강하게 주장하라. 이번에는 당신이 열성적으로 확고한 의견을 주장할 차례다. 당신의 의견에 동의하면 지그재그형이 어떤 혜택을 받게 되는지 설명하라.

8. 논쟁에서 질 것 같으면 재빨리 그 문제와 동떨어진 화제로 전환하라. 지그재그형은 쉽게 다른 주제에 동화된다. 지그재그형보다 윗사람이라면 강압으로 화제를 바꿔도 된다.

9. 이길 것 같으면 즉시 동의서를 작성하라. 필요한 서류를 모두 확실히 준비해 놓으면 동의를 얻음과 동시에 서명을 받을 수 있다. 하지만 바로 마음이 변할 가능성도 있다.

10. 지그재그형과의 격론에서 이기면 그 일의 세부사항을 잘 준비하라.

준비성은 지그재그형과 거리가 멀다. 오늘 동의했다가도 내일이면 잊어버리는 경우가 허다하다. 동의를 얻어냈으면 세부사항들의 정리는 당연히 당신 책임이다.

만일 논쟁에서 졌다면 당당하게 패배를 인정하고 일어나 다음에 지그재그형과 또 대립할 경우를 대비해서 지금까지 얘기한 문제와 해결책을 다시 살펴보아라. 지그재그형에게 진 적이 처음은 아닐 것이다. 지그재그형은 절대로 만만히 볼 상대가 아니다.

▶ 지그재그형 동료

다음은 지그재그형에 속하는 동료들이 일으키는 문제들로, 함께 일하는 사람들에게 유용한 정보가 될 것이다. 해당 문제마다 적합한 해결책도 제시하였다.

문제1: "왜 이해하지 못하죠, A=F예요!" 지그재그형은 동료들이 자신을 이해하지 못하면 견딜 수 없어 한다. 동료들이 자신을 이해하지 못하는 일이 잦아지면 문제는 심각해진다. 지그재그형은 일반 사람들처럼 논리적이고 순차적으로 사고하지 못한다. 우뇌를 사용하는 소수 유형이다.

해결책: 해결해야 할 문제는 두 가지다. 지그재그형이 참을성이 부족하다는 점, 그리고 좌뇌형과 우뇌형 사이에서 발생하는 의사소통 문제다. 먼저, 어리석게 굴지 말고 차분하게 지그재그형을 이해하고 싶

은 마음을 표현하라. 서로 대화가 통하지 않는 어려운 문제는 반복하여 질문하면 지그재그형을 이해할 수 있다. 의사소통이 제대로 이루어지지 않은 채 그대로 둘 때 문제가 생긴다. 지그재그형은 중간과정을 생략하고 급하게 결론에 도달한다. 중간에 건너뛰는 곳이 없어야 한다.

문제2: "내 말을 끝까지 듣고 나서 '아니'라고 말하시오." 지그재그형은 자신만의 원칙을 고집한다는데 문제가 있다. 삼각형처럼 자기주장이 강한 지그재그형은 사람들을 끈질기게 설득할 것이다. 확신이 있는 의견에 대해서는 '아니'라는 대답을 쉽게 받아들이지 못한다. 동의를 얻어낼 때까지 동료들을 끊임없이 비난할지도 모른다.

해결책: 지그재그형은 조직체에서 살아가려면 항상 자신의 방식을 고수할 수 없다는 사실을 깨달아야 한다. 차분하게 지그재그형의 의견에 왜 바로 찬성할 수 없는지 설명해주라. 그러나 지그재그형의 번뜩이는 창조적인 아이디어에 대해서는 억누르지 말고 칭찬해주라. 그의 다양한 아이디어에서 얻을 수 있는 게 많다.

문제3: "문서작업은 시간 낭비예요." 지그재그형은 관료주의가 팽배한 회사에서 잘 적응하지 못한다. 사고 지향적으로 세세한 일에까지 신경 쓰지 못한다. 아마 자신의 동료에게 문서작업을 떠맡기려고 할 것이다.

해결책: 고질적인 문제다. 동료들은 지그재그형의 일을 충분히 주지시켜라. 해결책은 두 가지가 있다. 첫 번째는 상당히 어렵지만 문서작업이 많은 회사라면 해볼 만한 시도로, 문서작업의 양을 줄이는데 지그재그형을 참여시켜보라. 그리고 서류의 서식을 간소화하는 등의

방법을 상사에게 제안해보라.

문제4: "지금 어디 가고 없는 거죠?" 지그재그형은 갑자기 사라질 때가 있다. 혼자만의 시간을 원한다. 빈 사무실에 숨어 있거나 도서관 책 속에 파묻혀 있을 때도 있다. 아무튼 지그재그형은 자리를 비우는 경우가 비일비재하다. 자신이 속한 단체에 책임감이 거의 없다. 지그재그형 성향이 강한 사람은 혼자 지내며, 사람들이 자신에 대해 어떻게 생각하든 개의치 않는다.

해결책: 책임감을 배워야 한다. 지그재그형은 팀의 일원이면서도 팀에서 일을 안 해도 된다고 생각한다. 누군가 개입하여 중재해줄 필요가 있다. 상사는 지그재그형이 제대로 해낼 수 있는 일을 명확히 지정해주되 동료와 함께 해야 효과를 볼 수 있는 일을 시켜라.

문제5: "거시기에 대해 들어본 적 있어요?" 남성 지그재그형에게만 일어나는 문제로, 사무실에서 말을 거칠게 한다. 자신이 유머 감각이 뛰어나다고 생각할 수도 있지만 유치한 농담은 주위 동료들이 싫어한다. 또 누가 무슨 말을 하면 끼어들어 방해한다.

해결책: 지그재그형이 하는 농담이 불쾌하면 그렇다고 확실히 말하라. 지그재그형을 대할 때 무슨 일이든 공적으로 대하면 이 문제를 해결할 수 있다.

|Final Note| 지그재그형이 하고 싶은 대로 두면 사무실 분위기는 엉망이 될 것이다. 창의적인 지그재그형의 사람은 구조화된 회사에서 일하지 못한다. 반면에 박스형은 체계화된 일을 잘 하므로, 박스형과 지그재그형은 정반대의 성격이다. 지그재그형에게 어울리는 곳

은 훨씬 자유롭고, 조직력이 강하지 않은 곳이다. 그러므로 관료 사회는 지그재그형에게 맞지 않는다.

⟫ 지그재그형 상사

지그재그형 상사는 모순되는 말이다. 특히 고도로 조직화된 단체에서 지그재그형 상사는 맞지 않는다. 지그재그형은 단체 분위기에 익숙하지 못하며, 조직적인 일에 능하지 못하다. 가장 맞지 않는 경영업무는 중간 관리자다. 지그재그형은 권위 체계에 대항하며, 자신이 믿지 않는 정책은 잘 실행하지 못한다.

그런데 희한하게도 관리직에 있는 지그재그형은 언제나 리더의 위치를 차지하고 있다. 리더로서의 지그재그형은 의욕적으로 자신이 낸 새로운 아이디어를 추진해나간다. 지그재그형 리더는 자신이 잘 챙기지 못하는 일의 세부사항은 다른 사람을 시키기도 한다(일을 잘 분담하여 사업가로 성공하기도 한다).

당신이 지그재그형의 부하 직원이라면 회사생활을 좀 더 편하게 하기 위해 알아두어야 할 점들이 있다. 지그재그형이 상사라는 상황이 어울리지 않지만 지그재그형에게도 상사로서의 훌륭한 면이 있다.

지그재그형 상사의 강점과 약점
【강점】 1. 열정을 타고 났다.

2. 직원들을 자유롭게 풀어준다.

3. 규칙에 얽매이지 않는다.

4. 새로운 아이디어는 무엇이든 받아들인다.

5. 사람에 대한 편견이 없다.

6. 솔직하게 감정을 표현한다.

7. 직원들과 동료처럼 지낸다.

8. 자신의 방식대로 일을 하는 동안은 활력을 띠는 사람이다.

【약점】 1. 조직적이지 못하다.

2. 세세한 일에 신경 쓰지 못한다.

3. 엉뚱한 정책을 만든다.

4. 변덕스럽다.

5. 끈기가 없다.

6. 무단결근이 잦다.

7. 성과에 대한 반응이 거의 없다.

8. 조직적인 정책에 문외한이다.

지그재그형 상사에게 인정받으려면

1. 매일 참신한 아이디어를 내라.

2. 상사의 말에 강하게 반응하라.

3. 무슨 일이든 열성을 보여라.

4. 상사를 먼저 지지해라. 그 다음이 동료다.

5. 인신공격은 하지 말라.

6. 스스로 계획을 세워라. 상사는 계획을 잘 세우지 못한다.

7. 솔선수범하라.

8. 수행한 일에 대한 평가를 요청하라.

9. 당신이 공헌한 일들을 정리해놓아라.

10. 상사가 혼자 있고 싶어 할 때는 귀찮게 하지 말라.

11. 상사의 유머에 재치 있게 반응하라(상사가 하는 농담에 웃어라).

12. 타부서 관리자와 친밀한 관계를 유지하라. 승진하려면 여러 가지 가능성을 열어두어야 한다.

|Final Note| 만일 야망이 있는 사람이라면 지그재그형 상사 밑에서 출세할 거란 생각은 하지 말라. 지그재그형 상사는 자신의 승진에도 관심이 없으며, 부하 직원에게도 신경 쓰지 않을 것이다. 지그재그형 상사는 정치활동에는 취약하다. 그러니 스스로 세력을 찾아내어 발전해 나가야 한다.

지그재그형 고객

지그재그형 고객의 특징

1. 옷을 잘못 입고 있거나 자고 일어난 사람처럼 부스스한 모습을 하고 있다. 지그재그형은 외모에 별로 신경 쓰지 않는다. 대부분 단정치 못하고 흐트러진 모습을 하고 있다.

2. 지그재그형은 가난해 보이지만 실제로는 그렇지 않다.

3. 신속하고 재빠르다. 지그재그형 사람은 항상 서두른다. 악수를 하

지 않을 때도 있고, 심지어 상대방과 너무 서둘러서 팔을 잡을 때도 있다.

4. 말이 빠르다. 끊이지 않고 이야기를 계속 한다. 급한 마음에 질문을 건너뛰기도 한다.

5. 질문에 대답하는 사이에 또 다른 질문을 한다.

6. 상품이나 서비스에 대한 평가가 빠르다. 성격이 급한 지그재그형은 작동방법을 대략 훑어본다.

7. 갑자기 혼란스러워 할 때가 있다. 지그재그형이 생각을 정리하고 있을 때인데, 결정을 하고 있는 중이다.

8. 구매여부를 순식간에 충동적으로 결정한다. 한 번 결정하면 다시 번복하지 않으니 바꾸려고 노력하지 말라.

지그재그형 고객에게 물건 팔기

1. 말을 빨리 하라. 지그재그형은 인내심이 없다.

2. 한두 마디 농담을 건네라.

3. 모든 부속물을 다 보여줘라. 지그재그형은 복잡해도 좋아한다.

4. 상품과 서비스의 독창성을 설명하라.

5. 상품의 진정한 가치를 아는 고객이 드물다고 말하라.

6. 지그재그형의 이해가 빠르다고 칭찬하라.

7. 참신하고 획기적인 시스템을 갖춘 상품임을 강조하라.

8. 상품과 서비스를 개발한 천재에 대해 얘기하라.

9. 구매를 재촉하라. 지그재그형은 충동 구매자로, 자신이 사고 싶은 물건은 가격을 따지지 않고 산다.

10. 보조기구나 부속품도 같이 판매하라. 지그재그형은 일체 모든 것을 남김없이 사는 편이다.

|Final Note| 회사의 반품 방침은 어떤지 확실히 설명해줘라. 지그재그형은 충동적으로 물건을 구매한 후에 반품도 잘 한다. 심지어 아무 거리낌없이 조제품도 반품한다. 원형이라면 판매자의 마음이 상할까봐 반품하지 못할 것이다. 하지만 지그재그형은 다른 사람의 감정은 별로 신경 쓰지 않는다.

21 / 지그재그형과 스트레스

□ △ □ ○ ⚡

지그재그형은 확실히 'A 타입'에 속하는 사람으로, 그 사실에 만족한다. 삼각형처럼 지그재그형은 자극이 필요한 사람으로 행복한 삶을 위해 많은 일을 경험해야 한다. 매일 똑같이 반복되는 지루한 생활은 참지 못한다. 보통사람들은 반복되는 일상에 안정감을 느끼지만 지그재그형은 스트레스를 받는다.

지그재그형은 변화 속에서 성장해 나간다. 언제나 같은 방식은 너무나 지겹다. 현재 상태를 유지하기보다 새로운 것을 시도한다. 창의적인 우뇌형으로, 항상 무슨 일이든 하고 있으며, 새로운 일을 꾸밀 상상에 빠져 있다. 지그재그형은 끊임없이 뭔가를 할 생각에 빠져 있는데, 심지어 잠잘 때도 그렇다. 변화가 있을 때 지그재그형은 삶에서 활력을 느낀다.

지그재그형은 틀에 박히고, 평범하고, 항상 같은 일상을 보내야 할 때 주로 스트레스를 받는다. 이런 일상이 계속되면 지그재그형은 마음 깊은 곳에서 새롭게 쇄신한다. 지그재그형이 보통사람과 다른 본성을 지니고 있다는 사실을 인정해야 한다. 진정한 실체는 마음속에 있다. 겉으로 보이는 삶은 일부분에 불과하다. 이 유형에 속하는 사람들은 형이상학적으로, '신세대'의 사고방식을 갖고 있다. 세상이 발전하지 않으면 스트레스만 받는다.

참고▶▷ 다른 유형과 마찬가지로 지그재그형의 사람도 스트레스를 받으면 부정적인 성향을 드러낸다. 비조직적이며, 실제적이지 못하고 비현실적이며, 비논리적이고, 거리낌없으며, 다른 사람들에게 자신의 의견에 동조하기를 강요하기도 하고, 이상한 행동을 하며, 고지식해지기도 한다. 자극적인 것을 좋아하는 지그재그형은 스트레스를 받았을 때 별난 행동을 한다.

스트레스를 받으면 지그재그형은

1. 집에서나 회사에서 침울하고 활기가 없다.
2. 얘기하는 걸 귀찮아하고, 평소처럼 열정이 없다.
3. 유머 감각을 잃는다.
4. 부정적인 태도를 보인다.
5. 사람들을 비판한다(지그재그형은 보통 자신을 비난한다).
6. 상당히 비조직적이 되며 약속을 잘 잊어버린다.
7. 단정치 못했던 옷차림이 더 심해져 완전히 지저분해진다.
8. 사람들과 시선을 마주치지 못하고 중얼중얼 말을 얼버무린다.
9. 한 번도 본 적 없는 거칠고 이상한 행동을 한다.
10. 식욕을 잃는다(지그재그형은 식욕이 왕성한 사람이다).

11. 성 관계에 흥미를 잃는다.

12. TV를 많이 본다(지그재그형은 원래 TV는 역동적이 아니라서 잘 안 본다).

13. 조언을 구한다(보통사람들이 스트레스를 받았을 때 하면 좋은 방법이지만 지그재그형이 조언을 구한다는 것은 이상 행동이다).

14. 혼자 있고 싶어한다(지그재그형이 현실에서 도피하고 싶을 때 보이는 현상이다. 컨디션이 좋을 때는 일반적인 현상이지만 자꾸 반복되면 위험하다).

지그재그형의 스트레스 요인

1. 박스형의 조직에서 일할 때. 계속 말했듯이 지그재그형은 지겹고 틀에 박힌 일을 가장 싫어한다. 일에서 상품의 질보다는 생산량이 더 중요할 때 스트레스를 많이 받는다.

2. 자신이 과소평가되고 있다고 느낄 때. 지그재그형은 자신이 과소평가 받는 것은 곧 자신의 아이디어도 수준 이하로 평가받았다고 생각한다. 지그재그형은 자신이 낸 아이디어(지그재그형의 가장 뛰어난 재능)가 자꾸 거절당하면 자신의 가치 또한 낮아진다고 느낀다.

참고▶▶▶ 지그재그형은 젊었을 때 최고의 아이디어를 내기 때문에 나중에 낸 아이디어는 가치가 떨어질 수도 있다.

3. 도전할 일이 없을 때. 지그재그형은 매일 새로운 경험을 찾는다. 직장에 도전할 일이 없으면 다른 데서 찾아내고 만다. 일상에

서도 도전거리가 없으면 답답하게 갇힌 느낌에 스트레스를 받는다.

4. **공연할 때.** 관객이 없거나 관객이 자신의 진가를 몰라주면 지그재그형 공연자는 상실감에 빠진다.

참고▶▷▶ 지그재그형은 공연자로 남을지 내성적인 은둔자로 남을지 잘 결정하지 못한다. 마치 마이클 잭슨처럼 말이다.

지그재그형에게 스트레스를 주는 유형

1. **가장 많은 스트레스를 주는 유형은 박스형이다.** 박스형과 지그재그형은 물과 기름 같은 관계로 완전 정반대의 성격이다. 박스형은 좌뇌형으로, 조직적이고, 현실적이고, 감정을 억제할 줄 아는 사람인 반면에 지그재그형은 우뇌형으로, 창의적이고, 비현실적이고, 대담한 편이다. 그러니 자연히 두 유형 간에 충돌이 일어날 수밖에 없다. 직장 동료이거나 부부라면 함께 지내기 힘들 것이다.

2. **삼각형은 질투를 불러일으킨다.** 삼각형은 권력을 행사하며 자신의 생각을 지그재그형에게 강요한다. 지그재그형은 자기 주장이 뚜렷한 사람이다. 그러나 불행히도 삼각형이 지그재그형보다 높은 위치에 있는 경우가 더 많다.

참고▶▷▶ 삼각형이 지그재그형의 아이디어에 귀를 기울일 때 일이 잘 되는 경우가 많다. 지그재그형이 독창적이고 독특한 아이디어를 많이 낼수록 삼각형보다 회사에 많은 도움이 된다. 삼각형이 지그재그형의 의견을 충분히 받아들여 실행에 옮긴다면 모두에게 다 좋다. 지그재그형은 아이디어를 내고, 삼각형은 신뢰를 얻으면 되는 것이다.

원형과 직사각형은 지그재그형과 문제가 될 일이 별로 없다. 원형은 직사각형의 별난 행동을 잘 받아줄 것이고, 직사각형은 의견을 잘 들어주고 새로운 것을 배울 준비가 되어 있으므로 지그재그형이 마음에 들어 하는 사람이다.

스트레스에 대한 지그재그형의 반응 단계

지그재그형이 스트레스를 받는 동안에 겪을 예상단계가 있다. 단계별 현상을 알면 지그재그형을 도와줄 수 있을 것이다.

1단계: 인식. 일상에서 자극이 될 만한 것을 분주하게 찾아다니는 지그재그형이 스트레스를 인식하려면 시간이 걸린다. 지그재그형의 일상은 혼란 그 자체이므로 어떤 극적인 일이 일어났을 때 비로소 스트레스를 인식하기 시작한다. 배우자가 떠나거나, 상사에게 훈계를 듣거나, 해고를 당하는 경우가 이에 해당한다.

2단계: 상황의 변화. 지그재그형은 자신이 스트레스를 받고 있다는 사실을 인식하면 먼저 상황을 바꾸어 문제를 해결하려고 한다. 현재의 상실감을 벗어날 수 있다면 새로운 일자리를 얻거나, 아내를 맞이하는 등 지금 상황에서 빠져나가려고 한다. 하지만 이런 방법이 문제를 근본적으로 해결해주지 못한다. 지그재그형은 새 직장을 얻고 새로운 관계를 맺더라도 똑같은 실수를 되풀이한다. 문제의 근본적인 원인을 고치지 못한다.

3단계: 자극 추구. 상황이 변하지 않으면 지그재그형은 가장 평범한 사람으로 퇴행할 것이다. 그래서 항상 자극을 원한다. 이 때 지그재그형은 이상한 행동을 보이기도 한다. 보통사람들처럼 영화를 보거나 외식하러 나가는 일에 자극을 느끼지 못한다. 스카이다이빙을 하거나 갑자기 홍콩으로 여행을 떠나는 등 획기적인 사건에서 자극을 느낀다. 이러한 자극으로 인해 지그재그형은 잠시 스트레스에서 벗어나지만 지속적이지 않다. 자극 받았던 요소들에 식상해지면 또 스트레스를 받는다.

4단계: 대인 기피. 지그재그형이라면 자연스럽게 나타나는 현상이다. 지그재그형에 속하는 사람은 아주 극단적으로, 외향적이거나 활기차지 않으면 혼자 멀리 떨어져 은둔한다. 지그재그형이 오랫동안 아무도 만나지 않고 대화를 나누지 않는 등 극단적으로 대인을 기피하지 않는 이상 스트레스가 아주 심각한 상태는 아니다.

5단계: 우울증. 심각한 단계이다. 지그재그형인 사람이 정말로 우울해한다면 전문가의 상담을 받게 하라.

지그재그형의 스트레스를 풀어주려면

지그재그형이 마지막 5단계에 이르기 전에 스트레스 해소를 도와줄 방법을 찾아라. 지그재그형에게 의지가 되는 사람이라면 다음 내용을 알아둘 필요가 있다.

1. 자극이 필요할 때와 필요하지 않을 때를 적절히 조절해줘라. 먼저 지그재그형은 보통 사람들에 비해 많은 자극이 필요하다는 사실을 명심하라. 그렇지만 때로는 차분히 보내야 할 때도 있다. 지그재그형은 에너지가 넘치는 사람으로 에너지를 재충전할 시간도 필요하다.

2. 혼자만의 시간을 갖게 하라. 다른 유형과 달리 복잡한 생각을 정리하려면 사람들과 떨어져 혼자 있을 시간이 필요하다. 이를 인식하고 주위 사람들은 자리를 피해주고 지그재그형이 발전을 꾀할 수 있게 도와줘야 한다.

3. 지그재그형의 아이디어에 트집을 잡지 말라. 어떤 아이디어는 엉뚱하고 완전히 비현실적일 수도 있지만 그런 것들이 모두 지그재그형의 삶의 활력소가 된다.

4. 지그재그형의 직관을 믿어라. 직관은 지그재그형의 타고난 재능이다. 그런데 현실에서는 그의 직관을 무시하고 경시하는 경향이 있다. 어떤 위험한 상황에 처했을 때 자신을 보호할 수 있는 방편으로 직관을 이용하도록 지그재그형을 격려해줘라. 지그재그형은 자신의 '직감'이 얼마나 정확한지에 대한 확신이 필요하다.

5. 세부적인 일처리를 도와줘라. 지그재그형은 세부적인 일처리를 잘 못한다. 누군가 대신 해주면 고마워할 것이며, 스트레스도 줄어든다.

6. 지그재그형의 생각에 현실적인 대책을 마련해줘라. 지그재그형이 자신의 생각이나 문제를 털어놓을 정도의 사람이면 그 사람을 충분히 신뢰하고 있는 것이다. 지그재그형의 믿음을 받고 있는 사람은 지그재그형에게 해가 될 것 같은 행동은 단념시켜야 한다.

7. 완전히 은둔하지 못하게 하라. 아주 위험한 신호다. 지그재그형은 아무도 모르게 며칠 동안 사라지곤 한다. 지그재그형이 스트레스를 받고 있다면 가까이에서 항상 주시하라.

지그재그형이 가장 편안해 할 때

1. 참신한 아이디어가 막 떠올랐을 때

2. 사람들이 아이디어를 잘 받아들여줄 때

3. 새로운 일을 할 때

4. 새로운 관계를 맺었을 때

5. 까다로운 문제를 해결했을 때

6. 새롭게 도전할 일이 생겼을 때

7. 총명함과 창의성을 인정받았을 때

8. 자극받을 일이 많을 때

9. 혼자서 생각하고 재충전할 시간이 충분할 때

10. 세계 지도자들의 미래의 행보를 예언했을 때

11. 미래에 관한 연구가 진행될 때

12. 현란하고 인상적인 공연을 하고 있는 자신을 흠모하는 관객이
    있을 때

유형별 특징

박스형	삼각형	직사각형	원형	지그재그형
성향				
체계적	리더십	과도기	다정함	창의적
꼼꼼함	강한 집중력	열정적	보살핌	개념적
풍부한 지식	결정력	탐구적	설득적	미래지향적
분석적	진취적	호기심	감성적	직관적
단호함	경쟁적	발전적	관대함	표현적
끈기	실리적	대담함	안정적	의욕적
인내력	활동적	—	배려심	재치/성적 매력
주로 쓰는 언어				
논리적인	조정하다	불확실한	사랑스러운	경험
마감기한	올리다	고려하다	본능적인	도전
분배하다	전문용어	아마도	편안한	창조하다
정책	끼어들다	위임하다	팀	발전하다
효율성	투자수익률	선택권	협동적인	상상하다
분석	허사들	기다리다	감정	시작하다
해냈어!	그것을 해라!	왜?	문제 없어!	이러면 어떨까?
외모 (남성)				
보수적 옷차림	맵시 있는 옷차림	엉뚱한	편한 스타일	변덕스럽다
짧은 헤어스타일	적절한 매너	변화가 많다	타이를 하지 않는다	극적이다
깔끔한 얼굴	값비싼 물건 애용	수염을 기른다	젊어 보인다	지저분하다
외모 (여성)				
장식없이 수수함	맞춤옷을 입는다	특이한 옷차림	뚱뚱한 체형	다양한 옷차림
감색,회색,갈색 선호	손톱 깨끗이 정리	극단적	여성스러움	예술적 기질로 화려함
마른 체형	서류가방 이용	평범하지 않다	유행을 따라한다	뚱뚱하거나 마른

박스형	삼각형	직사각형	원형	지그재그형
사무실 분위기				
모든 필기도구를 갖추고 있다	상패 등 업적·지위의 상징 진열	어수선하다	집처럼 편안한 분위기	지저분하다
컴퓨터	권력을 느낄 수 있다	다른 사무실을 모방한다	화분이 많다	아무것도 없거나 화려하게 꾸민다
유형별 표정과 동작				
바른 자세	침착함	서투름	편안함	활동적
감정 절제	자신감	신경질적인 행동	미소	과장된 몸짓
무표정	집중력	산만한 시선 처리	시선 맞춤	다양한 표정
불안한 웃음	다문 입술	낄낄대며 웃기	항상 웃는다	성적인 행동
높은 목소리 톤	힘찬 목소리	높은 목소리 톤	부드러운 목소리	말이 빠름
경련	건장한 체격	조용한	수다스러운	독특한 버릇
느린 움직임	유연한 몸놀림	돌출 행동	고개 끄덕임	동작이 빠름
정확한 몸짓	큰 동작	붉은 얼굴	과도한 접촉	접촉 거부
정확한 의사표시	—	—	매력적	넘치는 에너지
습관				
규칙적인 일과	참견하기	건망증	느긋함	자연스러움
메모하기	게임 매니아	예민한	참여자	비조직적
민첩함	먼저 도착하기	느리거나 빠른	다양한 취미활동	반항적
계획성	농담하기	감정 분출	지저분하다	홀로 작업한다
정확성	힘찬 악수하기	어려운 문제 회피	훌륭한 요리사	분위기 메이커
수집가	불안함	다양한 행동	애국심이 강함	공상가
고독함	집착	불쑥 말하기	TV 시청자	잘 끼어든다
—	열심히 일하고 놀기	잡동사니 수집	사교적	변덕스럽다

22 유형의 전환과 진화

□ △ □ ○ ⌇

▷ 유형의 전환

지금부터 '유형의 전환' 과 '유형의 진화' 에 대해 논의하려고 한다. 먼저 앞에서 정리한 유형별 간략한 특징을 검토해보라. 현재 당신이 어느 유형에 속하며, 어떤 특징들을 지니고 있는지 알고 있으면 '유형의 전환' 관계를 쉽게 파악할 수 있다.

누구나 다섯 가지 유형의 특징을 공존하고 있기 때문에 상대방에 맞추어 서로 유형간 전환이 충분히 가능하다. 지금까지 상사, 배우자, 사녀일 때 유형에 따라 어떤 특성을 보이는지 알아보았다. 자신과 다른 유형의 사람과 대화하고 있다면 당신은 이미 원래 자신이 속한 유형에서 다른 유형으로 자연스럽게 전환이 이루어지고 있다는 것을 의미한다.

누구나 잠시 다른 유형이 될 수 있다. 즉, 순간적으로 다른 유형의 사람이 될 수 있다는 말이다. 의도적으로 다른 유형이 되려고 하는 사람들이 있는 반면, 원형처럼 무의식적으로 다른 유형의 사람이 되는 경우도 있다. 유형간 전환의 개념을 이해한다면 사람들과 더 순조롭게 대화하게 될 것이다.

무의식 전환 단계

1. 진행. 무의식적으로 일어나는 유형의 전환은 사람에게 일어나는 가장 습관적인 현상이다. 어떤 사람과 성공적으로 소통하고 싶을 때 반사적으로 상대방에게 맞추게 되어 있다. 의사소통이론에서 이를 수신인 적응이라고 한다. 수신인 위주로 소통을 할 때 가장 효과적으로 대화가 이루어질 수 있다.

2. 적용. 자신이 아니라 상대방을 먼저 고려할 때 대화가 가장 잘 통한다. 말을 할 때 상대방이 어떤 반응을 보일지 먼저 생각한다. 예를 들어 삼각형에 속하는 상사는 무슨 일이든 '결과'만을 들으려 하고 자기 이익만을 따진다. 상사의 입장을 먼저 고려한 후에 대화 내용을 생각해야 한다.

3. 이성적 사고와 주관적 감정. 무의식적으로 유형이 전환될 때 사고와 감정이 동시에 작용한다. 상대방의 생각뿐만 아니라 느끼는 감정도 고려하는데, 소위 감정이입이 생긴다.

무의식적인 유형의 전환과정은 모두 자연스럽게 진행된다. 일부러 생각할 필요도 없고, 계획할 필요도 없다. 당연한 현상이다.

의식 전환 단계

이 과정은 의식을 한다는 점만 제외하면 무의식 단계와 똑같다. 대화자는 상대방의 말을 인식하고 의도적으로 상대방에게 맞춰 전환을 시도한다. 대화를 하기 전에 전환할 사람은 다음과 같은 준비가 필요하다.

1. 상대방을 파악하라. 그 사람은 어떤 유형에 속하는가?
2. 유형의 특성을 파악하라. 장점과 단점 모두 고려하라. 예상 행동을 정확하게 파악하려면 유형별로 예전에 서로 소통했던 방법을 이용하라.
3. 의사소통이 일어날 정황을 파악하라. 사람들과 단체로 함께 있다면 이 유형의 사람은 어떤 반응을 보이는가? 주위 사람들의 성격이 상대방에게 어떤 영향을 미치는가? 사람들을 어떻게 이용하는가?
4. 정황에 따라 반응을 살펴보라. 상대방은 특정 주제에 대해 어떻게 반응하는가? 상대방은 주로 자신이 속한 유형의 특성을 보이지만 상황에 따라 얼마든지 다른 유형으로 변할 수도 있다. 상대방 위주로 대화를 할 때 고려해야 할 사항이다.

의식적인 전환 단계 과정

상대방이 당신의 상사라고 가정해보자. 월급 인상 요구가 대화의 목적이다. 먼저 약속을 정하고, 다음 달에 12%의 월급 인상을 요구할 준비를 하라. 상사와의 대화가 성공하려면 의식적인 유형 전환 단계를 거쳐야 한다.

다음과 같이 4단계로 나누어볼 수 있다.

1단계: 상사가 어느 유형에 속하는지 판단하라. 원형이라고 가정해보자.

2단계: 원형에 속하는 사람들의 특성을 자세히 분석한다.

- 사교적이고, 사람들의 사랑을 받고 싶어한다.
- 사람들이 자신의 행동을 어떻게 생각하는지 궁금해한다.
- 주관적인 감정과 객관적인 자료에 대한 관심 정도가 같다.
- 결정을 빠르게 하지 못한다. 다른 사람들의 의견을 먼저 들어본다.

3단계: 상황을 고려하라. 원형 상사는 누구에게나 기회를 균등하게 주기 때문에 사람들은 얘기 중간에 끼어들어 대화를 방해한다. 이 때 당신은 회의를 정돈하여 사람들의 방해를 막아야 한다. 원형 상사가 논의하고 있는 주제에 완전히 집중하게 하고, 동료가 사적인 일에 개입하지 못하게 하라.

해결책: 오후 1시에 약속이 잡혀 있다면 그 전에 원형 상사에게 점심을 대접하라. 원형은 사교적인 만남을 좋아한다. 이 때 당신은 원형 상사와 개인적으로 친밀한 관계를 맺고 난 후 상사에게 원하는 것을 요구한다. 원형 상사의 사무실에 들어가 사적인 보호를 받으려면 문을 닫아라.

4단계: 유형의 특성을 파악하라. 원형은 자신의 상사라는 직위 자체를 부담스러워 한다. 업무를 평가하여 직원들 월급을 조정하는 일은 원형과 전혀 맞지 않는다. 원형은 어떤 사람에게 싫은 소리 하는 것을 몹시 꺼려 하기 때문이다.

해결책: 원형은 직장에서도 사람들에게 기쁨을 주고 싶어한다. 이런 원형의 성향을 유리하게 이용하라. 만약 이번에 월급이 인상되지 않으면 실망이 클 것이라고 원형 상사에게 직접 말해보라. 그리고 원형 상사와 대면하기 전에 동료와 공평성 문제에 대해 논의하고 나서 이번에 월급이 인상되지 않으면 불공평하다고 주장하라. 기다리지 말고 당신이 월급 인상을 받을 만하다는 확실한 증거를 보여주라.

이처럼 네 단계를 거친다면 당신의 요구사항이 받아들여질 가능성이 높아질 수 있다. 당신의 상사와 의식적인 전환 단계를 한 번 거쳐보라.

유형별 전환 요령

각 도형은 우뇌형과 좌뇌형으로 나누어질 수 있다. 그러므로 각 유형별로 어느 쪽 뇌를 우세하게 사용하느냐에 따라 설득의 방법이 달라진다. 아리스토텔레스에 따르면 유형별로 사람을 설득할 수 있는 전형적인 수단으로는 ① 로고스(논리적 수단) ② 에토스(윤리적 수단) ③ 파토스(감성적 수단)의 3가지가 있다. 유형별로 정확한 설득의 수단을 알고 있으면 유형의 전환이 성공적으로 이루어질 수 있다.

다음은 유형별 최대의 전환 효과를 누릴 수 있는 설득의 수단을 나열한 것이다.

1. 박스형: 로고스. 박스형은 논리적이고 객관적인 정보만을 신뢰한다.
2. 삼각형: 에토스. 삼각형은 규칙을 정하는 사람이며, 삶이란 옳은 것

과 그른 것, 흑과 백으로 극명하게 나뉜다고 생각한다.

3. 직사각형: 혼합형. 과도기이므로 어느 유형이라도 전환될 수 있다. 그래서 직사각형이 지금 어떤 유형으로 전환되고 있느냐에 따라 설득의 수단이 바뀔 수 있다.

4. 원형: 파토스. 원형은 감정에 가장 쉽게 휘둘린다.

5. 지그재그형: 에토스. 삼각형과 마찬가지로 흑백 논리가 내재해 있다. 그러나 지그재그형과 삼각형의 윤리적 수단은 지적인 기반에서 차이가 있다. 삼각형이 논리(로고스)에 따라 옳고 그름을 판단한다면, 지그재그형은 창의적인 과정을 거쳐 옳은 것을 따진다.

참고▶▷▶ 아리스토텔레스의 이론에서 우뇌형의 설득 수단은 없었다. 그는 뇌 이론에 대해서는 몰랐다.

유형별 전환 수단

이제 앞에서 언급한 설득의 수단을 어떻게 이용할지 알아볼 것이다. 만일 정확하게 당신의 유형을 파악하고 있다면 상대방을 당신 편으로 끌어들일 수 있을 것이다.

1. 박스형: 아주 냉철하게 객관적이고 명확한 정보를 제시하라. 감정을 개입시켜 주제를 모호하게 만들지 말라. 그리고 가능하면 문서화하여 주제를 더 객관적으로 보이게 하라.

2. 삼각형: '옳은 방식'만을 제시하라. 주제를 분석하되 요점만 말하라.

3. 직사각형: 직사각형을 끌어들이는 일은 아주 힘들다. 먼저 직사각형이 지금 어떤 유형인지 판단해야 한다. 그리고 나서 정확한 설득

의 수단을 선택하라. 대화 도중에 언제라도 직사각형의 변화에 맞춰 수단을 바꿀 준비를 하라.

4. 원형: 감성을 자극하라. 당신이 원하는 대로 들어주지 않으면 실망할 거라는 사실을 원형에게 알려라. 일이 뜻대로 되지 않으면 당황한 모습을 보여라. 그리고 다른 사람들의 감정이 어떤지 주시하라. 만일 사람들이 당신을 지지한다면 원형도 사람들의 의견을 따를 것이다.

5. 지그재그형: 열정을 가져라. 지그재그형은 당신의 열정과 에너지가 어느 정도인지 궁금해한다. 새롭고 획기적인 아이디어를 내라. 삼각형을 설득할 때처럼 당신이 옳다는 확신을 심어주라.

유형간 충돌

만나면 서로 맞지 않는 유형이 있다. 만났을 때 서로 충돌을 일으키는 유형들을 알면 다른 유형으로 전환할 때 좀 더 효과적으로 대비할 수 있을 것이다.

1. 박스형과 지그재그형: 대표적인 조직적 유형과 비조직적 유형으로, 만나면 대립하게 되어 있다. 상반되는 유형으로 서로에게 적대적이다.

전환 요령: 박스형은 순서 없이 되는 대로 행동하고 흥분을 잘하는 지그재그형의 성향을 참아낼 줄 알아야 하며, 지그재그형이 내는 창의적인 아이디어가 쓸모 있다는 점도 인성하라. 지그재그형은 박스형에게 체계적이고 논리적으로 정리한 정보를 제시해야 한다. 또 차분하게 감정을 절제할 줄도 알아야 한다.

2. 삼각형과 원형: 삼각형은 행동이 재빠른 사람으로, 주위 사람들보다 앞서서 끈질기게 위로 올라간다. 원형은 삼각형이 자기중심적이고 다른 사람을 배려하지 않는 유형이라는 사실을 알게 되지만, 삼각형은 이러한 원형의 관심을 무시한다.

    전환 요령: 삼각형은 원형에게 맞추어 일방적인 독단성을 참을 줄도 알아야 한다. 진정 영향력 있는 지도자가 되려면 삼각형은 뭔가 결정을 내릴 때 주위 사람들의 요구도 수용할 줄 알아야 한다. 원형은 삼각형의 원성을 듣지 않으려면 이 똑똑하고 자신만만한 유형에 맞춰 최대한의 능력을 발휘해야 한다. 삼각형의 성향을 파악할 때 원형은 삼각형의 든든한 지지자가 될 수 있다.

3. 박스형과 원형: 박스형은 일이 위주인 사람이며, 원형은 사람을 위주로 생각하는 사람이다. 그래서 대립이 일어날 수밖에 없다. 또 박스형은 감정을 잘 드러내지 않지만, 원형은 자신의 감정뿐만 아니라 남의 감정에도 개입한다.

    전환 요령: 박스형이 원형과 함께 지내면서 남에게 베푸는 법을 배워야 한다면, 원형은 자신의 동료들을 이해하고 신뢰해야 한다. 원형은 조용하고 떠벌리지 않는 동료와 지내면서 승진의 기회를 잡아야 한다.

4. 삼각형과 지그재그형: 삼각형은 지그재그형이 산만하고 진지하지 못하다고 생각한다. 또 지그재그형은 삼각형이 인간미 없는 독단적인 사람이라고 생각한다. 이 둘 사이에 의견대립이 생기면 직접 정면충돌하여 폭력으로 번질 수 있다. 서로 자기 뜻을 굽히지 않기 때문이다.

전환 요령: 삼각형은 지그재그형의 창의적인 아이디어에 대해 함께 논의할 줄 알아야 하고, 지그재그형은 삼각형의 결단력 있는 리더십을 본받아야 한다. 지그재그형은 삼각형이 행동으로 옮길 만한 혁신적인 아이디어를 내는 것이 좋다(물론 지그재그형은 자신의 아이디어가 신뢰를 못 받을 경우에 대비해야 한다).

5. **직사각형과 그 외 모든 유형**: 직사각형은 끊임없이 변하고 예측할 수 없는 유형으로, 누군가와 관계를 맺는 자체가 힘들다.

   전환 요령: 직사각형은 환경에 따라 어느 유형으로도 변할 수 있으므로, 이에 맞춘 전환이 필요하다. 때마다 변하는 일이 힘들긴 하지만 일시적인 현상에 불과하다. 직사각형은 이 단계를 무사히 넘길 것이다. 누구나 이 때 직사각형으로 인한 손해가 최소화되길 바란다.

6. **삼각형과 삼각형**: 같은 유형끼리 만나 대립을 일으키는 경우는 지배력이 강한 삼각형뿐이다. 삼각형 사이에 의견 충돌이 생기면 서로 이기려고 격렬한 논쟁을 벌인다. 둘 다 사람들의 존경만 받아왔기 때문이다.

   전환 요령: 같은 삼각형끼리 잘 지내려면 서로 달갑지 않더라도 잠시 논쟁을 멈춰야 한다. 서로 존중하는 분위기에서 대립을 풀어나갈 때 순조롭게 전환이 이루어질 수 있다. 서로의 의견에 귀기울여 들어주고, 각자 지닌 장점을 존중해야 한다. 한 번 이런 양보가 이루어지면 삼각형끼리도 친한 동료나 친구가 될 수 있다.

우리가 항상 사람과 환경에 맞춰 힘들게 유형을 전환하듯이 살아가는 내내 자연스럽게 변화한다. 몸과 마음이 성숙해지면서 삶을 바라보는 시각이 달라진다. 나이가 들어가면서 한때 소중하게 여겼던 것들이 이제는 중요하게 여겨지지 않는다. 이러한 변화를 잘 대변해주는 또 하나의 방법이 바로 유형의 진화다. 누구한테나 일어날 수 있는 삶의 단계가 있다. 최근 몇 년간 에릭슨, 피아제, 매씨 같은 사회학자와 심리학자들이 이 단계를 연구했다.

먼저, 도형심리학의 관점에서 인생의 단계를 살펴볼 것이다. 그리고 끝으로 유형별 자연스런 진화 과정에 대해 살펴볼 것이다. 꽤 낙관적이고 희망에 찬 내용으로, 혹시 자신이 속하는 도형의 성향에서 마음에 들지 않는 부분이 있다면 고칠 수 있을 것이다. 나이가 들면서 점점 긍정적인 변화가 일어난다.

인생의 단계

1. **취학 전의 지그재그형:** 학교에 입학하기 전의 지그재그형은 거침없이 창의성을 발휘하고 자발적으로 행동한다. 이 어린아이는 이제 넓고 아름다운 세상에 막 발을 내딛어 탐구하고 배울 게 너무나 많다. 집중하는 시간은 짧지만 열정은 흘러넘친다. 행동이나 반응은 직관적이고 본능적이다. 부모가 어떤 제약을 가해도 지그재그형의 선형 뇌 구조상 전혀 체계적이지 못하며 통제가 힘들다. 우뇌형의

충동적인 모습이 나타난다.

2. 우수한 학생 박스형: 창의력을 요구하는 교육 시스템에서 우수한 학생이 되려면 전환은 필수적이다. 제멋대로이고 제어가 되지 않는 지그재그형은 체계적이고 논리적인 관리가 필요하다. 박스형은 이런 면에서는 두각을 보인다. 새로운 요구를 받아들여 쉽게 변화하는 아이들이 있는가 하면, 지그재그형의 본성을 벗어나지 못해 박스형으로 전환하기 어려운 아이들도 있다.

3. 방황의 청소년기: 직사각형을 떠올려라. 나는 누구인가? 나는 커서 뭐가 될까? 내 친구는 누구인가? 내 영웅은 누구지? 부모님은 왜 내게 이런 시련을 주시는 걸까? 이 끔찍한 세상에서 자아를 찾을 수 있을까? 이 모든 의문들이 10대들을 고통스럽게 하며, 동시에 이런 자녀를 키우는 '어리석은' 부모들도 괴롭다. 박스형이 직사각형으로 전환된 상태이다. 과도기인 청소년기는 어른이 되기 위해 당연히 거쳐야 할 단계다.

4. 신혼 부부: 원형이 되다니 얼마나 멋진 일인가! 20대는 새로운 전환을 맞이할 때다. 직사각형 시기는 사라지고 원형은 본래의 위치로 돌아온다. 10대 후반의 청소년들은 친구나 배우자, 상사 등 다른 사람을 통해 정체성을 찾는다. 신혼부부들이 첫 아이를 가졌을 때 이런 현상을 보인다. 이 때 원형의 따뜻함과 아이를 돌보는 성향이 돋보인다.

5. 인생의 황금기: 승진하고, 출세하고, 쉬지 않고 열심히 일하는 것은 모두 일에서 성공하기 위한 노력이다. 삼각형에 속하는 30대의 특징이다. 사회학자들은 이를 황금기(Becoming one's own man)라

고 했다(여성들이 일을 하기 전에 생긴 개념이다). 황금기 때 가장 중시하는 것은 일이다. 이 때는 누구나 최고가 되려고 한다. 원형은 조용하지만, 삼각형의 아우성 소리가 들린다.

6. **중년의 위기:** 직사각형이 여기 또 있다. 나는 누구인가? 삶의 진정한 의미는 무엇인가? 나는 왜 주당 60시간을 일해야 하는가? 내 자식들은 어떤가? 나와 같이 살고 있는 이 사람은 누구인가? 지금의 생존경쟁을 벗어나 더 나은 삶을 살 수는 없는가?

중년은 공공연하게 잘 알려져 있는 위기의 시기다. 30대에서 40대에 이르는 사람들은 직장을 잃거나 이혼하는 등 급격하게 삶이 변한다. 이 때 직사각형의 모습이 보이지만 적극적으로 행동하는 지그재그형이 되기도 한다.

7. **원숙기:** 50대나 60대 후반에 들어서면 많은 사람들은 젊었을 때 그렇게 중요하게 여겼던 일들이 지금은 신경 쓰지 않아도 되는 일이 된다. 이 때는 여생을 사람들과 함께 행사를 즐기며 보내는데 중점을 둔다. 타인과 조화를 이룰 수 있는 '노후' 시기다. 그래서 원형의 성향이 다시 나타난다.

이 때 사람들은 주위의 영향으로 원래 타고난 성향이 한층 높은 수준으로 진화된다. 어느 유형이나 진화될 수 있다.

유형의 진화 과정

사람은 변할 수 있고, 변한다. 변화를 일으키는 원인이 외부 세상이 되기도 하고, 때로는 스스로 자극을 받아 가보지 않았던 길을 택하기도 한다. 지금부터 유형별로 진화되었을 때 어떤 모습을 보이는지 알아보기로 한다.

1. 박스형의 진화: 세월이 지나면서 박스형은 스스로 만들어 놓은 틀에 갇혀 있는 자신을 발견한다. 이 틀을 깰 수 있느냐에 따라 박스형의 진화 여부가 결정된다. 박스형 대부분이 자신이 정해놓은 규칙과 일과에 갇혀 살다가 생을 마감한다.

불만이 과도하게 쌓이면 박스형은 두 가지 유형으로 진화한다. 첫 번째로 가장 유력한 진화는 삼각형을 닮으려는 것이다. 모방자인 박스형은 삼각형의 지도자로서의 자질을 드러낸다. 박스형은 지도자로서 필요한 지식을 갖추고 있지만 행동으로 옮길 만한 집중력과 용기가 부족하다. 삼각형으로 진화한 박스형은 자신의 결점을 극복하여 결정력이 강해진다. 박스형은 결정력이 향상되면 책임자에서 벗어나 권위자가 될 수 있다.

박스형의 사생활은 이와는 또 다른 문제이다. 두 번째 진화 유형으로 박스형은 원형이 되고 싶어한다. 하지만 원형으로 진화하는 것은 감정적이지 않고 사교적이지 못한 박스형에게는 몹시 고통스러운 경험이 될 수 있다. 이 같은 개인의 진화는 이혼이나 사랑하는 사람을 잃는 등의 외부 문제에서 비롯된다. 어느 날 갑자기 냉정한 박스형이 사람들과 친분을 쌓기 시작한다. 그러나 이 방법은 박스형에게 너무나 새롭기 때문에 성공하지 못할 수도 있다. 마음 속 깊이 새겨져 있던 감정이 표출되면 박스형은 익숙지 않은 감정에 빠져 헤어 나오지 못할 수도 있다.

고통스럽지만 박스형이 인간에 대한 감수성과 애정을 높이기 위해서는 꼭 필요한 단계이다. 원형으로의 전환이 완벽하게 이루어지면 그 결과는 꽤 만족스럽다. 몇 년간 사랑하는 사람들과 떨어져 지낸 후 다시 만나면 박스형은 두 팔 벌려 행복의 눈물을 흘리며 그들을 반길 것이다. 그동안 쌓인 감정이 풀리고, 따뜻한 기운이 얼어붙은 마음을 서서히 녹인다. 박스형을 사랑하는 사람들은 이 정도 애정표현이면 충분히 만족한다. 까탈스럽던 박스형이 부드러워졌기 때문이다.

2. 삼각형의 진화: 나이가 어느 정도 들고 나서야 삼각형은 여유롭고 삶을 충분히 즐길 줄 알게 된다. 지배적이던 삼각형이 일에서 손을 떼고 남을 동경하기도 한다. 지배권을 남에게 넘기고, 사람들에게 관심을 갖고 그들을 신뢰하는 법을 배운다.

배우자로서는 원형의 성향이 나타나며, 가족과 지내는 일이 가장 기쁘다. 그렇지만 불행히도 자녀들은 이미 다 성장했고, 손주들은 삼각형의 진화로 인한 혜택을 받는다. 삼각형은 중년의 위기를 심하게 겪는 사람으로, 이러한 변화는 극적인 효과를 낳는다. 일에만 몰두했던 사람이 마음의 평화를 찾으며 동료들을 배려하기 시작한다. 이 때 결혼생활의 위기가 찾아온다.

삼각형 유형의 부모는 중년이 되면 먼저 자녀들과 친해진다. 원형의 성향이 강하게 나타나기 시작하면서 삼각형은 성격이 완전히 변해 삼각형답지 않게 관대하고 진심으로 애정어린 행동을 보인다. 삼각형이 원형으로 진화하면서 보이는 특징은 상대방이 자신을 존중한다면 그저 대화만으로도 즐겁고 스스로 평안을 이루어낸다.

상사로서 삼각형은 경력을 많이 쌓고 나면 '인정 많은 지도자'가 되어 부드러워진다. 이 때 조언자 역할을 하면서 '생성기'에 접어들었음을 보여주기 쉬운데, 이 과정에서 직원들을 편애하기도 한다.

삼각형은 50대나 60대 후반, 70대 초반에 이르러서야 훌륭한 지도자 역할을 한다. 자기중심적이고 독재적이던 리더십 방식이 민주적이고 아버지 같이 푸근한 스타일로 바뀐다. 삼각형은 그동안 너무나 치열하게 살아왔기에 이제는 경쟁하고 맞서기를 꺼려한다. 그래서 경쟁에서 이기려고만 하지 않는다. 권한을 남에게 위임하기도 하고, 남의 의견을 받아들이는 융통성 있는 지도자가 된다. 지위는 예전만큼 중요하지 않다(삼각형은 이미 높은 위치에 올라가봤다). 삼각형이 진화했을 때가 시민활동과 사회봉사에 참여하기에 가장 적절한 시기이다. 삼각형이 정치계에 발을 들여놓는 것은 지극히 자연스런 과정이다. 원숙하고 현명한 삼각형은 정치계의 훌륭한 후보자인데, 타고난 리더십이 자신의 출세를 위해서가 아니라 사회를 위해 정의롭게 사용될 수 있기 때문이다.

결론적으로 진화된 삼각형은 사회에 큰 기여를 할 수 있는 바람직한 지도자이다. 동시에 어느 누구보다 멋진 파트너가 될 수 있다.

> 주의 ➡ 직사각형은 진화하지 않는다. 직사각형 자체가 진화와 전환의 상태에 처해 있다.

3. **원형의 진화:** 어떤 면에서 보면 원형의 진화는 그리 반길 만한 일은 아니다. 호감 있고, 격려를 잘 하고, 남을 잘 보살피는 사람이 변하면 이들에게 의지하는 사람들은 실망하거나 도리어 그 변화에 화를 내기도 한다. 그렇지만 원형의 사랑에 진정으로 보답하고 싶은 사람들은 원형의 현저한 변화를 이해하고 오히려 박수를 쳐줄 것이다.

유형들 중에서 원형의 진화는 정말 고통스러우면서도 극적인 변화다. 원형의 끊임없는 대인관계는 진화하면서 줄어든다(신기하게도 박스형과 삼각형이 진화할 때 드러나는 성향이 바로 인간관계 형성이다).

원형은 남을 기쁘게 하기 위해 자신의 일은 제쳐놓을 정도로 헌신적인 사람이다. 원형은 진화할 때 이렇게 주기만 하는 마음이 무감각해진다. 이 때 원형은 남보다 자신의 만족을 위해 애쓴다.

원형은 그동안 자신이 베푼 친절을 이용한 사람들에게 화가 나서 이러한 변화를 꾀한다. 세월이 흐르면서 남을 먼저 배려했던 자신의 태도에 지쳐 결국 진화한다. 원형은 자신의 사교성만을 요구하고 지도자로서는 받아들이지 않는 세상에 결국 화를 낸다.

이런 냉혹한 현실 때문에 원형은 리더가 되고 싶어한다. 오랜 세월이 지나면서 원형은 항상 모든 사람을 기쁘게 할 수 없다는 사실을 깨닫는다. 그래서 원형 상사는 사람들에게 기쁨을 주고 싶을 때 인기가 없어지더라도 이제 그만하라는 부하 직원들의 원성 때문에 괴로워한다. 직원들의 말대로 하지 않으면 존경심을 잃고, 결국 괴로워진다.

원형의 진화 단계는 각 유형의 자질을 닮는 세 단계로 나누어진다. 1단계 지그재그형, 2단계 박스형, 3단계 삼각형이다.

1단계: 처음에 원형이 주로 진화하는 유형은 지그재그형인데, 둘 다 우뇌형이기 때문이다. 원형 상사는 부하 직원과의 불화가 생겼다는 사실을 알게 되면 그 해결책을 찾기 위해 굉장한 창의력을 발휘한다. 원형은 탁월한 의사소통 능력을 지닌 사람으로, 문제를 해결하기 위해 지그재그형의 극적이고 전도자적인 기법을 채택하기도 한다. 원형은 직원과의 타협을 바라기 때문이다. 그러나 이러한 접근방법이 임시방편은 될 수 있지만 오래 지속되기는 힘들다.

2단계: 지그재그형의 창조적인 문제해결책이 효과가 없다는 판단이 들면, 원형은 한 걸음 물러서서 박스형의 태도를 취한다. 부하 직원과 맞서지 않고 원형 상사는 자신의 결정을 뒷받침할 자료를 더 찾아야겠다는 생각에 박스형 리더의 냉철하고 초연하며, 거리감 있는 태도를 취한다.

2단계는 친구들이 원형에게 다가가기 가장 힘들어 하는 단계다. 상냥한 원형이 갑자기 변했기 때문이다. 그렇지만 원형 안에 숨어 있는 진정한 힘을 발견하기 위해서는 꼭 필요한 단계다. 원형은 사람에 대한 의존도가 낮아지고 예전에 자주 잃어버렸던 자신감을 되찾는다.

3단계: 원형이 박스형의 모습을 보이면 그 만큼 바람직한 변화도 없다. 원형은 여전히 원형이지만 강해지고 새로운 용기를 얻는다. 자신 안의 강한 면을 발견하고, 감성과 이성 사이에서 갈등했던 문제들에 대해 판단할 수 있는 지혜가 생긴다. 원형은 늘 대중이 바라는 결정을 내리곤 했지만, 이제는 정확한 판단을 위해 필요한 지혜와 용기를 갖게 되었다.

완벽하게 전환이 이루어졌을 때, 원형은 네 유형 중에서 최고의 리더십을 갖추게 된다. 원형은 ① 사람들에게 거짓 없이 진정한 관심을 보이고, ② 애매한 문제를 해결할 줄 아는 지혜가 생기며, ③ 실행 가능한 합의에 도달할 줄도 알고, ④ 일에 대한 지식도 쌓이고, ⑤ 어려운 결정을 내릴 용기도 생기고, ⑥ 사람들이 관심을 많이 보이는 화젯거리로 소통하고 자극을 주기도 한다. 상사에게는 진화된 원형의 모습이 필요하다.

주의➡️ 지금까지의 단계는 아주 이상화된 시나리오다. 실제로 마지막 단계까지 이르는 원형은 거의 없다. 정해진 단계를 모두 거치지만 대부분 1, 2단계에서 그치고, 원래 친숙하며 따뜻하고 우유부단한 원형 본연의 모습으로 되돌아간다.

4. **지그재그형의 진화:** 지그재그형이 진화할 가능성은 거의 없다고 미리 말해두는 게 나을 것 같다. 한 번 지그재그형은 영원한 지그재그형이다. 호랑이가 줄무늬를 쉽게 바꿀 수 없는 것과 같은 이치다. 성격뿐 아니라 사고방식 또한 독특하다. 하지만 지그재그형은 가끔 순간 진화를 겪을지도 모른다. 그렇다고 속단하지 말라. 창조성과 극적인 표현력은 언제든지 다시 드러난다.

지그재그형은 생활환경에 따라 일시적으로 진화한다. ① 박스형처럼 정규 직업을 갖거나, ② 관중이 필요할 때 원형처럼 애정어린 행동을 한다거나, ③ 새로운 아이디어를 지키기 위해 삼각형처럼 논쟁을 한다. 그러나 지그재그형이 완전히 다른 유형으로 진화하기란 거의 불가능하다.

완전한 지그재그형은 방랑벽이 있다. 지치지 않고 끊임없이 경험하고, 탐구하고, 발견한다. 지그재그형이 깊이 생각하기를 잠시 접어두는 때는 자신이 파티에서 분위기를 띄워야 할 입장에 처해 있을 때이다. 이 때 지그재그형의 성향이 약간 변경될 수 있지만 쉽게 변하지 않는다.

세월이 흐르면 지그재그형의 지칠 줄 모르는 에너지도 약해질 것이다. 신체적으로도 쇠약해져 사람들을 만나거나 이리저리 정신없이 돌아다니던 활력도 사라지게 될 것이다. 뇌졸중이나 폐기종(지그재그형은 담배를 끊지 않는다)과 함께 말하는 것도 약해지고, 숨소리도 거칠어진다. 가까이 다가가서 그 홀쭉한 얼굴을 뚫어지게 쳐다보라. 나이는 들었지만 변덕스런 지그재그형의 눈은 여전히 빛나고 활기 넘친다.

|Final Note| 도형심리학은 이와 같이 앞으로 여러분의 삶에 유용한 새·도구가 될 것이다. 당신의 사고방식과 대화방식이 달라질 것이다. 당신 안의 또 다른 자신을 발견하는 새로운 선물을 받게 될 것이다. 인간관계를 발전시키고 싶을 때 유형별로 이 방법을 이용해보라.

아직 남아있는 선물이 하나 더 있다. 가끔 변화하는 자신을 좀 더 완전하게 이해하게 된다. 당신 자신과 당신이 소중히 여기는 사람들을 위해 이 선물들을 현명하게 이용하라. 잊지 말아야 할 것!

"상사를 대할 때는 박스형처럼 섬세하라."

"친구를 대할 때는 원형처럼 상냥하라."

"부하 직원을 대할 때는 삼각형의 지도자적 카리스마를 보여라."

"애인을 대할 때는 지그재그형처럼 활기를 띄어라."

혼합 유형별 대표 직업

카리스마 넘치는 리더

비서　　　　　관리자　　　　　판매사원

의사　　　　　간호사　　　　　변호사

리포터　　　　교사　　　　　　사장

컴퓨터 프로그래머　　전문직　　　　사업가

신입사원　　　5년차 직원　　　15년차 직원

친구에게 전화 한 통이 걸려왔다. 반가운 마음에 수화기를 들었지만 너무나 오랜만이라 처음엔 어색한 인사말이 오갔다. 하지만 금세 대화의 물꼬를 트고, 오랜 대화를 나누었다. '맞다! 이 친구와 이런 식의 대화를 나누었었지' 하고 친구의 성향을 기억해내며 점차 대화를 풀어나갈 수 있었다.

마음에 드는 이성과의 첫 데이트에서 무슨 말부터 해야 할지 고민해본 적은 없는가? 직장 상사와의 갈등 때문에 직장을 그만두고 싶었던 적은 없는가? 오랜만에 친구를 만났을 때 무슨 말을 해야 할지 몰라 고민한 적은 없는가? 사춘기가 시작된 아이와 대화가 통하지 않아 고민에 빠져본 경험은 없는가?

우리는 집이나 학교, 직장 등 어느 곳에서든 날마다 다양한 유형의 사람들을 만난다. 그리고 각각의 장소에서 부모, 자녀, 친구, 상사, 직원 등 상대에 따라 말하는 스타일과 행동을 바꾸며 원활한 의사소통을 이루기 위해 노력한다.

직장에서 상사의 눈에 들기 위해 듣기 좋은 말을 한 적 있을 것이다. 그러나 말 한 마디에 기분이 좋아지는 상사가 있는 반면, 일을 완벽하게 처리하는 부하직원을 더 신뢰하는 상사도 있다. 그러므로 먼저 상사의 성향을 정확히 파악하고, 이에 맞게 대처할 때 상사와 유연한 소통이 이루어질 것이다.

동일한 상황에서도 사람마다 생각이 다르고, 대처하는 행동이 다르다. 심지어 오랜 시간을 함께 지내온 가족들의 행동을 이해하지 못하거나 대화가 통하지 않아 힘들 때도 있다. 그래서 갈등이 생기고, 그 갈등을 해결하기 위해 여러 가지 방안을 강구해보지만 좀처럼 해결 방안이 떠오르지 않을 때가 많다.

다행히 이 책에서 그 해결책을 마련해준다. 저자는 커뮤니케이션 세미나의 유명 강사로, 미국, 유럽, 아시아 등 세계 전역에 걸쳐 50만 명 이상의 사람들에게 의사소통과 매니지먼트 방법을 소개하였다. 사람들 사이의 차이점을 5개 도형으로 나누어 보다 구체적이고 체계적으로 정리하여 인간관계를 조절해 나가는 방식에 대한 방향을 제시하고 있다.

인생은 서로 다른 사람들과의 관계의 연속이다. 그러나 자신과 다르다고 해서 자신의 생각이나 가치관을 상대방에게 강요할 수는 없다. 다른 사람들과 원활한 소통을 하기 위해서는 대화와 행동의 기술이 필요하다. 남편과 집안 꾸미는 취향이 다른 아내, 학교생활에 적응하지 못하는 아이를 둔 엄마, 연애 기술이 부족한 애인, 상사에게 칭찬 듣고 싶은 직원들에게 제각기 다른 알맞은 해결책이 필요하다.

이 책을 처음 접하자마자 5가지 도형 중에서 가장 마음에 드는 도형을 선택해 읽어 내려가기 시작했다. 언어, 외모, 습관, 행동 등 다양한 측면에서 너무나 조목조목 구체적으로 정리되어 있어 마치 내 속마음을 모조리 들킨 듯한 느낌이었다. 또한 주위 사람들에게도 적용해본 결과, 선택한 도형과 일치하는 부분이 너무 많았다.

물론 내용이 꼭 그대로 들어맞지 않는 부분도 있었지만, 그것은 저자가 말했듯이 인간의 내면에는 5가지 도형의 성향이 모두 내포되어 있기 때문이다. 그러나 저자가 세계 각국을 돌아다니며 세미나를 개최하여 얻은 신빙성 높은 의사소통의 방법들은 유형별 대표적인 특징을 정확히 짚어내고 있다.

여러분도 책을 펼쳐 가장 먼저 5가지 도형 중에서 마음에 드는 도형을 선택해보기 바란다. 그 도형과의 닮음꼴에 놀라게 될 것이다. 그리고 자연스레 주위 사람들에게도 도형의 선택을 권하게 될 것이다. 그래서 자신에 대해 좀 더 정확히 알고, 주위 사람들과 왜 갈등이 발생하는지 구체적인 원인을 파악한다면 사람들과의 소통을 더 원활하게 하는 실질적인 도움을 받을 수 있을 것이다. 모쪼록 이 책을 읽고 사람 마음 읽는 힘으로 자신은 물론 타인과의 관계가 나아질 수 있다면 옮긴이로서 큰 기쁨이다.

김세정

도형심리학으로 대화하기

지은이 | 수잔 델린저
옮긴이 | 김세정
펴낸이 | 박영발
펴낸곳 | W미디어
1쇄 발행 | 2019년 10월 5일

등록 | 제2005-000030호
주소 | 서울 양천구 목동서로 77 현대월드타워 1905호
전화 | 02-6678-0708
e-메일 | wmedia@naver.com

ISBN 979-11-89172-27-5 03180

값 15,000원